데이터과학과
인공지능

데이터과학과
인공지능

박성현 · 박태성 · 이영조 지음

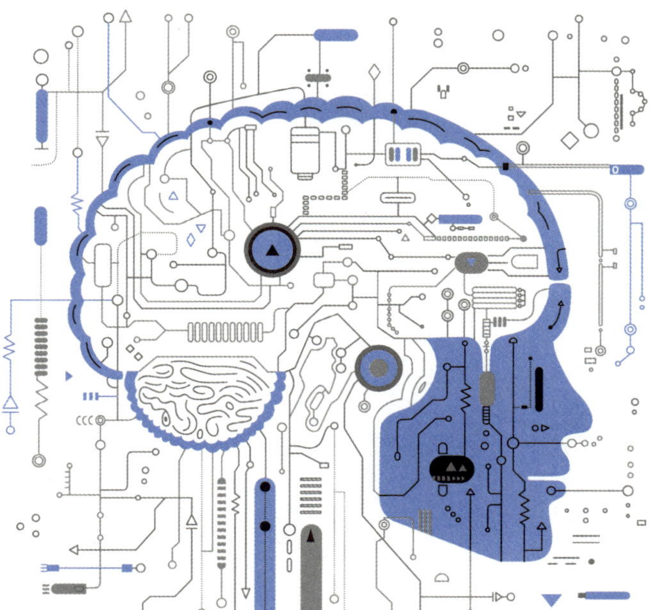

자유아카데미

머리말

동서양에는 공교롭게 비슷한 이야기가 전해지고 있다.

옛날에 한 총각이 있었다. 그는 같은 동네 마음씨 곱고 아리따운 어느 처녀를 연모하였다. 그런데 그녀가 어느 날 갑자기 죽고 말았다. 총각은 그녀가 너무 보고 싶었기에 눈에 보이는 나무토막마다 그녀를 조각하기 시작했다. 그러다 마침내 어느 날 그녀를 꼭 닮은 조각상 하나를 만들게 되었고, 총각은 매일 그 조각상을 보듬고 울며 지내었다. 이를 불쌍히 여긴 산신령은 그가 잠들었을 때, 그 조각상을 생명이 있는 사람으로 만들었다. 잠에서 깬 그는 옆에 있는 그녀를 눈으로 보고, 손으로 만지고, 몸의 향내를 맡으며, 꿈인지 생시인지 모를 정도로 기뻐하였다. 총각은 그 후 그녀와 다시 함께 평생을 행복하게 살았다는 이야기이다.

여기서 만약 이 남자가 산신령의 작품인 그 여자를 실제 사람으로 간주했다면 '튜링 테스트'를 통과했다고 볼 수 있다. 본래 그녀의 몸과 동작을 유사하게 만든 기술들, 그리고 만들어진 '몸－기계'가 얼마나 실제 사람의 몸과 유사한가 하는 것은 로봇공학의 문제일 것이다. 그렇다면 이제 실제 사람과 유사하게 이야기하고 생각하는 것처럼 보이는 '몸－기계'의 정신적 지능의 문제를 생각해 보자. 인간이 기계에 제공한 지능을 인공지능으로, 또 몸과 유사하게 만들어진 '몸－기계'를 로봇이라 불렀을 때, 여기서 로봇이 지능을 가졌는지를 어떻게 판단할 수 있을까?

튜링은 로봇과 인간을 다른 방에 두고 모니터로 서로 대화하게 했을 때, 인간이 로봇을 사람으로 착각하면 로봇이 지능을 가졌다고 간주하는 '튜링 테스트'를 제안하였다. 이러한 인공지능을 가진 로봇의 대두는, '인간이 무엇인가'에 대한 질문을 하게 한다. 동양에서는 인간을 사람들 간의 관계라고 정의하였는데, 인공지능의 대두로 이

제 인간과 로봇 간의 관계를 이해해야 진정한 인간에 대한 정의가 가능한 세상이 되었다.

이성적 사고는 일반원리에서 세부 현상들을 설명하는 연역법과 세세한 각 사례의 종합, 즉 데이터로부터 일반원리를 추정해 내는 귀납법이 있다. 근대 이후 수학 또는 논리학으로 대변되는 연역적 접근은 이른바 대륙 철학으로 프랑스의 데카르트, 독일의 칸트 등을 통해서 발달하였고, 통계학으로 대변되는 귀납적 접근은 영국 경험 철학으로 베이컨, 로크 등을 통해 발달하였다. 1492년 콜럼버스에 의해 아메리카 신대륙이 발견되었다. 이는 이제까지 믿었던 지구가 평평하다는 이론을 버리고 선박 항로 데이터를 통해 지구가 둥글다는 새로운 지식을 받아들이게 된 것이다. 이를 통해 미지의 세계를 탐험하여 새로운 지식을 얻기 위해 세상으로 나가는 신항해 시대라는 새로운 시대를 열었다. 지식은 이제 더 이상 이론에 근거하여 얻어지는 것이 아니라 외부 세계로부터 취득한 데이터를 통해 얻을 수 있다는 것을 의미하며, 과학의 급격한 발전을 이루게 한다. 이는 지식이 귀납적으로 어떻게 데이터로부터 얻어지게 되는지에 대한 새로운 학문을 요구하게 되었다.

18세기 영국에서 베이즈 정리 등을 통해 데이터로부터 귀납적으로 추론하는 확률에 기반한 통계이론이 개발되었고, 20세기에 이르러 피셔에 의해 확률 대신 가능도에 기반한 새로운 통계학(Pawitan and Lee, 2024)이 등장하였으며, 이와 함께 컴퓨터가 발전하여 데이터과학과 인공지능이라는 새로운 분야를 대두하게 하였다.

데이터과학과 인공지능은 수학에서 통계학과 컴퓨터과학이 분리되어 발전하면서 그동안 축적된 학문적 발전들이 뇌인지과학과 융합되었고, 그 결과 인공지능이라는 새로운 열매를 얻게 되었다. 역사적으로 고찰하면, 영국에서 조지 불이라는 수학자가 케임브리지에서 기호 논리학과 기호 대수를 개발하여, 디지털 회로 설계의 기반을 구축하고, 논리 추론과 확률적 사고를 탐구, 후대 케임브리지 학생인 튜링과 피셔에게 큰 영향을 미쳤다. 튜링은 2차대전 발발 후 '에니그마'를 해독하여 독일군 암호 해독에 성과를 내서 연합국의 승리에 크게 이바지하였고, 영국 50파운드 지폐에 그의 얼굴을 남겼다. 튜링과 함께 일했던 통계학자 굿 교수에 의하면, 튜링은 통계학의 베이즈 정리를 스스로 깨우쳐 암호 해독을 하였다고 한다. 즉, 태생적으로 수학의 연역적 문제 증명을 위해 개발된 컴퓨터는 실제 독일 암호 전문(데이터)들로부터, 독일군의 암호 원리를 규명하는 귀납적 사고를 연구하는 통계학과 결합하여, 에니그마를 통한 암호 해독 등 현실의 각종 문제 풀이에 사용되어 왔다. 튜링이 사용한 베이즈 방법은 18세기 통계학이다. '챗GPT'에서 가장 그럴듯한 가능도가 높은 단어를 선택하거나, 알파고가 승률이 가장 높은 수를 두는 것들은 20세기 피셔의 가능도 이론에 근거한다. 이러한 통계학의 귀납 이론들은, 생물학, 신경과학 알고리즘과 융합, 빅데이터, 4차산업과 인공지능 시대를 열게 된다.

이제 인류는, 연역법에 기반한 수학(논리학), 데이터로부터의 귀납법에 기반한 통계학과 뇌신경 과학에 기반한 인공신경망 모두를 아우르는, 인공지능(정신)을 가진 로봇(컴퓨터) 몸을 만들게 되었다. 이제 첨단 수학과 통계학의 새로운 발전을 통해 인공지능의 작동 원리가 규명돼 현재 인류의 지능을 뛰어넘는 발판이 된다면, 미래 인류의 큰 보배가 될 것이다. 데이터과학의 발전은 여러 가지로 세상을 바꾸고 있다. 기존 기보 데이터로부터 학습을 통해 바둑을 습득한 인공지능 알파고가 세계적인 기사 이세돌을 격파하듯, 이제는 데이터가 새로운 핵심적 자원이 되는, 즉 빅데이터 자체가 석유와 같이 가치를 가지는 시대가 되었다. 이와 같이 빅데이터를 통해 획득한 지식이 점점 더 중요해지는 인공지능 시대에 이 책에서 다루는 통계학, 컴퓨터과학, 빅데이터, 데이터과학, 인공지능 등의 발전은 우리 인류에게 매우 중요하며, 이 책은 이들의 발전 과정과 상호 관련성을 보여주고 있다.

데이터와 소프트웨어 기반의 4차 산업혁명으로 대변되는 21세기에는 우리나라가 데이터과학과 인공지능에서 앞으로 세계를 선도하는 나라가 되었으면 한다. 개인 능력인 IQ, 공감 능력인 EQ에서 인간과 로봇과의 관계도 이해해야 진정한 인간에 대한 정의가 가능한 인공지능 시대에서는 디지털 지능 DQ(박유현, 2021)가 높은, 즉 AI 기술들을 잘 이해하여 지혜롭게 활용할 수 있는 인재들이 필요하게 되었다. 저자들은 이 책이 미래의 주역이 될 많은 젊은이에게 널리 읽히는 과학 서적이 되어 우리 국민의 과학기술 마인드가 제고되기를 희망하여 본다. 또한 이 책을 통해 데이터 기반의 지능 디지털 변혁인 인공지능 본질을 이해하고, 인공지능의 밑바탕이 되는 데이터과학의 중요성을 인식하는 계기가 되기를 바란다.

이 책은 2018년에 출간했던 『빅데이터와 데이터 과학: 4차 산업혁명 시대의 연금술』의 내용을 토대로, 최근의 흐름에 맞춰 인공지능 분야의 내용을 대폭 보강하고, 책 여러 곳에 나오는 수많은 데이터들을 최신 내용으로 업데이트하고, 각 장과 절 내용을 수정 및 추가하여 새로이 구성한 책이다. 총 3부, 10개 장으로 되어 있으며, 1부는 '빅데이터와 인공지능', 2부는 '통계학과 생물통계학의 발전', 3부는 '데이터과학의 발전과 데이터로 예측하는 미래 사회'로 구성되어 있다. 각 부에 포함된 총 10개 장의 내용을 통해서 독자들은 수학, 통계학, 컴퓨터, 데이터과학, 빅데이터, 인공지능 등의 발전 과정과 연관성을 상세히 알고, 데이터로부터 미래를 예측하는 감각을 가지게 될 것이다.

집필에 심혈을 기울였지만 여전히 책 내용에 부족한 부분이 있을 것으로 생각한다. 독자 분들의 애정 어린 충고와 지속적인 지도편달을 바라며, 출간 후 발견되는 수정사항 등은 자유아카데미 홈페이지(www.freeaca.com) 자료실에 제공할 예정이니 참고하기를 바란다. 끝으로 이 책이 출간되기까지 도움 주신 모든 분께 깊은 감사의 말을 전한다.

2024년 8월

저자 일동

차례

1부 | 빅데이터와 인공지능

1부

빅데이터와 인공지능

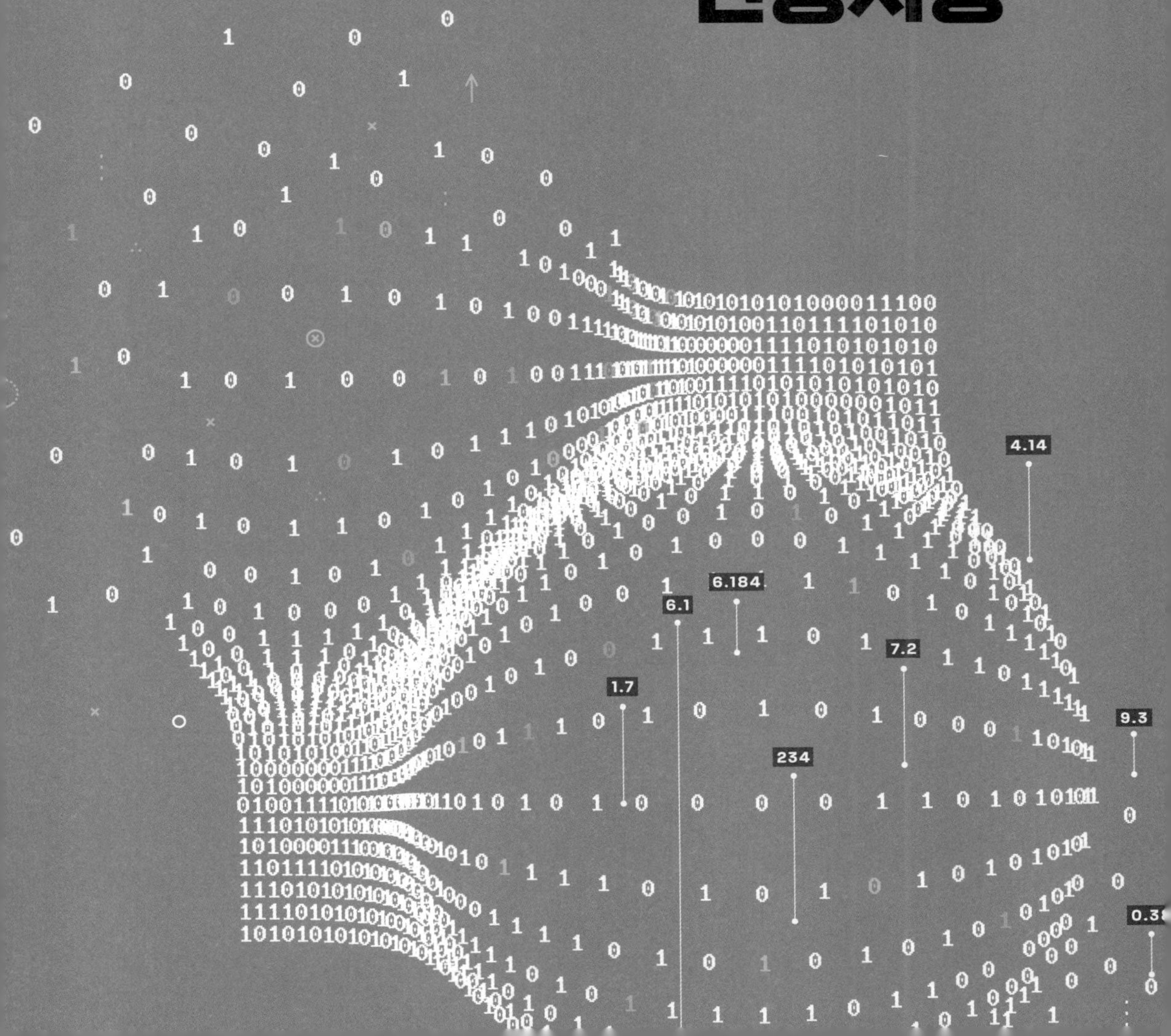

제 1 장

빅데이터와 인공지능 시대의 도래

1.1 4차 산업혁명이란

1) 4차 산업혁명의 본질

4차 산업혁명(The Fourth Industrial Revolution)은 인공지능(AI), 빅데이터, 사물인터넷(IoT), 클라우드 컴퓨팅, 자율주행 자동차 기술 등으로 불리는 소프트웨어와 데이터 기반의 지능 디지털 기술(intelligent digital technology) 혁명을 말한다. 이 혁명은 우리의 산업과 생활방식을 급격히 바꾸어 놓고 있으며, 인류 문명에 주는 충격도 엄청날 것으로 예상된다. 4차 산업혁명이란 용어가 세상에 널리 알려지게 된 것은 2016년 1월에 열렸던 세계경제포럼(WEF, 일명 다보스 포럼)에서 이를 주제로 다루었기 때문이다.

2016년 3월에 구글 딥마인드의 인공지능 기술로 무장한 바둑 프로그램 알파고가 한국의 대표기사 이세돌을 4대 1로 이기면서 우리에게 큰 충격을 주었다. 알파고의 승리는 4차 산업혁명의 한 단면을 보여주었다. 디지털 기술이 자연과학, 공학, 의학, 농학 등의 영역과 기하급수적으로 빠르게 융합되면서 세상을 변화시키고 있는 것이다. 지난 2016년 다보스 포럼에서 발표된 쉬밥(Klaus Schwab) 교수의 '4차 산업혁명 보고서'에서 제시한 2025년까지 일어날 것으로 예상되는 현상을 보면 충격적이다. 90%의 사람들이 스마트폰을 사용하고, 10%의 사람들이 인터넷에 연결된 옷을 입고, 미국 차들의 10%가 무인자동차가 될 것이며, 1조 개의 센서가 인터넷에 연결되어 사물인터넷(IoT) 기능을 발휘한다고 한다. 또한 자동차와 인공 간이 최초로 3D 프린터로 생산되고, 최초의 로봇 약사가 미국에 등장하고, 30%의 기업 회계감사가 인공지능에 의하여 이루어지며, 빅데이터로 인구조사를 대체하는 나라가 나타날 것으로 예측했다.

2016년 다보스 포럼에서 발표한 '미래고용보고서'에 따르면 4차 산업혁명으로 인한 미래 고용시장 변화는 더욱 충격적이다. 로봇과 AI, 생명공학, 3D 프린팅 등의 기술 발전으로, 가장 큰 타격을 받을 직군은 사무관리직으로, 빅데이터 분석과 AI 기술이 바탕이 된 자동화 프로그램과 기계가 사무직 일자리를 대체할 것이란 이유에서다.

그러면 왜 4차 산업혁명인가? 영국에서 18세기 말에 증기기관의 발명과 더불어 철강과 섬유산업이 발전한 산업혁명을 1차 산업혁명이라고 부르고, 20세기 초에 미국을 중심으로 전기의 발명과 더불어 화학, 자동차, 새로운 통신수단이 발전한 혁명을 2차 산업혁명이라고 부른다. 그리고 20세기 중후반에 미국에서 컴퓨터의 등장과 더불어 정보통신기술(ICT)과 인터넷이 발전하기 시작한 정보화 혁명을 3차 산업혁명이라고 부르고, 최근의 지능 디지털 기술 혁명을 4차 산업혁명이라고 부르는 것이다. 이를 간략히 정리하여 보면 〈표 1.1〉과 같고, 이를 다시 정리하면 〈표 1.2〉와 같다.

1차 산업혁명과 더불어 영국은 세계의 제1 문명국가로 부상하였으며, 지구 곳곳에 영연방 국가를 건설하여 '해가 지지 않는 나라'로 떠오르게 되었다. 1차 산업혁명에 동참한 유럽 국가들은 선진 국가를 이루었지만, 이 혁명에 동참하지 못한 동양 국가들(한국, 중국, 일본 등)은 상대적으로 뒤처지게 되었다. 그나마 일본은 메이지유신(明治維新, 1867)을 통하여 발 빠르게 봉건적 신분제도의 폐지, 징병제의 실시, 산업에 관한 제한 철폐, 학제(學制)의 개편, 서구 문명의 이식(移植) 등을 통하여 유럽의 선진 과학기술문명을 받아들인 것이 동양에서 먼저 국력으로 앞서가는 계기를 마련한 것이다.

표 1.1 1, 2, 3, 4차 산업혁명의 분류와 특징

혁명의 분류	시기	주도 국가	주요 특징
1차 산업혁명	18세기 후반	영국	기계혁명 (증기기관, 도시 공장, 공작 기계 등)
2차 산업혁명	20세기 초반	미국	전기혁명 (대량생산, 자동화, 테일러 생산 시스템, 표준관리 등)
3차 산업혁명	20세기 중후반	미국	정보혁명 (컴퓨터, ICT 발전, 정보화 발전, 인터넷 등)
4차 산업혁명	21세기 초반	?	지능디지털기술혁명 (빅데이터, IoT, AI, 자능형 로봇, 3D 프린팅, 드론, 자율주행 자동차, 스마트 공장 등)

표 1.2 1, 2, 3, 4차 산업혁명의 개요와 비교 분석

1차 산업혁명 (기계 혁명)	2차 산업혁명 (전기 혁명)	3차 산업혁명 (정보 혁명)	4차 산업혁명 (빅데이터, 인공지능, 사물인터넷 등의 혁명)
18세기 후반	20세기 초반	20세기 중후반	21세기 초반
증기기관 기반의 기계화 혁명	전기 에너지 기반의 대량생산 혁명	컴퓨터와 인터넷 기반의 지식정보 혁명	빅데이터, 인공자능, 사물인터넷 등 사이버 물리 시스템(CPS) 기반의 만물초지능 혁명
증기기관을 활용하여 영국의 섬유공업이 거대 산업화	공장에 전력이 보급되어 벨트 컨베이어를 사용한 대량생상 보급	인터넷 스마트 혁명으로 미국 주도의 글로벌 IT 기업 부상	사람, 사물, 공간을 초연결「초지능화하여 산업 구조 사회 시스템 혁신

2차와 3차 산업혁명은 오늘날 미국을 초강대국이 되게 하는 바탕이 되었다. 4차 산업혁명은 미국과 독일 등의 선진국에서 앞서가고 있으나. 이 대열에 우리나라도 빨리 동참하여 발전하여야만 세계 문명을 주도하는 국가의 대열에 낄 수 있을 것이다.

2) 우리나라의 4차 산업혁명 글로벌 디지털 경쟁력 현황

4차 산업혁명시대인 지금은 디지털 전환(digital transformation) 시대라고 볼 수 있으며, 디지털 경쟁력은 4차 산업혁명 시대의 경쟁력이라고 볼 수 있다. 우리나라의 세계 디지털 경쟁력을 살펴보자. 국가 간에 빅데이터, 인공지능, 사물인터넷 기술 등의 신기술 적응도를 포함하는 디지털 경쟁력을 평가하는 기준으로 스위스 국제경영개발대학원(IMD)이 매년 발표하는 'IMD 세계 디지털 경쟁력 순위(IMD World Digital Competitiveness Ranking)'가 있다. 이 평가는 기술변화에 대한 한 국가의 적응력, 대응력, 기술개발 능력 등을 평가하며, 3대 분야(지식, 기술, 미래 준비도), 9개 부문, 52개 세부 지표로 구성되어 있다.

2022년 9월에 발표한 IMD의 '2022년 세계 디지털 경쟁력 평가' 결과를 보면, 우리나라는 64개 평가대상 국가 중에서 8위를 차지하여 이 평가가 시작된 2015년부터 2022년 사이에 연차적으로 18위 → 17위 → 19위 → 14위 → 10위 → 8위 → 12위 → 8위로, 2017년에 잠시 19위로 밀렸으나, 곧이어 상승하다가 현재 8위를 유지하고 있는 양상이다. 평가 결과는 9개 부문별로, 52개 세부 지표별로는 큰 차이가 있어 한국이 취약한 부분도 상당히 많이 있다. 3대 분야, 9개 부문별로 우리나라의 평가 순위와 각 부문별로 특별히 유의할 특징적인 세부 지표를 적어 보면 〈표 1.3〉과 같다.

'지식'은 새로운 기술을 이해 · 발견 · 확장할 수 있는 역량을 측정하는 분야로, 우리나라의 경제력 규모(2021년 국내총생산(GDP) 기준으로 1조 8,068만 달러로 세계 10위)보다 좀 떨어진 16위이다. 특히 '인재' 부문에서 뒤처지는데, 이는 주로 디지털 기술 능력(46위)이 아직도 불충분하고, 외국인 숙련직 직원(49위)이 모자라고, 국제 학생의 순 유입(38위)이 떨어지기 때문이다. 인재 부문에서 더 적극적인 국제화가 필요하다고 하겠다. 또한 '교육훈련' 부문에서 대학에서의 학생:교수 비율(30위)이 낮은 수준이고, 여성 학위 소지자(20위)가 충분하지 못하기 때문이다. '과학기술' 부문이 3위로 우수한데, 이는 R&D 총액(2위)과 1인당 총 연구개발 인력(3위)이 많기 때문이다.

표 1.3 한국의 2022년 세계 디지털 경쟁력 평가 결과

3대 분야	9개 부문	특징적인 일부 세부 지표
지식 (knowledge): 16위	인재 (talent): 33위	• 디지털 기술 능력 (46위) • 외국인 숙련직 직원 (49위) • 국제 학생의 순 유입 (38위)
	교육훈련 (training & education): 16위	• 고등교육 성취도 (4위) • 대학 이상 전문교육 학생:교수 비율 (30위) • 여성 학위 소지자 (20위)
	과학기술 (scientific concentration): 3위	• R&D 총액 (2위) • 1인당 총 연구개발 인력 (3위) • 여성 연구원 (53위)
기술 (technology): 13위	규제 여건 (regulatory framework): 23위	• 창업 (19위) • 지적 재산권 (37위) • 기술 개발 및 적용 (48위)
	자본 여건 (capital): 15위	• IT&미디어 주식시장 자본화 (4위) • 벤처 자본 (35위)
	기술 여건 (technological framework): 7위	• 인터넷 대역폭 속도 (12위) • 고도기술 수출비중(%) (6위) • 인터넷 사용자 (8위)
미래준비도 (future readiness): 2위	신기술 적응도 (adaptive attitudes): 1위	• 전자 참여 지수 (1위) • 인터넷 소매업 매출액 (1위) • 스마트폰 보유율 (4위) • 세계화에 대한 태도 (11위)
	사업 능력 (business agility): 2위	• 로봇 활용도 (3위) • 기업의 실패 두려움(2위) • 빅데이터 및 분석 기술 활용 (34위) • 지식 전달 (30위)
	IT 통합 (IT integration): 14위	• 전자정부 (2위) • 사이버 보안 능력 (28위) • 소프트웨어 불법복제 (20위)

* 괄호 속은 우리나라의 순위

'기술'은 디지털 혁신을 발전시킬 수 있는 역량을 나타내는 분야로, 기술의 규제 여건(23위)과 자본 여건(15위)이 안 좋은 편이다. 규제 여건 속에는 지식재산권에 관한 여건(37위), 기술개발 및 적용에 관한 여건(48위)에서 낙후되어 있다. 그러나 고도기술 수출 비중(6위)이 높아 기술 여건(7위)은 좋다. '미래 준비도'는 디지털 변화에 대한 준비 정도를 측정하는 분야로, 전자 참여 지수(1위), 인터넷 소매업 매출액(1위)과 스마트폰 보유율(4위)이 높이 평가되어 신기술 적응도(1위)가 높다. 그리고 로봇 활용도(3위)가 높고, 기업의 실패 두려움(2위)이 적어 사업 능력(2위)은 높으나, 부족한 점은 '빅데이터 및 분석 기술 활용(34위)'은 부족하고 지식 전달(30위) 능력이 떨어진다. 전자 정부가 2위이고, 사이버 보안 능력(6위)은 좋으나 소프트웨어 불법복제(20위)가 근절되지 않아 IT 통합이 14위에 그치고 있다.

우리나라는 디지털 경쟁력을 강화하기 위해서는 결국 규제 여건, 자본 여건, 인재 부문 등에서의 경쟁력을 높이는 것이 우선적인 과제이다. 한국(8위)보다 디지털 경쟁력 높은 국가들은 1위에서 7위까지 덴마크, 미국, 스웨덴, 싱가포르, 스위스, 네덜란드, 핀란드의 순이며, 기타 주요 국가들은 영국(16위), 중국(17위), 독일(19위), 일본(29위) 등이다.

1.2 4차 산업혁명이 주는 충격

1) 일자리에 주는 충격

4차 산업혁명이 진행되면서 일자리에도 많은 변화가 예상된다. 로봇과 인공지능의 발전으로 많은 단순 노동직은 소멸하게 될 것이고, 창의적인 두뇌를 요구하는 새로운 일자리가 많이 생겨날 것으로 예측된다. 오래전에 한국고용정보원에서 2017년 1월에 발표한 〈2025년 인공지능 · 로봇의 직업별 업무수행능력 대체비율〉에 따르면, 〈표 1.4〉에서 보는 바와 같이 청소원(100%), 주방보조원(100%), 매표원 및 복권판매원(96.3%) 등 직업능력 수준이 낮은 단순직 대체 가능성은 높게 나온 반면, 회계사(22.1%), 항공기조종사(23.9%), 투자 및 신용 분석가(25.3%) 등 전문직 대체 가능성은 상대적으로 낮게 나타났다. 또한 2016년 말 현재 우리나라 전체 직업종사자의 업무수행능력 중 12.5%는 인공지능 · 로봇으로 대체 가능하며, 이 비율은 2020년에 41.3%, 2025년에는 70.6%로 증가할 것이라고 한다.

표 1.4 2025년 인공지능 · 로봇의 직업별 업무수행능력 대체 비율

순위	대체 비율 높은 직업	대체비율	대체 비율 낮은 직업	대체비율
1	청소원	1.000	회계사	0.221
2	주방보조원	1.000	항공기조종사	0.239
3	매표원 및 복권판매원	0.963	투자 및 신용 분석가	0.253
4	낙농업 관련 종사원	0.945	자산운용가	0.287
5	주차 관리원 및 안내원	0.944	변호사	0.295
6	건설 및 광업 단순 종사원	0.943	증권 및 외환 딜러	0.302
7	금속가공기계조작원	0.943	변리사	0.302
8	청원경찰	0.928	컴퓨터하드웨어 기술자 및 연구원	0.323
9	경량철골공	0.920	기업고위임원	0.324
10	주유원	0.908	컴퓨터시스템 및 네트워크 보안 전문가	0.338
11	펄프 및 종이 생산직 (기계조작)	0.905	보건위생 및 환경 검사원	0.345
12	세탁원 및 다림질원	0.902	기계시험원	0.349
13	화학물 가공 및 생산직 (기계조작)	0.902	보험 및 금융 상품개발자	0.354
14	곡식작물재배원	0.900	식품공학 기술자 및 연구원	0.367
15	건축도장공	0.899	대학교수	0.370
16	양식원	0.898	농림어업시험원	0.371

17	콘크리트공	0.897	전기 · 가스 및 수도 관련 관리자	0.375
18	패스트푸드원	0.890	큐레이터 및 문화재보존원	0.379
19	음식 배달원	0.888	세무사	0.379
20	가사도우미	0.887	조사 전문가	0.381

자료: 한국고용정보원, 2017

2) 사회에 주는 충격

4차 산업혁명이 가져올 사회 변화 속도는 산업혁명(18세기 후반의 1차 산업혁명)의 10배, 규모는 100배, 임팩트는 3,000배가 될 것으로 '미래의 속도'의 저자들(Richard Dobbs, James Manyika, Jonathan Woetzel, 2016)은 주장하고 있다. 이런 급격한 변화에 적응할 수 있도록 학생들에게 생각의 유연성과 근력을 키워줘야 한다. 한국 교육 시스템은 산업화 시대에 남 따라잡는 추격형 인재(fast follower) 교육에 최적화되어 있다. 하지만, 4차 산업혁명 시대에는 암기력이나 눈치 보기 실력은 더 이상 경쟁력이 될 수 없다. 인간보다 뛰어난 두뇌를 가진 인공지능이 나타나서이다. 인공지능 바둑 프로그램인 알파고만 하더라도 인간이 평생 공부를 해도 다 학습하지 못할 분량인 프로기사 기보 16만 개를 심층학습(deep learning)이라는 기술을 바탕으로 단 5주 만에 독파했다. 이제는 암기력이 뛰어난 인재는 다가올 미래에 기계와의 대결에서 살아남기 어렵다. 왜냐하면 기억장치는 기계가 인간을 압도하기 때문이다.

인터넷과 모바일로 연결된 초연결사회의 새로운 인류를 스마트 신인류(phono sapiens)라고 부른다. 이 용어는 인류(homo sapiens)를 대체하는 용어로 '스마트폰에 의하여 모든 일상생활을 영위하는 인류'라는 뜻으로, 2015년 영국에서 출간되는 The Economist 잡지의 'Planet of the Phones'라는 글에서 처음으로 사용하였다. 스마트 신인류는 4차 산업혁명의 결과이며, 인류는 이제 스마트폰과 더불어 하루를 살아가는 집단이 되었다. 스마트폰은 시장혁명을 주도하고, 경제활동은 물론, 정치, 사회, 문화, 과학기술의 모든 면에서 막강한 영향력을 발휘할 것이다. 〈그림 1.1〉은 인간의 진화 과정에서 마지막으로 스마트 신인류가 되는 모습을 보여주고 있다.

그림 1.1 인간의 진화 과정과 스마트 신인류 Phono Sapiens의 탄생

3) 미래형 인재상의 변화

4차 산업혁명의 발전을 주도할 수 있는 미래형 인재는 어떤 능력을 가진 사람인가? 한마디로 4차 산업혁명과 관련된 업종에서 능동적으로 참여하고 이를 주도할 수 있는 인재를 말한다. 우리 사회는 지금부터 이러한 인재를 양성할 수 있는 제도를 갖추어야 한다. 2016년 다보스 포럼에서 발표된 '미래고용보고서'는 2020년에 요구되는 교육목표 1위로 '복잡한 문제를 푸는 능력'을 꼽았고, 2위에서 5위까지는 '비판적 사고', '창의력', '사람 관리', '협업 능력'을 선정하였다. '문제를 푸는 능력'을 주는 교육은 STEM(과학, 기술, 공학, 수학)에 기반한 컴퓨팅적 사고, 통계적 사고 등을 함양하여야 하므로, 교육의 방향도 이런 점에 착안하여 개편되어야 할 것이다.

위의 교육목표 1~5위의 내용을 두 가지로 간단히 정리하면 주어진 융합적인 복잡한 문제에 대하여 창조적 해결 역량과 팀을 이루어 문제를 풀 수 있는 협업 능력이라고 볼 수 있다. 미래형 인재는 이러한 역량을 갖추도록 교육받을 수 있어야만 인공지능 로봇 등에 대체되지 않고 4차 산업혁명 시대를 주도할 수 있는 인재가 될 수 있을 것이다. 현재 우리나라에서 진행되고 있는 암기 위주의 주입식 교육은 미래형 인재를 양성할 수 없다. 만약 우리 학교들에서 지금과 같은 암기 위주의 주입식 교육을 지속한다면 4차 산업혁명 시대에 없어질 직업을 위한 교육을 하는 셈이다. 또한 4차 산업혁명 시대에는 급격한 기술변화에 적응하기 위하여 평생 동안 배워야 하기 때문에 '어떻게 배우는지를 배우는(learn how to learn)' 자기 주도 학습 역량을 키울 필요가 있다.

우리 교육은 대학입시부터 학교의 내신 평가에 이르기까지 객관식 선다형(multiple choice) 평가 방식에 크게 의존해 왔다. 대학입시에서 거의 모든 학생이 보는 수학능력시험(수능)은 전적으로 선다형 평가에 의존하고 있으므로, 창조적 문제 해결 능력을 키우는 데 아무런 도움이 안 되고 있다. 4차 산업혁명 시대에는 현재의 수능시험은 적절치 않으므로 대학 입학 자격시험으로 하거나, 아니면 폐기 처분해야 할 것이다.

1.3 데이터 마이닝

1) 데이터 마이닝의 정의와 사용 기법

데이터 마이닝(data mining) 이란 대규모로 저장된 데이터(data) 속에서 체계적이고 자동적으로 통계적 규칙이나 패턴을 찾아내는 것(mining)을 말한다. 마치 데이터의 광산에서 가치있는 정보를 캐낸다는 의미로 붙혀진 이름이다. 다른 말로는 데이터베이스에서 지식을 발견한다는 의미로 KDD(knowledge-discovery in databases)라고도 부른다.

데이터 마이닝은 컴퓨터 과학과 통계학의 융합 분야라고 볼 수 있다. 데이터 마이닝의 기법은 통계학 쪽에서 발전된 패턴 인식(patern recognition), 탐색적 데이터 분석(exploratory data analysis), 가설검정, 다변량분석, 시계열분석, 일반선형모형 등의 방법론이 사용되고, 컴퓨터 과학에서는 데이터베이스 쪽에서 발전된 온라인 분석처리(OLAP; on-line analytic processing)와 인공지능 쪽에서 발전된 신경망(neural network), 전문가 시스템(expert system) 등의 기술적인 방법론이 사용된다.

2) 데이터 마이닝의 역사와 활용 분야

1943년에 신경학자 맥컬리(Warren Mckerley)와 논리학자 피츠(Walter Pitts)는 생체신경을 연구하며 간단한 모델을 개발하게 되었다. 생체신경 조직을 이루는 뉴런(neuron)의 움직임을 통해 인간 두뇌의 기능을 파악하기 위해서였다. 이 두 과학자가 개발한 생체신경 모델은 데이터 마이닝의 시초라고 볼 수 있다.

그 뒤 1950년대에 현대의 디지털 컴퓨터가 그 모습을 갖추자 컴퓨터 공학자들은 맥컬리와 피츠가 개발한 신경망 모델을 컴퓨터 연산에 응용하고자 시도하였으며, 이것이 '인공신경망(artificial neural network)' 연구의 시작이었다. 즉, 인간의 두뇌로는 불가능한 빠른 연산작용이 가능한 컴퓨터에 인간 두뇌의 연산 법칙을 적용해 인공지능을 실현하고자 한 것이다. 그러나 그 이론적 연구는 진전이 잘 안되어 주춤한 상태가 오래 지속되었다.

1982년에 이르러 물리학자 홉필드(John Hopfield)가 기존 인공지능의 이론적 한계를 극복할 수 있는 홉필드 네트워크를 제안하여, 상호결합형 신경망 모델로서 연상기억(associative memory)이나 최적화 문제를 병렬적으로 푸는 데 기여하였다. 특히 연상기억에 있어서는 일정한 범용 패턴들을 연결 강도로 저장하였다가 미지의 입력패턴이 주어질 때 이와 가장 유사한 패턴을 찾을 수 있게 해주었다.

홉필드에 의한 신경망 모델은 이후 로봇 인공지능 개발에 접목되었고, 21세기에 통계학의 각종 기법이 접목되면서 데이터 마이닝으로 발전되었다. 빅데이터 시대가 열리면서 다량의 데이터로부터 데이터 마이닝 기법을 적용할 때, 〈표 1.5〉에서 보는 바와 같이 세 가지의 분석 유형으로 나누어 각종의 분석기법이 사용된다. 현재로 데이터 마이닝은 다양한 분야에서 사용되고 있으나, 가장 활발하게 적용되는 분야는 기업 업무이다. 고객 세분화를 통하여 우량하거나 불량한 고객을 분류하여 별도 대응하는 전략을 사용하고 있으며, 도용 사고를 방지(fraud detection)하기 위하여 도용한 사례들의 특성을 분석하여 도용 가능성을 사전에 예방하는 노력을 하고 있다. 또한 잠재 고객 발굴, 고객 이탈 방지 등도 데이터 마이닝의 정보로부터 할 수 있다. 수요/판매 예측, 구매 성향 분석 등도 데이터 마이닝을 통하여 얻어지는 정보로부터 가능한 업무이다. 예를 들어, 인터넷 쇼핑몰의 상품 추천 시스템 등에서 고객들의 소비패턴이나 성향을 분석하여 그들에게 적합한 상품을 추천하는 데 사용된다.

표 1.5 데이터 마이닝의 분석 유형과 기법

분석 유형	분석 기법
분류/군집화 (classification/ clustering) (예로, 고객을 몇 개의 성격이 다른 집단으로 분류함)	• 의사결정나무(decision tree) • 신경망(neural network) • 자체조직지도(self-organizing map) • 군집분석(cluster analysis) • 카이스퀘어 자동 상호작용 검증 (CHAID; Chi-square automatic interaction detection)
예측/추정 (forecasting/estimation) (모델링을 통하여 미래의 특정 상황의 발생 확률 또는 특정 값을 예측하거나 추정함)	• 의사결정나무(decision tree) • 신경망(neural network) • 판별분석(discrimination analysis) • 회귀분석(regression analysis) • 이상치 검출(outlier detection)
유사성 분석 (similarity analysis) (동시 또는 순차적으로 유사하게 발생하는 사건을 분석 (예로, 동시 구매 제품 파악 등))	• 장바구니 분석(market basket analysis) • 연관성 분석(association analysis) • 연속패턴 분석(sequential pattern) • 교차분석(crosstab analysis)

데이터 마이닝은 군사 분야에서도 사용된다. 미사일 탄도의 궤도에 영향을 주는 요인들을 분석하여 요인들의 변화에 따라 어떻게 탄도에 영향을 줄 수 있는가를 알아내고자 할 때도 사용된다. 또한 국가정보기관은 엄청난 양으로 도청되는 통신들 가운데 특히 중요성이 높은 통신을 찾아내기 위해서 사용하며, 보안 전문가들은 분야별로 네트워크에 위협요인이 있는지를 판단하기 위해서도 데이터 마이닝을 사용한다. 정치 분야의 대표적인 사례로 오바마 대통령 후보의 선거운동에서 유권자들의 분류와 그에 따른 접근 방식 등에 대한 결정에 데이터 마이닝이 유용하게 사용되었다.

1.4 빅데이터 시대의 도래와 정보통계학의 발전

1) 빅데이터란 무엇인가?

빅데이터는 4차 산업혁명 기술의 총아이며, 우리 사회 전반에 빅데이터가 주는 영향은 막강하다. 데이터는 그 생산방식에 따라서 구조적 데이터(structured data, 정형 데이터)와 비구조적 데이터(unstructured data, 비정형 데이터)로 나눌 수 있다. 구조적 데이터는 정해진 서식에 따라 특정 형식에 맞춰 잘 구조화되어 관리되는 데이터이다. 이와 반면에 비구조적 데이터는 데이터 종류에 따라 크기와 내용이 달라 통일된 구조로 정리하기 어려운 데이터로, SNS 관련 데이터, 언론사나 포털 사이트에 뜬 뉴스 게시물, 유튜브에 올라와 있는 동영상, 음악, 사진, CCTV 정보 등 다양한 데이터이다.

그러면 빅데이터란 무엇인가? 우리는 '빅(Big)'이 주는 '크다'는 강력한 의미로 인하여 빅데이터는 양적으로 매우 방대한 데이터라는 인상을 갖게 된다. 세계적인 컨설팅 회사인 맥킨지는 방대한 데이터의 의미를 살려서 "빅데이터란 일반적인 데이터베이스 소프트웨어가 저장, 관리, 분석할 수 있는 범위를 초과하는 규모의 데이터"라고 정의하였다. 이와 반면에 세계적으로 잘 알려진 인터넷데이터센터(IDC)는 데이터베이스(DB)의 규모가 아니라 업무 수행 기능에 초점을 맞춰 "빅데이터는 다양한 종류의 대규모 데이터로부터 저렴한 비용으로 가치를 추출하고 데이터의 초고속 수집, 발굴, 분석을 지원하도록 고안된 차세대 기술 및 아키텍쳐"라고 정의하였다. 그러나 필자들은 빅데이터를 협의와 광의로 나누어 다음과 같이 정의하고 싶다.

빅데이터(협의): 빅데이터란 기존 데이터베이스의 데이터 수집 · 저장 · 관리 · 분석의 역량을 넘어서는 구조적 및 비구조적 데이터를 포함하는 대용량의 데이터 집합이다.

빅데이터(광의): 협의의 빅데이터를 포함하고, 추가로 이러한 빅데이터로부터 의사결정에 필요한 정보와 지식을 추출하고 결과를 분석하기 위하여 필요한 인력과 조직 및 관리 · 분석 기술을 말한다.

2) 빅데이터의 역사

작업에 있어서 본격적으로 데이터를 참고하기 시작한 것은 20세기 들어 미국의 테일러(Frederick W. Taylor, 1856~1915)의 과학적 관리법[Taylor 1911]의 도입에서 시작되었다고 볼 수 있다. 본격적인 데이터 시대를 열게 된 테일러의 과학적 관리법(이를 테일러리즘(Taylorism)이라고도 함)은 제조 과정에서 분업 활동과 데이터 분석에 의한 노동 생산성 증가를 목적으로 활용되었다. 그 후 슈하트(Shewhart)에 의한 관리도법[Shewhart 1931]이 창안되어 제조 과정에서 수집된 데이터의 관리 및 통계분석에 의한 품질관리 등에 활용되었다.

데이터가 마케팅과 영업 차원에서 중요하게 다루어지기 시작한 것은 1960년대에 미국에서 기업 홍보(PR; public relation) 활동이 상용화되면서부터이다. 물품의 제조 과정에서 축적된 다양한 데이터는 대중이 알기 쉽게 설명하는데 활용되었으며, 판매 과정에서 수집된 데이터와 애프터서비스(A/S) 과정에서 수집된 다량의 데이터는 고객 데이터로 새롭게 축적되어 기업 활동 확장과 품질 향상에 활용되었다. 1970년대에 통계학에서는 데이터 분석(data analysis)이라는 분야가 활발하게 연구되기 시작하였고, 데이터로부터 정보를 추출하여 그 결과를 실무에 활용하는 사례가 급증하게 되었다.

데이터 활용의 획기적인 전기를 마련한 것은 1980년대에 데이터베이스의 출현인데, 데이터베이스는 다양한 방법으로 수집된 데이터를 여러 사람이 공유하고 사용할 목적으로 컴퓨터로 통합 관리할 수 있게 만든 것이다. 데이터 전산화를 통해 구축된 데이터베이스는 논리적으로 연관된 하나 이상의 자료를 수집하고 구조화함으로써 검색이나 갱신의 효율화를 꾀할 수 있다. 이를 통해 데이터베이스를 기반으로 고객정보를 분석하고 적절하게 PR하는 DB 마케팅이 등장하였다. 그 후 IT의 발달에 따라 DB 마케팅은 영역과 기술의 진보를 거쳐 현재의 고객관계경영(CRM; customer relations management)으로 발전하였다.

2000년대에 들어서면서 각 학문이나 업무 분야에서 다량의 데이터로부터 데이터마이닝 기법 적용이 활발해지면서 빅데이터 기술의 기반이 만들어지기 시작하였다. 경영 분야에서는 다량의 관련 데이터로부터 비즈니스에 유용한 정보를 만들어 내는 비즈니스 분석기술(business analytics)이 인기를 얻고 있으며, 그 대표적인 활용 분야는 마케팅, 고객관계경영, 판매 분야 등이다. 금융/서비스 분야에서는 리스크관리 고도화, 이상금융 거래방지 등에 활용되고 있다. 생명과학 분야에서는 생물정보학(bioinformatics), 헬스케어(health care) 등이 의료 산업의 발전과 더불어 각광받고 있다. 산업 분야에서도 센서 등으로부터 얻어지는 제조 공정상 다량의 데이터로부터 공정관리나 품질관리를 하는 기술이 발전하면서 빅데이터의 기반이 형성되었다. 또한 공공 부분에서는 교통 수요예측, 기상정보 연계시스템, 연구개발(R&D) 시스템 등에 사용되기 시작하였다.

실질적으로 빅데이터는 2010년대에 꽃을 피우고 있다. 데이터와 소프트웨어 기반의 4차 산업혁명의 기술들이 독일, 미국 등을 중심으로 발전하면서 빅데이터는 4차 산업혁명의 중심에 자리하고 있다. 산업에서는 독일에서 시작된 '인더스트리 4.0'에서 스마트공장(smart factory) 기술이 발달되면서 빅데이터 기술이 활용되고 있고, 미국 등에서는 마케팅에 빅데이터 기술이 광범위하게 적용되고 있다. 2015년 EvansData Corporation(빅데이터 연구 및 전문 조사기관)에 따르면, 개발되고 있는 빅데이터 기반의 응용 프로그램 적용 분야의 1순위는 마케팅 분야(14.4%)이고, 그다음 순위는 IT(13.3%), R&D(13.0%), 판매(12.6%) 분야 등이다. 그 결과를 〈그림 1.2〉에 보여주고 있다.

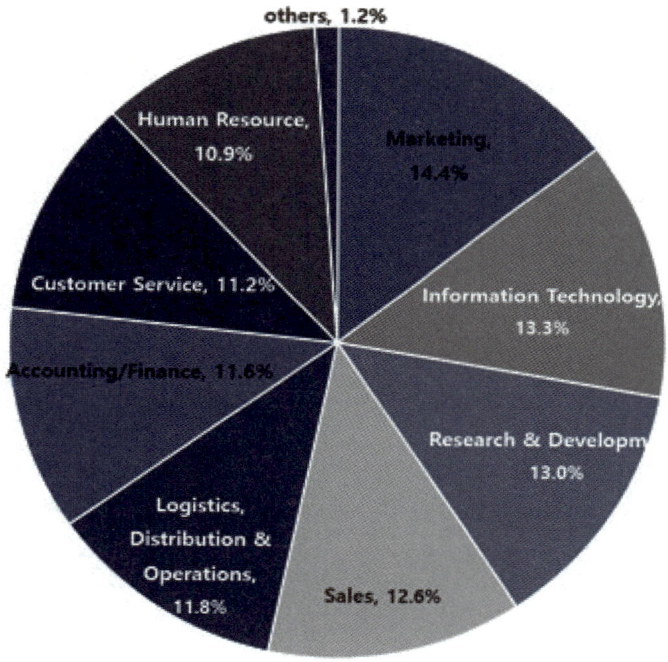

그림 1.2 Big Data & Advanced Analytics Survey 2015, EvansData Corporation

3) 빅데이터의 역할

과거 1, 2, 3차 산업혁명에서는 석탄과 철이 주요한 역할을 하였고, 컴퓨터의 등장으로 정보혁명이 시작되었다. 최근에는 정보폭발 시대를 맞아 다양한 경로로 취합된 빅데이터에서 숨은 정보와 새로운 지식을 발굴하여 혁신을 도모하려는 노력이 모든 분야에 확산되면서 빅데이터가 차세대 지식혁명을 이끌 주역으로 부상하고 있다. 이미 오래전 미국의 2011년 5월 13일자 〈뉴욕 타임스〉는 빅데이터를 분석, 가공하여 새로운 비즈니스 기회를 발굴하고 소비자 행동과 시장 변동을 예측하는 것이 기업 혁신을 폭발적으로 증가시킬 것으로 예측하였다. 이 예측은 정확히 맞았고, 빅데이터는 기업은 물론 모든 조직에 혁신을 가져오고 있다.

빅데이터의 초기 사례를 들어보자. 2008년 네덜란드에서 창업한 스파크드(Sparked) 회사를 보자. 이 회사는 수만 마리의 소에 센서를 부착해 소에 대한 정보를 실시간으로 수집하였다. 이렇게 축적한 연간 약 200MB의 정보를 이용하여 축산업자가 소에 대한 움직임, 건강 등을 수시로 확인 가능하게 해주며, 기후 변화 등 외부 빅데이터와 결합하여 소의 사육 방식을 정밀화하여 더 많은 소를 건강하게 키울 수 있도록 지원하였다. 이런 시스템 덕분에 스파크드는 소 한 마리당 세계 최고 수준의 우유 생산량을 기록할 수 있었다.

또한 빅데이터는 필요한 정보를 신속 정확하게 창출하여 사회적 문제 해결에 큰 역할을 하고 있다. 대표적인 예를 들어보자. 2005년 런던 지하철 폭탄 테러 사건의 용의자 검거의 일등 공신은 CCTV였다고 한다. 용의자들의 모습이 찍힌 버스와 지하철 내의 CCTV의 빅데이터 분석을 통하여 결정적 단서를 잡았다고 한다. 영국 경찰청의 빅데이터 분석 실력이 높음을 증명하고 있는 것이다. 이처럼 빅데이터 분석은 사회의 중요한 문제를 해결하기 위해 과거에는 하기 어려웠던 새로운 정보 창출 능력이 탁월하다.

4) 정보통계학의 발전

빅데이터는 엄청난 양의 데이터이며, 데이터로부터 유용한 정보를 추출해 내기 위해서는 통계적 분석 방법을 거치지 않을 수 없다. 따라서 빅데이터는 통계학과 불가분의 관계에 있다. 빅데이터 시대가 도래하면서 컴퓨터를 활용하여 빅데이터로부터 정보를 정확하고 순발력 있게 얻어내는 통계적 방법들이 최근 주요 연구 대상이 되며, 이런 분야를 연구하는 통계학을 정보통계학(informative statistics)이라고 부르기도 한다. 통계학에서 사용되는 모든 통계적 방법이 빅데이터 분석에 사용될 수 있으나, 비교적 많이 사용되는 것들은 다음과 같은 것들이다.

① 데이터 마이닝(data mining)

대규모로 저장된 데이터 안에서 체계적이고 자동적으로 통계적 규칙이나 패턴을 찾아 내 분석해서 필요한 정보를 얻고, 다양한 자료로 활용하는 기술.

② 텍스트 마이닝(text mining)

비구조적 텍스트 데이터에서 자연 언어 처리 기술에 기반하여 유용한 정보를 추출, 가공하는 것을 목적으로 하는 분석.

③ 오피니언 마이닝(opinion mining)

소셜 미디어 등의 비구조적 텍스트의 긍정, 부정, 중립의 선호도를 판별하는 분석.

④ 소셜 네트워크 분석(SNA; social network analysis)

소셜 네트워크 연결구조 및 연결 강도 등을 바탕으로 사용자의 명성 및 영향력을 측 정하는 분석.

⑤ 군집분석(cluster analysis)

통계적으로 유사한 특성을 가진 개체를 합쳐가면서 최종적으로 유사한 특성의 군집을 찾아내는 분석.

⑥ 동적 그래픽스(dynamic graphics)

이차원 평면에서 데이터의 다차원 구조를 이해할 수 있는 동적인 그림을 그려주는 기법.

⑦ 데이터 시각화(data visualization)

이차원 평면에서 데이터가 갖는 각종의 정보를 눈으로 볼 수 있도록 하는 기법.

데이터 마이닝은 빅데이터 시대가 도래하면서 그 역할이 증대되고 있으며, 빅데이터에서 일정한 패턴을 찾아낼 수 있으면 매우 유용한 정보를 만들 수 있기 때문이다. 데이터 마이닝을 통하여 성공한 대표적 기업으로는 미국의 전자상거래 업체인 아마존(Amazon)과 동영상 스트리밍 사이트를 운영하는 넷플릭스(Netflix)이다. 아마존은 고객이 지금까지 아마존에서 검색하고 구입한 책의 목록을 통해 고객의 취향과 관심 영역을 데이터 마이닝으로 파악해 고객이 관심을 갖고 있는 분야의 책이 나올 때마다 잊지 않고 꼬박꼬박 알려주는 방식으로 대기업의 초석을 놓았다. 넷플릭스도 회원이 전에 보았던 영화를 바탕으로 좋아할 만한 영화를 추천하는 '시네매치(cinematch)' 서비스를 개발해 개인화 마케팅을 진행하고 있다.

기업들은 SNS를 데이터 마이닝의 주요 대상으로 삼고 있다. SNS가 개인의 성향을 노출하는 유력한 통로로 활용될 수 있기 때문인데, 이를 잘 보여주는 게 소셜 네트워크 분석(SNA)이다. SNA는 트위터, 페이스북 등 SNS에서 수집되는 정보를 분석해 소비자 마음을 읽는 기법으로 기업의 마케팅은 물론 위기관리 수단으로도 활용되고 있다.

1.5 우리나라 빅데이터 도입률과 시장 규모

1) 빅데이터 도입률

빅데이터 산업은 데이터 산업 중에서 매우 중요한 위치를 차지하고 있는 사업이다. 빅데이터 산업이 매우 유망하고 미래가 촉망되는 사업이지만 아직 우리 기업들은 빅데이터 도입률이 저조한 편이다. 국내 빅데이터 관련 도입 및 투자 현황을 볼 수 있는 자료는 「2022 데이터 산업 현황조사」 보고서의 7장 '빅데이터 도입 및 투자 현황'이다. 2022년 국내 기업의 빅데이터 도입률은 공공 기업 부문을 제외하면 〈그림 1.3〉에서 보듯이 18.1%로 전년 대비 2.2%p 증가한 것이고 2020년 대비 4.7%p 증가한 것으로 증가세는 좋으나 아직 전체적으로 낮은 비율이다. 그러나 매출 1,000억 원 이상 기업의 경우 도입률이 40.5%로 전년 대비 1.6%p 증가한 것으로 나타나 고무적이다.

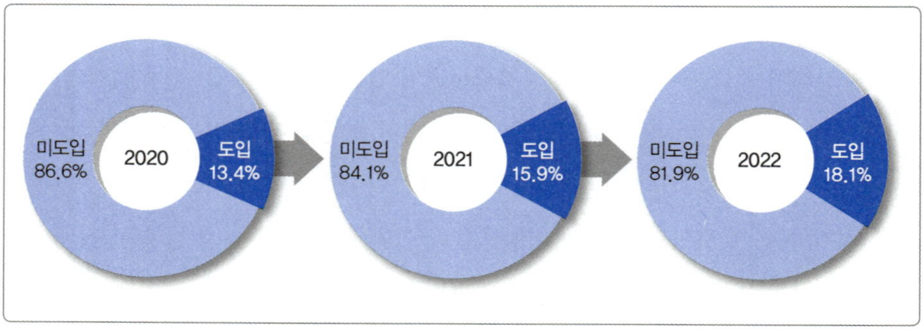

그림 1.3 2020~2022년 국내 기업의 빅데이터 도입률(공공 기업 부문 제외)

2022년 빅데이터 도입률은 업종별로는 공공 기업의 도입률이 56.3%로 가장 높게 나타났고, 민간 기업에서는 금융(37.5%), 통신 · 미디어(31.6%), 서비스(25.6%), 제조업(19.2%) 등의 순이다.

빅데이터를 도입하거나 추진하는 기업의 빅데이터 도입 유형을 살펴보면, 내부 활용 영역에서는 '빅데이터 시스템을 구축 – 기업 내에서 분석'이 44.9%로 가장 높고, 다음으로 '빅데이터 분석 리포트 입수 및 활용'(20.7%)이 그 뒤를 이었다. 외부 비즈니스 영역에서는 '빅데이터 기반의 서비스 비즈니스'(29.8%), '빅데이터 시스템 구축 사업'(18.7%) 등이다.

빅데이터를 도입하지 않는 기업들의 빅데이터 미도입 이유는 〈그림 1.4〉에서 보는 바와 같이 '빅데이터라고 할 만한 데이터가 없음'이 51.9%로 가장 높게 나타났고, '빅데이터 도입 효과가 나타날 업무가 없음'(29.2%), '빅데이터를 분석할 만큼 큰 기업이 아님'(18.8%), '적당한 빅데이터 솔루션 · 서비스가 없음'(15.0%) 등의 순으로 조사되었다.

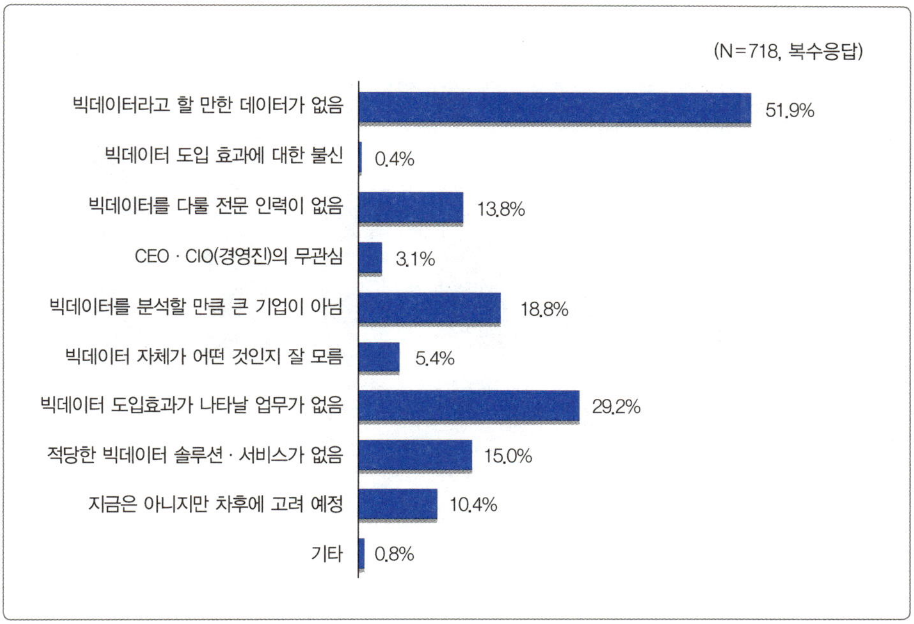

그림 1.4 빅데이터 미도입 사유(복수 응답 허용)

2020년 빅데이터 도입 기업의 제품 분야별 투자 현황을 보면, 서비스 분야 투자가 25.7%로 가장 큰 비중을 차지하며, 이어서 네트워크(23.3%), 소프트웨어(20.2%), 서버(19.8%) 등의 순으로 조사되었다. 이는 서비스 분야에 빅데이터를 활용하려는 준비를 먼저 하고, 다음으로 이를 실행할 네트워크와 소프트웨어 준비에 투자하려는 경향을 보여주는 것이다.

2) 빅데이터 시장 규모

2021년도 국내 빅데이터 시장 규모는 1조 7,276억 원으로 2020년 대비 10.6% 성장한 것으로 나타났다. 2016년부터 2022년까지 연평균 증감률(CAGR) 30.9%를 기록하여 지속적이고 급격한 성장세를 나타내는 것으로 조사되었다. 〈그림 1.5〉는 2016년 이후 빅데이터 시장 규모를 보여주고 있다.

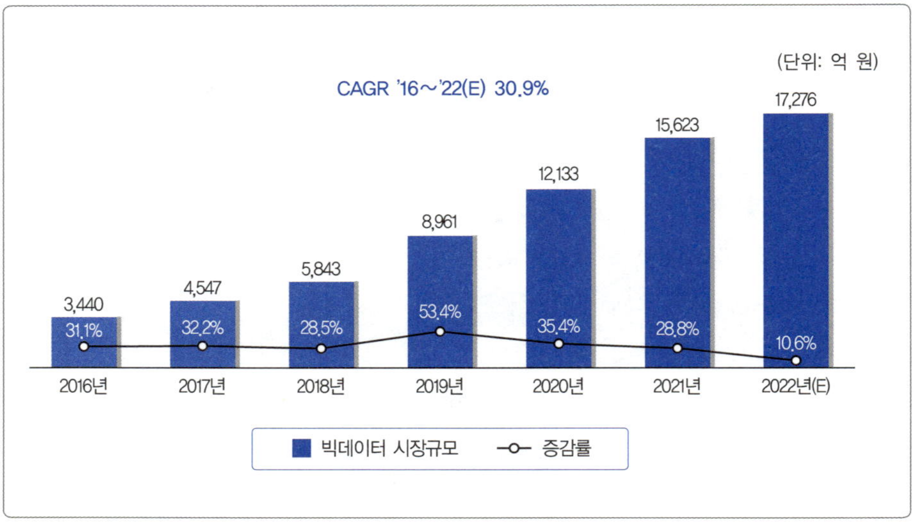

그림 1.5 국내 빅데이터 시장 규모

자료: 2022 데이터산업 현황조사

3) 국내 빅데이터 소프트웨어 관련 사용 현황

빅데이터 관련 소프트웨어 솔루션 사용 현황은 다음과 같이 나누어 볼 수 있다.

① Hadoop/HDFS(Hadoop Distributed File System) 솔루션

빅데이터 기술은 데이터 관리 언어에 따라서 두 가지로 나누어지며, 이들은 구조화 질의어(SQL; structured query language)와 비구조화 질의어(NoSQL)이다. SQL은 구조적 데이터를 분석하는 기술로, 종래의 관계형 데이터베이스 시스템(RDBMS)이고, NoSQL은 비구조적 데이터를 다룰 수 있는 기술로 비관계형 데이터베이스 시스템이라고 할 수 있다. 이러한 빅데이터 관리 언어 개발에 가장 큰 기여를 한 기업은 구글이다. 구글을 데이터 파일의 효율적인 관리를 위하여 구글 파일 시스템(GFS: Google File System)을 개발하고, 이를 바탕으로 맵리듀스(MapReduce)라는 모델을 개발하였다. 이 모델은 특정 용어 등의 출현 빈도를 세거나 다양한 비구조적 데이터를 처리할 수 있는 유연성을 가지고 있다.

그 후, 아파치 소프트웨어 재단(ASF)은 야후의 지원을 받아 구글 파일 시스템과 맵리듀스 알고리즘 원리를 구현해 누구나 빅데이터 처리 응용 프로그램을 만들 수 있도록 기반 소프트웨어를 오픈소스로 개발하였다. 이 프레임워크를 하둡(Hadoop)이라고 명명하였고, 일반인들도 무상으로 이용할 수 있도록 하였다. 하둡을 이용하여 오픈소스 소프트웨어를 좀 더 사용하기 편하게 패키지화하고, 관련 서비스까지 묶어 제공하는 기업들이 최근 크게 늘고 있다. 대표적인 주자들이 Cloudera, SAS, IBM, SAP, HortonWorks, MapR 등이다.

② ML(Machine Learning)/AI 솔루션

이 분야의 솔루션으로는 SAS Viya, Google Tensorflow, Microsoft ML Studio 등이 잘 알려져 있다.

③ 시각화(Visualization) 솔루션

데이터를 시각화하는 솔루션으로는 SAS VA(Visual Analytics), Tebleau, Qlikview 등이 있다.

④ ChatBot 또는 Text 분석 솔루션

ChatBot는 인공지능이 사람처럼 대화할 수 있게 해주는 기술로써, SAS Text Analytics, 노텍 ChatBot, SKT SMA 등이 있고, 국내 제품으로 Wisenut, 솔트룩스 등이 있다.

1.6 인공지능

4차 산업혁명의 신기술은 매우 다양하게 많으나 그중에서도 가장 주목받는 기술은 빅데이터, 인공지능(AI), 사물인터넷(IoT), 자율주행 자동차, 드론, 3D 프린팅, 바이오 기술, 나노기술 등이다. 이 절에서는 인공지능에 대해서만 알아보기로 한다.

1) 인공지능(AI)이란?

컴퓨터 정보용어대사전에 따르면 AI란 “인간의 인식, 판단, 추론, 문제해결, 그 결과로서의 언어나 행동 지령, 더 나아가서는 학습 기능과 같은 인간의 두뇌 작용을 이해하는 것을 연구 대상으로 하는 학문 분야”이다. 궁극적으로는 두뇌의 기능을 기계로 실현하는 것을 목적으로 하는데, 3가지 분야로 크게 나눌 수 있다.

① 외계 정보의 인식에 관한 분야

시각에 의한 2차원 패턴의 인식, 3차원 세계의 인식, 음성의 인식, 언어의 인식 등을 연구한다. 이들은 지식과 추론규칙을 사용한 검색에 입각해서 이루어지며, 화상 이해, 로봇 비전, 음성 이해, 자연언어 이해의 분야를 구성한다.

② 지식의 체계화

각종 사실로서의 지식을 어떠한 형식으로 컴퓨터에 기억시키는가 하는 지식 표현 문제, 추론규칙으로서의 지식을 어떠한 형식으로 만들어서, 입력되는 정보와 사실 지식에서 추론 규칙을 작용시켜서 희망하는 결론을 얻느냐 하는 검색 문제, 정리 증명 등 주어진 문제를 푸는 순서를 발견하는 문제해결 등을 다루는 분야이다.

③ 학습에 관한 분야

외계로부터 정보를 얻어서 사실 지식을 축적하여, 추론규칙을 자가 형성하는 방법을 명백히 밝히고, 더 나아가서는 몇 가지 지식의 구조가 그 어떤 의미에서 유사하다는 것을 검출해서 이들을 통합하는 메타 지식을 형성해 가는 방법을 연구한다.

2) 인공지능의 아버지 튜링과 독이 든 사과

인공지능의 연구는 컴퓨터의 탄생과 거의 같은 시기에 개시되었다. 인공지능의 아버지라고 불리우는 영국의 수학자 튜링(Alan Mathison Turing, 1912~1954)은

'계산 기계와 지능(computing machinery and intelligence)' [Turing 1950]이라는 논문에서, 기계가 생각할 수 있는지 테스트하는 방법(튜링 테스트(Turing test)), 지능적 기계의 개발 가능성, 학습하는 기계 등에 대해 썼으며, 이것이 인공지능에 관한 최초의 연구였다. 〈그림 1.6〉은 튜링의 젊은 시절 사진으로 네이버 블로그 '인류 문명사와 함께한 과학'에서 얻은 것이다. 〈그림 1.7〉은 튜링 테스트 방법으로 그 출처는 동일하다.

그림 1.6 인공지능의 아버지 앨런 튜링(Alan M. Turing)

1950년이면 아직 컴퓨터 시대 여명기라고 할 수 있는 때에, 튜링은 시대에 앞서 "기계가 생각할 수 있는가(Can machine think)?"라는 질문을 이 논문에서 던지고 있다. 튜링은 "컴퓨터가 생각할 수 있다면 그것을 어떻게 표현해야 하는가?"라는 질문에 대해 "만일 질문하는 사람이 인공지능 기계(컴퓨터)와 인간과의 반응 사이에서 그 차이를 구별할 수 없다면 컴퓨터는 생각한다고 판단할 수 있다"라고 주장하였다. 〈그림 1.7〉과 같이 질문자가 텔레타이프로 질문을 하면 질문 대상인 사람은 충실한 답변을 하고, 컴퓨터도 사람인 것처럼 답변한다. 만일 질문자가 어느 쪽이 사람이고, 어느 쪽이 기계인지를 제대로 밝혀지지 못한다면 기계는 지능을 가진 인공지능 기계라 할 수 있다는 것이다. 이런 테스트는 반세기 이상이 지난 지금까지도 계속되고 있는 인공지능에 대한 특유의 매우 도발적인 논란으로 튜링 테스트는 꾸준히 중요한 기여를 하고 있다.

그림 1.7 튜링 테스트 방법

튜링은 1912년에 영국 런던에서 태어났고, 대학 학창 시절은 캠브리지의 킹스 대학(King's College, Cambridge University)에서 수학 전공으로 공부하였고, 대학원은 1936년부터 미국의 프린스턴 대학에서 수학과 암호학을 공부하였다. 1938년에 작성한 그의 암호학과 관련이 있는 박사학위 논문 '순서 숫자 기반의 로직 시스템(systems of logic based on ordinals)'은 프린스턴 대학에서 작성된 가장 우수한 논문 중 하나로 알려져 있다.

튜링은 1939년에 영국으로 돌아와 정부 암호학교(Government Code and Cyber School)에서 연구하였으며, 세계 제2차 대전에서 독일군의 암호를 해석하여 영국 승리에 크게 기여하였고, 1945년에는 영국 정부로부터 대영제국 훈장(Order of the British Empire)을 받기도 하였다. 1945년부터 영국에 있는 국립물리연구소(National Physical Laboratory; NPL)에 근무하면서 자동계산장치(Automatic Computing Machine; ACE)의 디자인을 연구하여, 프로그램이 내장된 ACE 컴퓨터를 만들어 후대의 컴퓨터 제작의 기초를 닦았다. 또한 그는 지능기계(intelligent machinery)의 신경 회로망에 대해서도 선구적인 작업을 하였다. 1949년부터는 맨체스터 대학 계산연구소로 옮겨 부소장을 하면서, 앞에서 언급된 인공지능의 최초 논문 '계산 기계와 지능'이라는 논문을 발표하는 등, 암호학, 컴퓨터 제작, 인공지능 연구 등에 혁혁한 공적을 남겼다.

그러나 그의 말로는 비극적이라고 할 수 있다. 1952년에 그의 나이 39세일 때, 맨체스터에서 길거리에서 만난 19살의 실업자와 동성애 관계를 시작하였다. 동성애는 그 당시 영국에서는 불법이었고, 이로 인해 그의 비밀정보 취급 허가(security clearance)가 취소되었고, 영국 정부를 위한 암호화 자문직도 박탈되었으며, 정부로부터 푸대접을 받게 되었다. 이런 일련의 조치로 인하여 크게 실망한 튜링은 1954년 6월 8일, 42세의 나이에 자살로 생애를 마감하였다. 청소부가 그의 방에서 침대 옆에 청산가리로 중독된 반쯤 먹은 사과가 놓여 있는 것을 발견하였다.

세계적인 굴지의 기업 애플(Apple)사의 로고가 한 입 베어 먹은 사과인데, 이것이 컴퓨터와 인공지능의 아버지인 튜링이 베어 먹고 죽은 사과를 나타낸다고 말하기도 한다. 또는 에덴동산에서 선악과를 베어 먹은 이브의 창조적 반란을 나타낸다고도 하고, 위대한 과학자 뉴턴이 만유인력을 발견한 사과를 나타낸다고도 한다. 애플사가 여기에 대해 설명한 것이 없으므로 무엇이 맞는지 모르지만, 튜링이 베어 먹은 사과라는 설이 우세하다.

3) 인공지능의 발전 역사

인공지능에 관한 튜링의 기여를 기반으로, 1956년 여름 미국의 타트머스 대학(Dartmouth College)에서 10명의 젊은 과학자가 모여 6주간 워크샵을 가졌다. 타트머스 대학의 메카시(John McCarthy) 교수가 주최하고, MIT 대학의 민스키(Marvin Lee Minsky) 교수 등이 참여한 이 워크샵은 인공지능학의 시초를 구축하였다. 이 모임에서 인공지능(AI)이란 용어가 처음 사용되었다고 한다. 초기에는 추론과 탐색을 핵심으로 인공지능 연구가 활발하였고, 1960년대 전반에 걸쳐서 정리의 자동증명, 게임 프로그램, 일반문제 해결기(GPS)와 같은 해답을 발명하는 프로그램, 수식의 미분, 적분, 인수분해 등을 자동적으로 행하는 수식 처리 프로그램 등, 많은 지능적인 프로그램이 만들어졌다.

그러나 1970년대 초반까지 인공지능은 인간처럼 문제를 풀 수 있는 수준은 아니었다. 따라서 1970년대 중반부터 인공지능 연구가 애초의 기대를 만족시키지 못할 것이라는 인식이 펀딩 삭감으로 이어지고, 컴퓨터 성능의 한계로 인하여 AI 연구의 암흑기가 1980년대 중반까지 지속되었다.

그러나 1980년대 중반에 들어와서 자연언어의 이해, 지식표현의 문제가 적극적으로 다루어지게 되었고, 로봇의 시각과 행동의 연구도 진전되었다. 인공지능 응용 시스템의 하나로서 결정권자의 판단을 돕는 전문가(expert) 시스템이 만들어지기도 하였다. 또한 재정적 여유가 있던 일본 정부는 AI에 대한 대규모 펀딩으로 '5세대 컴퓨터 시스템 프로젝트(Fifth-generation Computer System Project)'을 시작하면서 AI 연구에 돌파구가 생기기 시작하였다.

1990년대 초반에 다양한 데이터들을 축적하고 축적된 데이터를 빠른 속도로 분석해 주는 논리 알고리즘이 개발되면서 AI 연구는 다시 중흥기를 맞이하게 되었다. 이때 뉴럴 네트워크(neural network) 기술이 발전되면서, 경험을 통해서 배우고 사례들로부터 자연스러운 일반화 방식을 찾아냈으며, 숨은 통계적 패턴을 발견하게 되었다. 따라서 뉴럴 네트워크는 패턴인식(pattern recognition)과 분류(classification)에 매우 유용했다.

1990년대 후반부터는 AI 연구가 급진전이 이루어 졌다. 1997년에는 IBM의 인공지능 슈퍼컴퓨터 딥블루(Deep Blue)가 세계 체스 챔피언에서 승리했고, 1998년에는 소니 최초의 AI 로봇 애완동물 아이보(Aibo)가 개발됐다. 2011년에는 IBM이 개발한 슈퍼컴퓨터 왓슨(Watson)이 미국의 유명한 퀴즈쇼 '제퍼디(Jeopardy)'에서 우승하는 사건이 발생하였고, 애플 인공지능 음성인식 소프트웨어 시리(Siri)가 발표

됐다. 2016년에는 구글 딥마인드(Google DeepMind)가 개발한 AI 바둑 프로그램인 알파고(AlphaGo)가 한국의 이세돌 9단과의 공개 대국에서 4승 1패로 승리했고, 2017년 바둑 세계 랭킹 1위 프로기사인 중국의 커제 9단과의 3번기에서 모두 승리함으로써, AI 바둑 프로그램이 이미 인간을 넘어섰음을 증명하였다.

알파고의 핵심 알고리즘은 딥러닝(deep learning) 기술이다. 이 기술은 수십만 건의 빅데이터 기보(棋譜) 학습을 통하여 인간과 거의 비슷한 방식으로 학습하여 기억하고 판단하는 고안된 컴퓨터 프로그램을 말한다. 딥러닝은 빅데이터와 컴퓨터 알고리즘 협업의 뛰어난 산물이다. 왓슨은 자연어 형식으로 된 질문들에 답할 수 있는 AI 컴퓨터 시스템으로, 왓슨의 적용 범위는 매우 다양하다. 적용 범위는 종양학, 방사선학, 법학, 세금 규정, 소비자 서비스 등 전문 왓슨이 적용 범위별로 따로 만들어져 있으며, 그렇게 해야 각 시스템에 맞는 데이터를 입력해 정확하게 훈련시킬 수 있기 때문이다.

4) 국내 인공지능 기술의 국제적 수준

영국의 유명한 데이터 분석업체인 토터스 인텔리전스는 최근(2023년 6월 28일)에 제4차 '글로벌 AI 지수(The Global AI Index)'를 발표했다. 이 지수에 따르면 2023년도에 한국은 62개국 중 종합 AI 경쟁력은 6위를 기록해 2022년보다 한 단계 상승했다. 2022년까지는 7개 부문만 평가하였으나, 2023년부터는 두 개의 부문인 규모(scale)와 강도(intensity)를 추가하여 평가하였다. 규모는 한 국가의 전반적인 절대 AI 능력(absolute AI capacity)을 말하고, 강도는 한 국가의 인구와 경제의 크기에 비교한 AI 능력(AI capacity relative to the size of a country's population and economy)을 말한다. 규모로 보면 큰 나라인 미국이나 중국이 유리하고, 강도로 보면 작은 나라인 싱가포르나 이스라엘 같은 나라가 좋은 평가를 받는다.

2023년부터 실시된 9개 부문에 대한 평가에 의한 글로벌 AI 지수 순위는 〈표 1.6〉

과 같다. 미국과 중국이 2022년과 2023년에서 모두 압도적인 1위와 2위를 차지하였는데, 9개 부문 중에서 6개 부문인 인프라, 연구, 개발 능력, 상용화, 규모에서 1위와 2위를 차지했다. 앞으로 상당 기간 이 두 나라는 AI 순위에서 높은 경쟁력을 가질 것으로 평가된다.

표 1.6 2023년 '글로벌 AI 지수' 순위(국가별, 부문별 순위)

국가	부문									종합순위
	인재	인프라	운영환경	연구	개발능력	정부전략	상용화	규모	강도	
미국	1	1	28	1	1	8	1	1	5	1
중국	20	2	3	2	2	3	2	2	21	2
싱가포르	4	3	22	3	5	16	4	10	1	3
영국	5	24	40	5	8	10	5	4	10	4
캐나다	6	23	8	7	11	5	7	7	7	5
한국	12	7	11	12	3	6	18	8	6	6
이스라엘	7	28	23	11	7	47	3	17	2	7
독일	3	12	13	8	9	2	11	3	15	8
스위스	9	13	30	4	4	56	9	16	3	9
핀란드	13	8	4	9	14	15	12	13	4	10

한국의 경우 2022년과 비교하여 순위가 상승한 부문은 인재(28위 → 12위), 운영환경(32위 → 11위), 정부 전략(7위 → 6위)이고, 순위가 하락한 부문은 인프라(6위 → 7위), 상용화(15위 → 18위)이다. 순위가 유지된 부문은 연구(12위), 개발 능력(3위)이다. 순위가 상승한 부문들로 인하여 종합순위가 7위에서 6위로 상승하였다. 한국이 종합순위 6위라는 것은 매우 고무적이며, 앞으로 한국이 인공지능 기술 개발에 더욱 정진하여 세계를 선도하는 인공지능 선진국이 되기를 바란다.

1.7 인공지능 시대에 대비하는 우리의 현실과 과제

1) 인공지능 시대에 대비하는 우리의 노력

모든 강대국이 4차 산업혁명에 대응하기 위하여 국력을 기울이고 있다. 독일은 이미 2012년부터 Siemens, Bosch, SAP 등이 주도하여 'Industry 4.0'을 강력히 시행하고 있다. 독일은 빅데이터, 사물인터넷 (IoT), 인공지능 (AI) 등을 활용하여 스마트공장을 만들어 생산의 효율성과 유연성을 극대화해 나가고 있다. 미국은 2015년에 신미국혁신전략(New Strategy for American Innovation)을 발표하고 9개 전략 분야(첨단 제조업, 정밀의학, 첨단 자동차 등)를 집중적으로 육성하고 있다. 일본은 2015년에 '일본 재흥 전략 2015'를 발표하고 4차 산업혁명에 대응하는 생산성 혁명을 시작했다. 중국은 제조 강국을 위한 '중국제조 2025' 계획을 수립하고 종래의 'Made in China'에서 'Created in China'로 국가 성장 패러다임을 혁신하고 있다.

지난 1, 2, 3차 산업혁명에서 보듯이 산업혁명들은 전 세계의 판도를 바꿔 놓고 있다. 어쩌면 4차 산업혁명은 지금까지의 산업혁명들보다 그 충격의 강도가 더 클 것으로 예측하고 있다. 그러면 우리나라의 4차 산업혁명 전략은 어떤 것들이 있는가?

우선 지난 박근혜 정부에서 2014년부터 시작한 제조 역량 강화를 위한 '제조업 혁신 3.0'을 들 수 있다. 그 당시 보도자료에 의하면, 이 혁신은 'IT · SW 융합으로 융합 신산업을 창출하여 새로운 부가가치를 만들고, 선진국 추격형 전략에서 선도형 전략으로 전환하여 우리 제조업만의 경쟁우위를 확보해 나가는 계획'이라고 설명하였다. 그러면 왜 3.0인가? 1980년대 이전의 경공업 중심 발전 전략을 '제조업 혁신 1.0'으로 분류하고, 그 후 2012년까지의 조립 · 장치산업에 의한 추격형 전략을 '제조업 혁신 2.0'으로 보고, 2013년 이후 융합 신산업 선도형 전략을 '제조업 혁신 3.0'으로 보는 것이다.

'제조업 혁신 3.0'의 핵심 전략은 스마트공장을 적극적으로 보급(2020년까지 1만 개 공장)하는 것이고, 또한 산업은행을 중심으로 '기업투자 촉진 프로그램'을 통하여 산업은행 15조 원, 민간 15조 원 등 총 30조 원의 자금을 운영하기로 하였다. 여기서 스마트공장은 "제품 기획 · 설계, 제조 · 공정, 유통 · 판매 등 제조 기반 전 과정을 첨단 IT로 통합하여 에너지 효율과 자동화 비중을 높여 고객 맞춤형 제품을 생산하는 공장"을 의미한다. 이를 위해 민관합동 스마트공장추진단을 만들어 운영하였다.

문재인 정부는 2017년 7월에 발표한 국정운영 5개년 계획(5대 국정 목표, 20대 국정전략, 100대 국정과제, 487개 실천 과제)을 보면, 박근혜 정부의 '제조업 혁신 3.0' 대신에 '제조업 부흥 전략'을 세웠다. 스마트공장 사업은 계속 추진되어 2022년까지 2만 개로 확대하겠다고 밝혔다.

윤석열 정부는 2022년 10월에 국가과학기술자문회의에서 '12대 국가전략기술'을 발표하고, 이를 육성하기 위하여 '국가전략기술 육성에 관한 특별법'을 제정하여 실천하고 있다. 이 전략은 〈그림 1.8〉에서 보여주는 바와 같이 우선 디지털 전환기인 지금 글로벌 기술패권 경쟁 핵심 기술에서 앞서가기 위한 분야(반도체 · 디스플레이, 이차

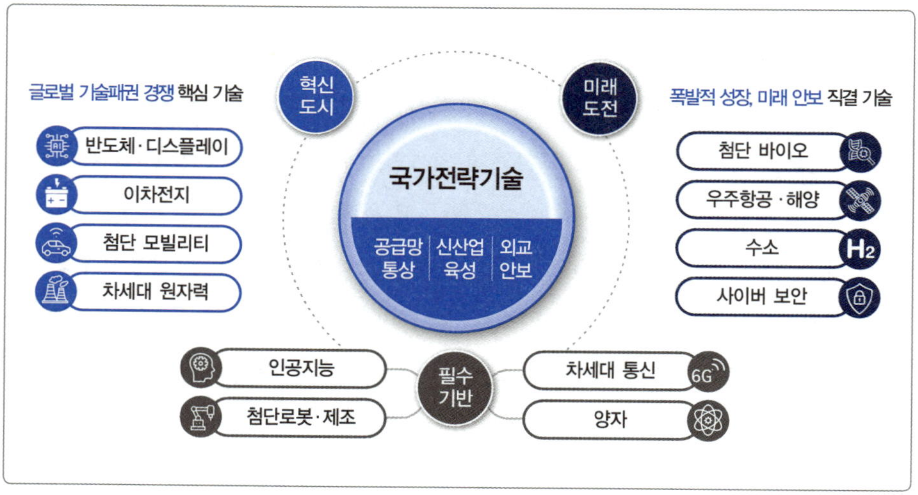

그림 1.8 12대 국가전략기술(2022년 10월 발표)

전지, 첨단 모빌리티, 차세대 원자력)에서 혁신을 선도하는 것이다. 다음으로 폭발적으로 성장하고 미래 안보와 직결된 기술들(첨단 바이오, 우주항공 · 해양, 수소, 사이버 보안)에서 미래에 도전하는 것이다. 그리고 필수 기반 산업 기술들(인공지능, 첨단로봇 · 제조, 차세대 통신, 양자)에서 글로벌 경쟁력을 키우는 것이다. 특히 인공지능은 모든 국가전략기술에 연계되는 필수 기반 기술로 우리가 가장 중요하게 생각하며 키워야 할 분야이다. 이런 의미에서 지금 시대를 인공지능 시대라고 부르기도 한다.

2) 4차 산업혁명의 기술 발전을 막는 각종 규제

4차 산업혁명 시대이며 인공지능 시대인 지금 주요 선진국들이 신기술 선점을 위하여 치열한 싸움을 하고 있으며, 일자리 창출을 위해 과학기술 기반 창업 활성화를 위해 총성 없는 전쟁 중이라고 표현할 수 있다. 그러나 4차 산업혁명 기술과 관련하여 각종 법안에 묶여 개발이 제대로 되지 않는 것이 우리의 현실이다.

미래 사회의 경쟁력은 4차 산업혁명의 기술 개발에 달려 있고, 기술 개발을 위해서 과감한 규제 완화가 필요하다. 신기술은 과거 이력이 없기 때문에, 법에 없으면 모든 것이 불법인 우리나라의 '포지티브(positive(규제'로는 신기술 개발이 어렵다. 따라서 새로운 혁신을 장려하기 위해서는 법률이나 정책에서 금지항목을 명확히 하고 나머지는 모두 허용하는 '네거티브(negative) 규제' 제도로 전환해야 한다. '네거티브 규제'로 해달라는 과학기술계의 오랜 건의는 정치에 의하여 계속 묵살되고 있다. 예를 들면, 자율주행차를 개발하기 위해서 시험 운행을 해보고자 할 때, 자율주행을 허용하겠다는 법이 없으므로 불법이며 시험 운행을 해볼 수 없다. 그러나 미국의 경우는 '네거티브 규제' 원칙을 시행하고 있으므로, 자율주행을 금지한다는 법이 없기 때문에 자율주행 시험 운전이 가능한 것이다. 획기적인 규제 완화 없이는 인공지능의 발전도 한계에 직면할 것이다. 우리나라에서는 이런 규제로 인하여 정치와 법이 전문 분야 발전의 발목을 잡는 현상이 나타나고 있으며, 국가경쟁력을 키우는 데 큰 장애 요소가 되고 있다.

규제에서 풀리지 않는 대표적인 사례가 비대면 진료이다. 지난 코로나 3년간 한시적으로 허용된 비대면 진료(초진 허용, 의약품 재택 수령 가능)는 이용자 수 1,400만 명, 진료 건수 3,600만 건을 기록하여 성공적이었다. 그러나 이제 코로나가 종식되면서 다시 비대면 진료를 허용하지 않겠다는 것이다. 미국 등 선진국들이 대부분 허용하는 이러한 비대면 진료를 구태여 다시 막을 이유가 무엇인지 납득하기 어렵다. 비대면 진료가 허용되면 소비자 편익이 증대되고 관련 산업은 성장할 것이다.

우리나라는 그동안 중앙집권적으로 관 중심 및 제도 중심의 국정운영을 해 온 것도 사실이다. 그러나 이제는 모든 분야에서 다수의 전문가가 포진하고 있으며, 이들의 전문성을 믿고 민간 중심의 국정운영을 해도 잘 돌아가는 사회가 되어가고 있다. 이제는 과감하게 기업이나 산업, 교육 및 문화, 과학기술 사항 등에서 정부의 간섭이나 제도적 장치를 배제하고 사회 자체가 스스로 돌아가도록 놓아주어도 좋을 시점이 되었다. 즉, 정부는 민간 중심으로 전문가들에 의해 나라 살림이 운영되도록 맡기고 정부는 뒤에서 도와주는 역할을 하는 것이 더 효율적으로 국정운영이 되는 시대로 가고 있다.

3) 인공지능 소프트웨어 산업의 획기적 발전

① AI 소프트웨어 시장 전망

인공지능 소프트웨어 시장 전망은 계속해서 상향 조정되고 있다. 인터넷데이터센터(IDC)에 따르면 2021년 8월 발표된 인공지능 소프트웨어 시장 전망치(그림 1.9)는 2023년 4,230억 달러였으나, 2022년 8월 발표치는 그보다 11.5% 상향조정 된 4,720억 달러였다. 그리고 이는 모두 챗GPT(2장에서 상세히 설명)가 등장하기 전 전망치다. 현재 전망치가 최소 10%만 상향 조정됐다고 가정해도, 2023년 인공지능 관련 소프트웨어 산업 규모는 5,192억 달러로 예상된다.

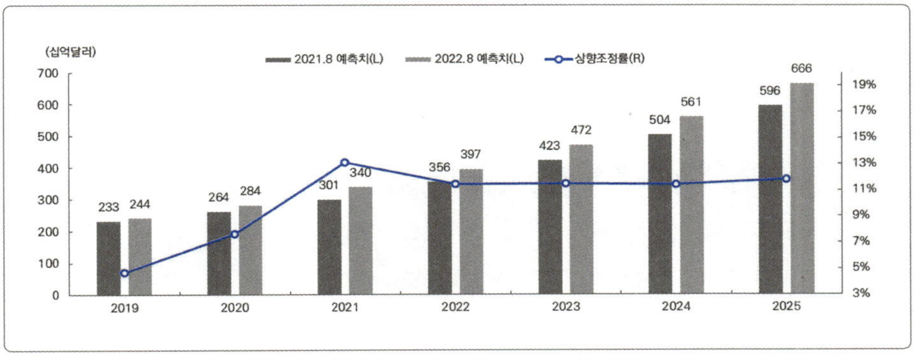

그림 1.9 인공지능 소프트웨어 시장 전망

자료: IDC 2022, 미래에셋증권 테마리포트 2023

과거 영국을 중심으로 시작된 산업혁명이 사회를 바꾸어 놓은 것처럼, AI가 산업혁명에 버금가는 사회 변화를 초래할 것으로 예상된다. AI의 대표적인 제품이 챗GPT(ChatGPT)이다. 챗GPT는 Chat(대화형)과 Generative Pre-trained Transformer(GPT, 생성형 사전 학습 변환기)의 합성어이다. 챗GPT는 2022년 11월 30일 미국 샌프란시스코에 있는 OpenAI라는 회사가 출시(GPT-3.5)한 인공지능 챗봇(Chat Bot, 대화형 인공지능)으로, 두 달 후인 2023년 1월 말에 전 세계 사용자 수가 1억 명을 돌파하는 등 선풍적인 인기를 차지하고 있는 소비자 애플리케이션이다. 챗GPT는 다양한 지식 분야에서 상세한 응답과 정교한 답변으로 집중 조명을 받고 있으며, 앞으로 무한하게 발전 영역이 확장될 것이다.

AI가 생성하는 다양한 데이터가 창출 가능한 서비스들이 〈그림 1.10〉과 같이 확대 등장할 것으로 예상한다. 예를 들어 B2B(business to business) 솔루션에서는 미디어 산업의 경우 영상을 만들어 주는 인공지능이 등장할 것이고, 제약에서는 약(drug) 설계를 인공지능이 하게 될 것이다. 제조업에서는 부품, 재료, 반도체 칩 등을 인공지능이 설계해 주고, 인공지능이 공정을 자동화하여 생산성을 향상시켜줄 것이다. B2C(business to customer) 솔루션에서 기업들이 가장 먼저 가시적으로 인공지능을 도입하기 시작한 영역은 '생산성'과 '마케팅' 솔루션이며 빅테크 기업들이 관련한 클라우드 기반의 생성 인공지능 서비스를 대거 출시하기 시작했다.

사용 케이스	자동차 및 운송수단 제조	미디어	건설 및 엔지니어링	에너지 및 유틸리티	헬스케어 공급자	전자 제품 제조	제조업	제약
약(drug) 디자인								■
Material 디자인(재료 과학)	■			■		■		
Chip Design						■		
Synthetic Design(합성 디자인)	■		■	■	■	■	■	■
Generative Design(부품)	■		■				■	
Generative Design(건축)			■					
코드 생성								
텍스트 생성		■						
이미지 생성		■						
비디오 생성		■						
오디오 생성		■						
미디어 콘텐츠 개선		■						

그림 1.10 산업별 생성형 인공지능 사용 사례

자료: 가트너 2022, 미래에셋증권 테마리포트 2023

기업들은 다양한 방식으로 AI를 도입하고 있다. 2022년에 인공지능을 도입한 기업의 비율은 2017년 대비 두 배 이상 증가했으며, 맥킨지의 연례 연구 조사 결과 인공지능을 도입한 조직이나 기업은 의미 있는 수준의 비용 절감과 매출 증가를 실현할 것으로 보고되었다. 비즈니스에 도입될 가능성이 가장 높은 인공지능 기능으로는 로봇 프로세스 자동화(39%), 컴퓨터 비전(34%), 자연어 이해(33%), 가상 에이전트(33%) 등이 보고되었다. 2022년에 가장 많이 채택된 AI 사용 사례는 서비스 운영 최적화(24%)였으며, 그다음으로 새로운 인공지능 기반 제품(20%), 고객 세분화(19%), 고객 서비스 분석(19%), 새로운 인공지능 기반 제품 개선(19%)이 뒤를 이었다.

② 인공지능 기술의 연구와 한계

인공지능 연구는 전반적으로 증가하고 있다. Stanford 대학의 2023년 AI Index Report에 따르면 총 인공지능 논문 수는 2010년 이후 두 배 이상 증가했으며 중국

이 전체 인공지능 저널 및 학술회의 논문 수에서 계속해서 선두를 달리고 있다. 반면 미국은 여전히 논문의 인용 횟수에서 앞서고 있긴 하지만 그 선두는 서서히 약화 되고 있다. 그럼에도 불구하고 전 세계 대규모 언어 모델 및 멀티모달 모델의 대부분은 (2022년 54%) 여전히 미국 연구기관에서 발표되고 있다.

인공지능은 환경에 도움이 되기도 하고 해가 되기도 한다. 인공지능은 그 훈련 과정에서 과도한 양의 탄소를 배출함으로써 심각한 환경 문제를 초래할 수 있지만 에너지 사용량을 최소화하는 등 환경 문제를 개선하는 데 효과적으로 활용될 수도 있다. 인공지능은 과학적 진보를 빠르게 가속화하기 시작했다. 예를 들어, 2022년에는 인공지능이 수소 융합을 돕고, 행렬 계산의 효율성을 개선하고, 새로운 항체를 만들어 내는데 사용됐다. 인공지능은 이제 스스로 성능을 향상시키는 단계로 들어서기도 했다. Stanford 대학의 2023년 AI Index Report에 따르면 Nvidia는 강화 학습 에이전트를 사용하여 인공지능 시스템을 구동하는 칩의 설계를 개선했다.

생성형 AI가 등장하면서 윤리적 문제도 함께 대두되고 있다. 텍스트-이미지 변환 모델은 성별에 따라 편향된 결과를 자주 내놓으며, 챗GPT와 같은 챗봇은 악의적인 목적을 가지고 인간을 속일 수도 있다. 앞으로 AI 사용상의 규제 및 윤리 문제가 중요한 과제로 등장할 것이다.

제 2 장

인공지능의 발전과 미래

2.1 컴퓨터의 발전

1) 제1세대 컴퓨터의 등장

1946년에 미국 펜실베니아 대학의 한 연구실에서 에커트(John Presper Eckert)와 모클리(John William Mauchly)의 주도로 개발한 ENIAC(Electronic Numerical Integrator and Computer) 컴퓨터가 세계 최초의 전자식 디지털 범용 컴퓨터로 알려져 있으며, 그 후 사회변혁에 엄청난 영향을 주면서 정보화 사회로 이끄는 기폭제 역할을 하였다. 이 컴퓨터는 진공관 18,800여 개와 계전기(relay) 1,500여 개로 구성되고 무게가 30t 정도이며, 폭 1 m, 높이 2.5 m, 길이가 25 m에 이르는 엄청난 크기를 가졌었다. 그림 2.1은 ENIAC의 모습이다. 원래의 목적은 포탄의 탄도 계산을 위한 군용으로 개발되었으나, 그 후 난수 연구, 우주선 연구, 풍동 설계, 일기예보 연구 등의 각종 과학 분야의 복잡한 계산에 사용되기 시작하였다.

그림 2.1 세계 최초의 컴퓨터인 ENIAC(에니악)

자료: Wikimedia

학계 일부에서는 ENIAC 대신에 아이오와 주립대학에서 1942년에 개발된 ABC(Atanasoff-Berry Computer)를 세계 최초의 전자식 컴퓨터라고 주장하고 있다. ABC는 아타나소프(John Vincent Atanasoff)와 베리(Clifford Berry)가 개발한 것으로, ENIAC보다는 크기는 작고 280개의 진공관과 320kg의 무게를 가진 것으로 책상만 한 크기였다. 그러나 크게 주목받지는 못하였다. ENIAC 이후 컴퓨터에 관한 연구가 진전되었고, 1951년에는 수와 알파벳 데이터를 다룬 최초의 상업용 컴퓨터로 UNIVAC(UNIVersal Automatic Computer)이 만들어졌다. UNIVAC은 1952년 미국 대선 결과를 예측하는 데 사용되어 큰 주목을 받았다. IBM의 최초의 상업용 컴퓨터는 IBM 701로, 주로 과학적 계산과 군사적 목적으로 사용되었다.

이러한 제1세대 컴퓨터들은 프로그래밍이 어렵고 계산하는 데 시간이 많이 걸렸으며, 기계어 또는 매우 기초적인 어셈블리 언어를 사용했다. 비록 제1세대 컴퓨터들은 제한된 기능과 여러 제약이 있었지만, 디지털 계산과 데이터 처리의 가능성을 처음으로 보여주었다. 제1세대 컴퓨터들은 전자 계산 기술의 발전과 과학적 연구에 귀중한 기여를 했으며, 후속 세대의 컴퓨터 설계의 기반을 제공했고, 현대 컴퓨터의 발전에 기초가 되었다.

2) 제2세대 컴퓨터

제2세대 컴퓨터는 1950년대 중반부터 1960년대 초까지 개발된 컴퓨터로, 제1세대 컴퓨터의 진공관을 트랜지스터로 대체한 것이 가장 큰 특징이다. 이러한 변화는 컴퓨터의 크기, 신뢰성, 유지 보수 비용, 전력 소비 측면에서 상당한 개선을 이루었다. 트랜지스터는 진공관보다 훨씬 작고, 발열이 적으며, 에너지 효율이 더 높고, 신뢰성이 높기 때문에 컴퓨터의 크기가 줄고, 처리 속도가 향상되었다.

이 시기에는 고급 프로그래밍 언어인 FORTRAN(포트란), ALGOL(알골), COBOL(코볼)과 같은 언어가 개발되어 사용되기 시작했다. 이 언어들 덕분에 기계어 또는 어셈블리 언어를 사용하던 제1세대 컴퓨터에 비해 프로그래밍이 더욱 쉽고 효율적으로 개선되었다. 제2세대 컴퓨터에 코어 메모리가 도입되어 데이터와 명령어의 저장 및 접근 속도가 개선되어 컴퓨터의 성능이 크게 향상되었다. 이때 처음으로 초기 형태의 운영 체제가 사용되기 시작했으며, 컴퓨터 자원의 효율적 관리와 여러 작업의 동시 처리가 가능하게 되었다. 대표적인 제2세대 컴퓨터로는 비즈니스 처리를 위해 널리 사용된 컴퓨터 중 하나인 IBM 1401이 있다. 이 컴퓨터는 중소기업 시장에서 널리 사용되었다. 디지털 장비 공사(DEC)에서 제작한 PDP−1은 주로 대학 연구소와 공학 환경에서 인기가 있었다. 크레이가 설계한 최초의 상업적 컴퓨터 중 하나인 CDC 1604는 고성능 컴퓨팅을 요구하는 과학적, 군사적 작업에 사용되었다. 제2세대 컴퓨터는 그 성능과 신뢰성으로 인해 많은 기업과 정부 기관이 컴퓨터를 도입하는 계기를 마련했으며, 컴퓨터의 상업적 및 과학적 응용 분야를 확장하는 데 기여했다.

이러한 제2세대 컴퓨터의 발전은 제3세대 컴퓨터의 등장으로 이어졌고, 반도체와 통합회로(IC)의 도입을 통해 더욱 큰 진보를 이루었다.

3) 제3세대 컴퓨터

제3세대 컴퓨터는 1960년대 중반부터 1970년대 초까지 개발된 컴퓨터로, 진공관과 트랜지스터를 넘어서 통합회로(IC) 기술을 도입함으로써 혁신적인 변화를 이루었다. 통합회로의 사용으로 여러 개의 전자 부품을 하나의 소형 실리콘 칩에 집적할 수 있게 되어, 컴퓨터의 성능은 대폭 향상되고, 크기는 더 소형화되었으며, 생산 비용도 절감되었다. 통합회로 덕분에 처리 속도와 데이터 저장 용량이 크게 향상되어 결과적으로 더 많은 데이터를 빠르게 처리하는 것이 가능해졌고, 복잡한 프로그램과 대규모 데이터베이스의 실행이 용이해졌다. 또한 다중 사용자와 다중 작업 처리를 가능하게 하는 운영 체제의 도입을 통해 다중 프로그래밍이 가능해졌다. 이는 여러 사용자가 동시에 컴퓨터 자원을 공유할 수 있게 하여 효율성을 크게 향상시켰다.

제3세대 컴퓨터에 처음으로 호환 가능한 하드웨어와 소프트웨어 표준이 도입되어 다양한 제조업체의 컴퓨터 시스템과 소프트웨어가 서로 호환이 가능해졌다. 제3세대 컴퓨터의 대표적인 예로는 1964년에 출시된 IBM System/360으로, 다양한 크기와 성능을 갖추고 있어서 광범위한 시장의 요구를 잘 충족시켰다. 1965년에 도입된 DEC의 PDP-8은 소형화된 컴퓨터로, 저렴한 가격으로 학교, 실험실, 비즈니스 환경에 널리 보급되어 사용되었다. 제3세대 컴퓨터의 개발로 정보 기술이 더욱 널리 활용되기 시작했으며, 컴퓨터의 상업적 및 개인적 사용이 크게 확대되었다.

통합회로 기술은 이후 컴퓨터, 모바일 장치, 다양한 전자 제품의 핵심 요소가 되었다. 이러한 기술적 발전 덕분에 제4세대 컴퓨터로의 전환과 함께 마이크로프로세서의 등장이 가능하게 되었고 오늘날의 디지털 혁명의 기초가 마련되었다.

4) 제4세대 컴퓨터

1980년대에 시작된 컴퓨터의 제4세대는 초고밀도 직접회로(Very Large Scale Integration, VLSI) 기술의 발전에 기반하여 개발되었다. 이 기술 덕분에 마이크로프로세서의 출현이 가능해졌는데, 이는 단일 실리콘 칩 위에 수백만 개의 트랜지스터를 집적하여 모든 컴퓨터 처리 기능을 구현할 수 있게 한 혁신적인 발전이었다.

VLSI 기술은 1980년대에 본격적으로 적용되며 컴퓨터 아키텍처에 큰 변화를 가져왔다. 이 기술은 칩 위에 더 많은 회로를 집적할 수 있게 하여 처리 속도와 효율성을 크게 향상시켰다. 1980년대의 이러한 기술적 진보는 Apple과 IBM 같은 기업들이 개인용 컴퓨터(PC)를 시장에 보급하는 데 결정적인 역할을 했다. Apple은 1984년 Macintosh를 출시하며 사용자 친화적인 그래픽 사용자 인터페이스(GUI)를 소개했고, IBM은 IBM PC를 통해 비즈니스 시장에서의 PC 사용을 확산시켰다. 이 두 플랫폼은 PC 시장의 확장과 개인용 컴퓨터의 대중화를 주도했다. 1980년대의 기술적 발전은 또한 이동식 컴퓨터, 즉 노트북과 같은 휴대 가능한 컴퓨팅 장치의 개발로 이어졌다. 이 시기에 개발된 초기 노트북은 오늘날 휴대용 기기에 이르는 기술의 진화에 중요한 초석이 되었다. 이러한 이동식 컴퓨터는 점점 더 작고 효율적인 마이크로프로세서 덕분에 가능해졌으며, 사람들이 사무실 밖에서도 업무를 볼 수 있게 만드는 등 새로운 작업 방식이 가능해졌다. 또한 컴퓨터 그래픽스 분야가 발전되면서 영상, 게임, 디자인 등의 사업 분야까지 발전을 가져왔고, 우리 생활과 밀접한 로봇, 손안의 스마트폰이나 웨어러블 손목시계 등으로까지 발전이 가능해졌다.

이 4세대 컴퓨터는 1초에 1,000만 번의 계산을 할 수 있는데, 이는 3세대 컴퓨터보다 10배 정도 빠른 계산 속도이다.

5) 제5세대 컴퓨터

제5세대 컴퓨터는 1980년대 중반부터 등장하기 시작했으며, 주로 인공지능(AI)과 관련된 기술을 중심으로 지속해서 발전해 왔다. 제5세대 컴퓨터는 병렬 처리, 초고속 컴퓨팅, 그리고 인간의 사고방식을 모방하는 지능형 컴퓨터 시스템 개발을 목표로 하고 있다. 이러한 컴퓨터는 아직 완전히 실현되지 않은 미래 지향적인 컴퓨팅 기술을 포함하고 있다. 4세대 컴퓨터까지는 노이만형 컴퓨터(제어, 전달, 함수연산, 입출력의 직렬형 컴퓨터)로 직렬 과정을 거쳤다면, 5세대 컴퓨터는 비노이만형으로 병렬의 과정을 거치게 될 것이다.

제5세대 컴퓨터는 인공지능의 원리와 알고리즘을 기본 설계에 통합하여, 자연 언어 처리, 패턴 인식, 전문가 시스템, 로봇 공학 등 다양한 인공지능(AI) 응용 프로그램을 실행할 수 있도록 설계되었다. 또한 병렬 처리를 통해 여러 작업을 동시에 처리할 수 있는 능력을 갖추고 있어, 처리 속도와 효율성이 대폭 향상되었다. 제5세대 컴퓨터는 데이터와 자원의 공유를 최적화하기 위해 고속 네트워크 기술을 사용하며, 이는 클라우드 컴퓨팅과 같은 분산 컴퓨팅 환경을 지원하고 있다. 특히, 사람들이 자연스러운 언어로 컴퓨터와 소통할 수 있게 하여 사용자 인터페이스의 획기적인 개선을 목표로 하고 있다.

최근의 제5세대 컴퓨터는 딥러닝과 같은 고급 머신러닝 기술을 활용하여 보다 복잡하고 정교한 패턴과 데이터를 처리할 수 있게 되었다. 사람의 음성을 직접 받아들이고 말도 할 수 있는 컴퓨터가 등장하고 있다. 최근 OpenAI에서 개발한 ChatGPT는 제5세대 컴퓨터의 하드웨어 플랫폼은 아니지만, 그 정신과 기술적 목표를 실현하는 소프트웨어 중 하나로 볼 수 있다. 제5세대 컴퓨터 프로젝트의 목표와 기술적 특성을 부분적으로 구현하고 있는 인공지능의 한 형태로 볼 수 있다.

2.2 인공지능의 발전

1) 인공지능의 발전

인공지능(AI)의 역사는 다양한 과학적 발견과 기술적 발전을 통해 형성되었다.

1943년에 신경과학자 워런 맥컬록과 수학자 월터 피츠가 최초의 인공 신경망 모델을 구축하였는데, 이는 최초의 인공지능 모델인 퍼셉트론의 기초가 되었다. 1950년에는 앨런 튜링이 "계산 기계와 지능"이라는 논문에서 튜링 테스트를 제안하여 기계가 인간처럼 생각할 수 있는지 평가하는 기준을 제시하였다. 1956년에는 존 매카시, 마빈 민스키, 클로드 섀넌, 나다니엘 로체스터 등이 참여한 다트머스 회의에서 '인공지능'이라는 용어가 처음 사용되었다. 그러나 1960년대와 1970년대에는 인공지능에 대한 과도한 기대감으로 인한 투자 축소와 기술적 한계로 인해 첫 번째 인공지능의 겨울이 시작되었다. 1960년대에는 초기 AI 프로그램인 엘리자(ELIZA)와 샤컬로그(Shakey) 로봇이 개발되어 일부 인간의 의사소통 기능과 물리적 환경 상호작용을 시연하였고, 1970년대에는 최초로 전문가 시스템의 등장으로 MYCIN과 같은 프로그램이 특정 분야의 지식을 이용해 진단과 추론을 수행하였다. 1980년대 머신러닝이 주요 연구 분야로 부상하며, 역전파(Backpropagation) 알고리즘이 신경망 훈련에서 중요한 역할을 하기 시작하였다. 1997년에 IBM의 딥 블루가 세계 체스 챔피언 게리 카스파로프를 이기면서 인공지능의 가능성을 널리 알렸다. 〈그림 2.2〉는 인공신경망과 딥러닝의 발전 과정을 보여주고 있다.

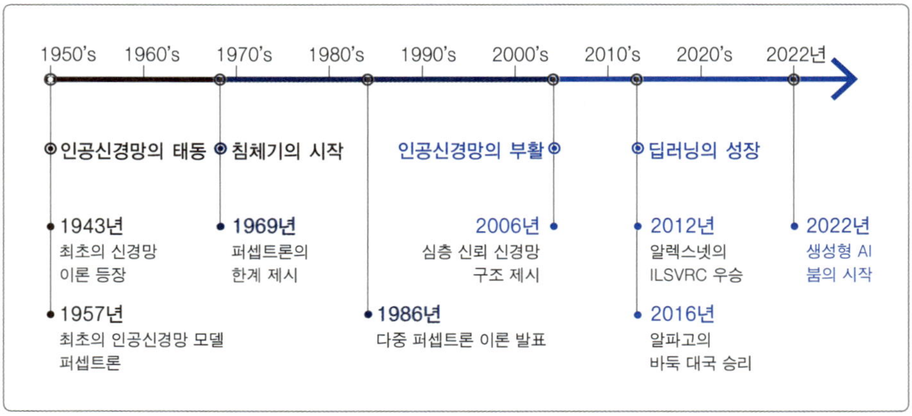

그림 2.2 인공신경망과 딥러닝의 발전

자료: https://news.skhynix.co.kr/post/all-around-ai-1

현대 인공지능의 시대는 2006년에 제프리 힌튼(Geoffrey Hinton)과 그의 동료들이 딥러닝(deep learning)이라는 용어를 사용하면서 여러 층을 가진 심층 신경망의 효과적인 훈련 방법을 발표하면서 시작되었다. 제프리 힌튼은 인공지능 분야, 특히 딥러닝의 개발에 중요한 역할을 한 과학자로 "신경망의 대부"로 알려져 있다. 제프리 힌튼의 딥러닝은 데이터로부터 학습하는 인공신경망 기반의 방법론이다. 이 기술은 〈그림 2.3〉에서 보는 것처럼 다양한 계층의 처리 층(layer)을 통해 복잡한 특징과 패턴을 추출하고 학습할 수 있으며, 주로 이미지와 음성 인식, 자연어 처리 등의 분야에서 사용된다. 딥러닝의 구조는 여러 층으로 구성된 신경망이 특징 추출부터 분류까지 다양한 작업을 처리한다.

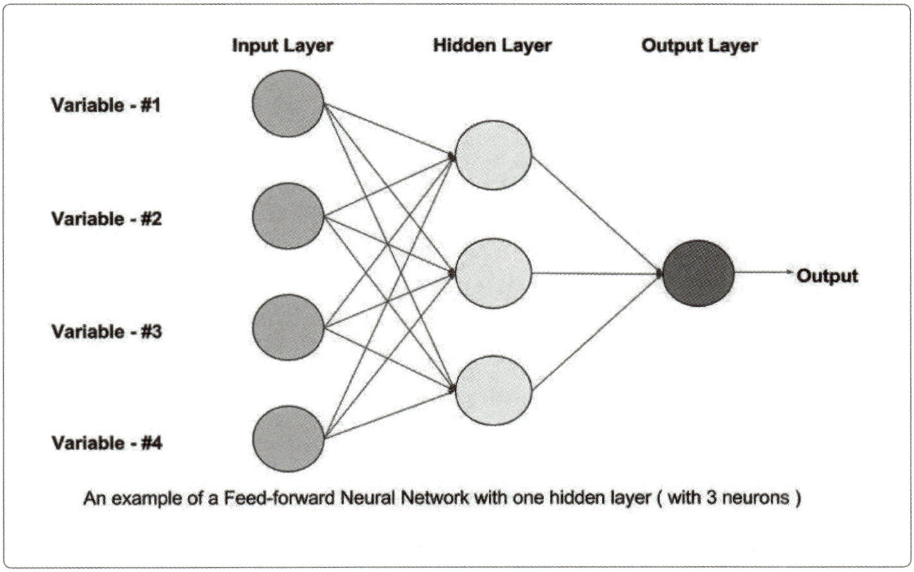

그림 2.3 딥러닝 모델의 예제

자료: https://learnopencv.com/understanding-feedforward-neural-networks/

딥러닝의 학습 방법에는 감독 학습(Supervised Learning), 비감독 학습

(Unsupervised Learning), 강화 학습(Reinforcement Learning)이 있다. 감독 학습은 레이블이 지정된 데이터를 사용하여 입력과 그에 상응하는 출력 사이의 매핑을 학습한다. 비감독 학습은 레이블이 없는 데이터에서 유용한 패턴이나 구조를 찾는다. 강화 학습은 에이전트가 환경과 상호 작용하면서 보상을 최대화하는 방법을 학습한다. 딥러닝에서는 주로 감독학습이 사용되며, 대량의 레이블이 달린 데이터가 있어야 한다. 딥러닝은 이미지 및 음성 인식, 자연어 처리, 로봇공학 등 여러 분양에 응용되고 있다. 2012년에 알렉스넷이 이미지넷 챌린지에서 혁신적인 성과를 거두어 딥러닝이 이미지 인식 분야에서 큰 주목을 받게 되었다. 2016년에는 구글 딥마인드의 알파고가 세계 바둑 챔피언 이세돌을 이기면서 AI의 새로운 시대가 시작되었다. 2020년대에 들어서는 GPT−3와 같이 자연어 처리가 가능한 대규모 언어 모델이 등장하여 인간과 유사한 텍스트를 생성할 수 있는 능력을 선보이기 시작했다.

2) 생성형 인공지능

생성형 인공지능(Generative AI)은 새로운 데이터나 콘텐츠를 생성하는 인공지능 기술을 가리킨다. 이러한 기술은 이전에 본 적이 없는 새로운 이미지, 음악, 텍스트 등을 생성할 수 있다. 생성형 인공지능은 주어진 데이터의 분포를 학습하고, 그 분포에 따라 새로운 데이터를 생성하는 방법을 익히게 된다. 주요 생성형 인공지능 모델로는 Generative Adversarial Networks(GANs), Variational Autoencoders(VAEs), Autoregressive Models 등이 있다. 이러한 모델은 이미지 생성, 자연어 생성, 음악 생성 등 다양한 작업에 사용될 수 있다.

생성형 인공지능은 다른 유형의 인공지능과 달리 주어진 데이터의 분포를 학습하고, 그 분포에 따라 새로운 데이터를 생성하는 방법을 익혀서 새로운 데이터를 생성할 수 있으므로 예술적인 창작물 생성, 콘텐츠 생성, 창의적인 작업에 사용될 수 있다. 또한, 디자인, 예술, 음악, 문학 등의 분야에서 응용할 수 있으며, 새로운 아이디어나 창작물을 발굴하고 도출하는 데도 활용될 수 있다. 기존의 AI도 결과물

(output)을 생성할 수 있었으나 실제 활용할 수 있는 수준에는 미치지 못했다. 그러나 새로운 AI 기술의 발전으로 결과물의 창의성과 범용성이 실제 활용 가능한 수준(고화질 이미지, 영화 대본 등)에 도달함에 따라 '생성형 AI'라는 용어가 사용되기 시작했다.

스탠포드 인간중심 인공지능 연구소(Human-Centered Artificial Intelligence, HAI)의 공동책임자 리 페이페이(Fei-Fei Li) 교수는 이런 생성형 AI를 'AI의 위대한 변곡점(AI's Great Inflection Point)'으로 표현하였다(THE AI REPORT 2023-1). 생성형 인공지능과 기존 인공지능(Traditional AI)의 차이점이 〈표 2.1〉과 〈그림 2.4〉에 정리되어 있다.

표 2.1 기존 인공지능과 생성형 인공지능의 차이점

특징	생성형 인공지능(Generative AI)	기존 인공지능(Traditional AI)
목적	새로운 데이터 샘플을 생성	데이터 분석, 패턴 인식, 의사 결정 지원
기능	창의적 콘텐츠 생성(이미지, 텍스트, 음악 등)	데이터 분류, 예측, 최적화
출력 형태	새로운 데이터 인스턴스 생성	결정 지원 정보, 분류 결과
응용 분야	디지털 아트, 콘텐츠 생성, 가상 환경 설계, 데이터 보강	금융 분석, 의료 진단, 고객 서비스 자동화, 로봇 공정 제어
기술 예시	GANs(Generative Adversarial Networks), VAEs(Variational Autoencoders)	머신러닝 알고리즘, 전문가 시스템, 딥러닝을 이용한 패턴 인식
핵심 작업	학습한 데이터의 패턴을 기반으로 새로운 사례 생성	데이터에서 유의미한 정보 추출 및 기존 지식 적용

자료: ChatGPT 문답 참고 생성

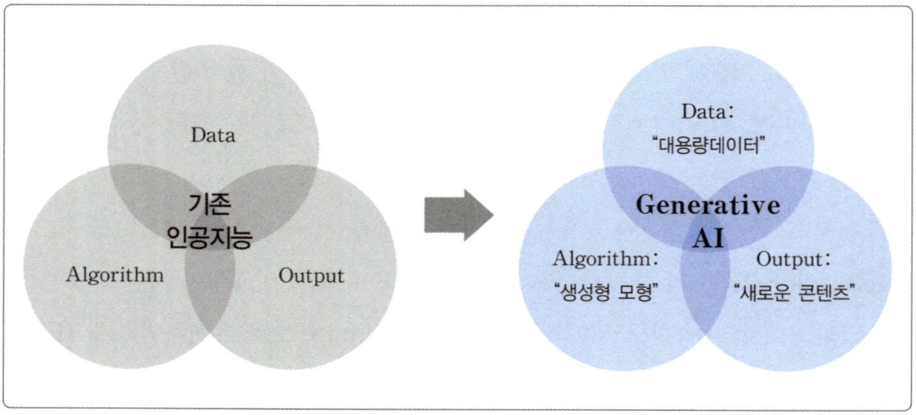

그림 2.4 기존 인공지능과 생성형 인공지능의 차이점

자료: https://eiec.kdi.re.kr/policy/domesticView.do?ac=0000178053

생성형 인공지능의 대표적인 모델인 GAN 모델은 생성자(generator)와 판별자(discriminator)라는 두 개의 신경망이 서로 대립하며 학습하는 구조를 갖고 있다. GAN은 2014년 Ian Goodfellow와 그의 동료들에 의해 소개되었다. GAN은 생성자와 판별자라는 두 개의 네트워크를 사용하여 데이터를 생성하며, 생성자는 랜덤한 잡음 벡터를 입력으로 받아 실제와 유사한 데이터를 생성하고, 판별자는 생성된 데이터와 실제 데이터를 구별하는 역할을 한다. 이 과정에서 생성자는 판별자를 속이기 위해 실제와 유사한 데이터를 생성하는 능력을 계속 향상시키고, 판별자는 생성된 데이터와 실제 데이터를 더 잘 구별할 수 있도록 학습된다. 이러한 과정을 통해 최적화의 미니마 혹은 최대화를 통해 생성된 데이터가 실제 데이터와 더욱 유사해지게 된다.

GAN은 다양한 응용 분야에 사용될 수 있는데, 특히 높은 해상도의 이미지를 생성하는 데 탁월한 성능을 보여준다. 이를 통해 예술 작품, 디자인, 예술적인 이미지 생성 등의 작업을 수행할 수 있다. 〈그림 2.5〉는 GAN의 아키텍처를 보여준다. GAN은 이미지의 스타일을 변환하거나 이미지 간의 변환을 수행하는 데 사용될 수 있다. 예를 들어, 그림을 사진으로 변환하거나 낮에 촬영된 사진을 밤으로 변환하는 등의 작업이 가능하다. GAN은 의료 영상을 생성하거나 증강하는 데 사용될 수 있다. GAN을 활용하면 의료 진단 및 연구에 유용한 영상 데이터를 잘 생성할 수 있으며, 텍스트 데이터를 생성하거나 변환하는 데도 사용될 수 있다. 예를 들어, 문장 생성, 번역, 요약 등의 작업에 활용될 수 있다. GAN은 생성형 인공지능 기술 중 가장 혁신적이고 뛰어난 성능을 보여주는 모델 중 하나로 평가되고 있으며, 계속해서 다양한 분야에서 활용될 것이다.

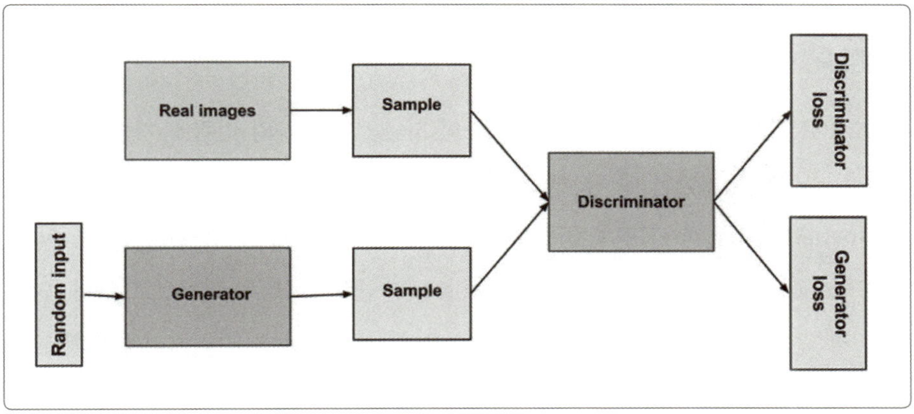

그림 2.5 GAN 아키텍처

자료: https://developers.google.com/machine-learning/gan/gan_structure?hl=ko

Variational Autoencoders(VAEs)는 주어진 데이터의 잠재적인 구조를 학습하고, 이를 기반으로 새로운 데이터를 생성하는 데 사용된다. VAE는 주로 확률적인 방식으로 데이터를 생성하는 모델이다. 기본적으로 오토인코더(autoencoder)라는 신경망 아키텍처를 기반으로 하는데, 오토인코더는 입력 데이터를 저차원의 잠재 공간(latent space)으로 인코딩하고, 이를 다시 디코딩하여 원래의 입력 데이터를 재구성하는 방식으로 작동한다. 그러나 VAE는 일반적인 오토인코더와는 다르게, 입력 데이터의 분포를 가우시안 분포와 같은 확률적인 잠재 표현으로 학습하므로, 주어진 입력에 대해 새로운 데이터를 생성할 때 다양한 스타일의 출력을 생성할 수 있다. VAE는 입력 데이터를 저차원의 잠재 공간으로 매핑하므로 차원 축소와 특징 추출에도 사용될 수 있다. 주로 이미지 생성, 음악 생성, 자연어 생성 등 다양한 응용 분야에서 사용된다.

2.3 챗GPT

1) 챗GPT의 등장

ChatGPT는 생성형 인공지능 모델 중의 하나로 사용자의 입력에 기반하여 자연스러운 대화를 생성하는 데 사용되는 인공지능 기반의 대화형 챗봇이다. ChatGPT는 OpenAI가 개발한 자연어 처리 모델로 다양한 주제에 대해 대화할 수 있다. 이 기술은 Generative Pre-trained Transformer(GPT) 모델을 기반으로 하며, 많은 양의 텍스트 데이터로 사전 학습된 후, 사용자의 입력에 대해 자연스러운 대화를 생성할 수 있다. ChatGPT는 딥러닝 기술을 기반으로 발전했다. GPT 모델의 트랜스포머 아키텍처는 복잡한 언어 데이터에서 유용한 패턴을 학습하는 데 사용되는 딥러닝의 한 형태이다. ChatGPT는 GPT 모델 시리즈의 일부로, 특히 GPT-3 또는 그 이후 버전을 기반으로 한다. 이 모델은 수백만 개의 웹 페이지, 책, 기타 텍스트 소스에서 얻은 방대한 양의 데이터를 통해 사전 훈련되어 있으며, 이를 통해 다양한 자연어 처리 작업을 수행할 수 있다. ChatGPT는 GPT-3를 기반으로 하는 특화된 변형 모델이다. 이 모델은 특히 대화형 텍스트 생성에 최적화되어 있다. ChatGPT는 사용자의 질문에 대해 맥락에 맞는 대답을 생성할 수 있도록 설계되었으며, 일상적인 대화뿐만 아니라, 기술 지원, 교육, 상담 등 다양한 분야에서 응용할 수 있을 뿐만 아니라 대화가 진행됨에 따라 이전의 맥락을 기억하고, 그에 기반한 적절한 응답을 제공한다.

OpenAI는 2018년에 첫 번째 GPT 모델을 발표했다. 이 모델은 비지도학습 방식으로 사전 학습된 후 특정 작업에 맞게 조정될 수 있는 구조를 갖고 있다. GPT는 12개의 레이어와 1억 1,700만 개의 매개변수를 가지고 있었다. 2019년에 소개된 GPT-2는 향상된 자연어 이해와 생성 능력을 갖추었으며, 최대 48개의 레이어와 15억 개의 매개변수를 갖고 있는데, 이는 인터넷에서 가져온 80억 개의 단어를 기반으로 학습되었다.

OpenAI는 처음에는 GPT-2의 전체 모델을 공개하지 않았는데, 이유는 잠재적으로 오해의 소지가 있는 콘텐츠 때문인 것으로 알려졌다. GPT-3는 2020년에 출시되었으며, 더욱 발전된 자연어 처리 능력을 선보였다. 이 모델은 1,750억 개의 매개변수를 사용했으며, 인터넷에서 수집한 텍스트를 기반으로 학습되었다. GPT-3는 그 규모와 복잡성으로 인해 큰 주목을 받았다. GPT-3.5는 이전 모델인 GPT-3의 데이터를 기반으로 하여 다양한 기능을 업그레이드한 버전으로 더 복잡한 명령 처리와 긴 문장 생성이 가능하게 되었다. OpenAI는 이 모델을 사전 학습 데이터와 추가로 미세 조정된 학습 데이터를 통해 구현하였고, 훈련된 내용을 바탕으로 응답을 제공하도록 했다.

이러한 기술의 발전과 함께 OpenAI는 GPT-4를 통해 시각적 언어 모델(Visual Language Model)을 포함시켜 사용자가 이미지를 업로드하면 그에 따른 작업을 수행할 수 있는 능력을 갖추도록 확장하였다. 코딩 지식이 없는 사용자들도 GPT-4를 통해 간단한 게임을 만들거나 다양한 작업을 수행할 수 있게 된 것이다. 이러한 혁신을 통해 사용자는 더욱 다양하고 창의적인 방식으로 인공지능을 활용할 수 있게 되었다. 〈그림 2.6〉은 GPT별 매개변수의 수를 비교한 그래프이다. GPT-4의 매개변수 수에 대한 구체적인 정보는 공개되지 않았다.

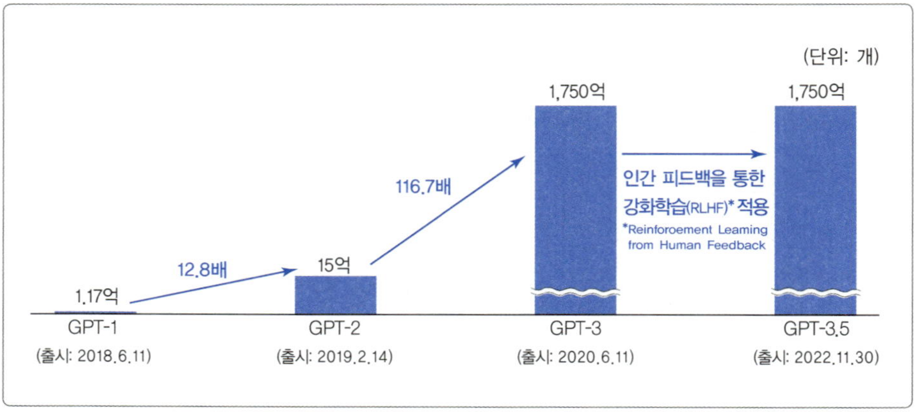

그림 2.6 GPT별 매개변수 수 비교

자료: THE AI REPORT 2023-1

OpenAI는 ChatGPT의 능력을 지속적으로 개선시키고 있으며, 특히 인간과 자연스러운 상호작용을 가능하게 하는 방향으로 기술을 발전시키고 있다. 또한, 사용자 피드백과 데이터를 바탕으로 모델을 지속적으로 더욱 정교하게 고도화시키고 있다. 〈그림 2.7〉에서 보듯이 OpenAI의 ChatGPT는 2022년 11월 GPT-3.5 버전이 공개된 이후, 다양한 활용 가능성을 보여주며, 출시된 지 5일 만에 100만 명, 2주일 만에 200만 명의 사용자를 달성하였는데, 이는 넷플릭스(3.5년), 에어비앤비(2.5년), 페이스북(10개월) 등 주요 서비스들이 100만 명의 이용자를 확보하는 데 걸린 기간에 비해 압도적으로 짧은 기간이며 AI 서비스에도 전례가 없는 기록이다. 참고로 100만 명 이용자 확보에 깃허브의 코드 작성을 도와주는 AI 서비스 코파일럿(Copilot)은 6개월, OpenAI가 만든 이미지 생성 AI 서비스 달리2(DALL-E 2)는 약 2.5개월 소요되었다.

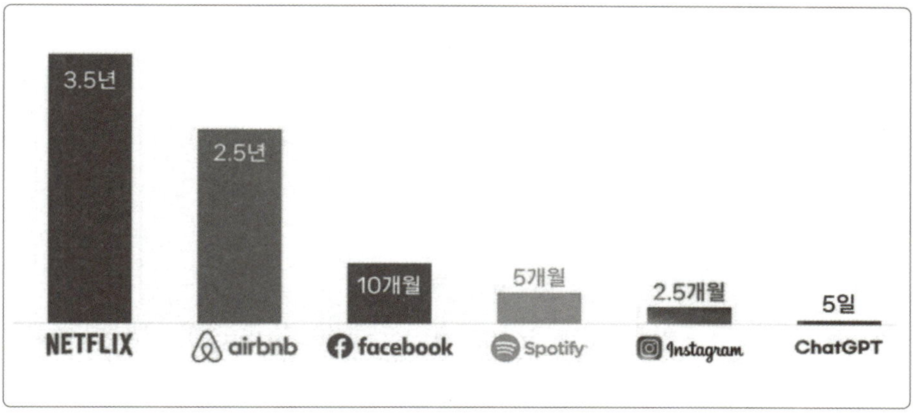

그림 2.7 주요 서비스별 이용자 100만 명 달성 소요 기간 비교

자료: THE AI REPORT 2023-1

ChatGPT는 출시 후 두 달 만에 1억 명이 넘는 사용자를 확보했고 현재까지 인류의 모든 인쇄 작업에 해당하는 양의 텍스트를 생성하는 것으로 추정되고 있다. 인공지능 분야의 저명한 학자 앨런 톰슨 박사가 전미경제연구소의 보고를 인용한 바에 따르면, ChatGPT는 2022년 3월 기준으로 분당 약 3억 1천만 단어를 생성하고 있다. 이를 구텐베르크 인쇄기가 발명된 이후 인류가 출판한 책의 총 단어 수와 비교하면, ChatGPT는 단 14일 만에 이를 초과하는 텍스트를 생성한 셈이다. 소셜 미디어 트위터의 출력량과 비교해 보면, ChatGPT는 트위터 사용자가 생성하는 양의 약 110배에 달하는 양을 매일 생성하고 있다(THE AI REPORT 2023-1). 〈그림 2.8〉은 GPT별 최대 출력량을 나타내고 있다.

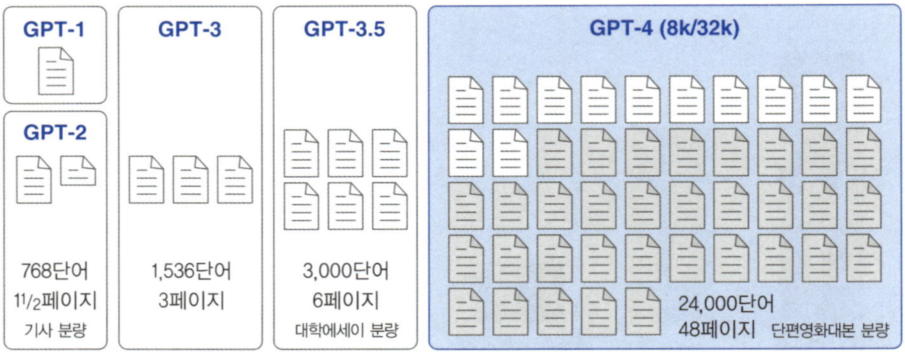

그림 2.8 GPT별 최대 출력량을 비교한 그림

자료: https://jmagazine.joins.com/forbes/view/337649

ChatGPT는 그 출시와 동시에 대중의 폭발적인 관심을 불러일으켰다. 이는 챗봇 개발, 언어 번역, 콘텐츠 생성, 텍스트 요약 등 여러 분야에서 뛰어난 성능을 보여주었기 때문이다. 이러한 강력한 기능들은 자연스러운 대화형 질의응답 능력을 넘어서 다양한 기술적 적용 가능성을 보여주며 많은 개발자와 기업들이 새로운 애플리케이션과 서비스를 개발하는 데 많은 도움을 주고 있다.

〈표 2.2〉는 ChatGPT와 기존 검색엔진 간의 차이점을 보여준다. 즉, 챗GPT와 기존 검색엔진이 사용자와의 상호작용 및 정보 제공 방식에서 무엇이 다른지 명확하게 보여준다. 챗GPT는 사용자의 요구에 더 깊이 대응하고 서로 소통할 수 있지만, 전통적인 검색엔진은 넓은 범위의 정보를 빠르게 검색하는 데에 강점이 있다.

표 2.2 ChatGPT와 기존 검색엔진 간의 차이점

특징	챗GPT	기존 검색엔진
응답 형식	대화 형식, 자연스러운 대화 제공	목록 형식의 검색 결과 제공
상호 작용성	질문에 따른 답변을 지속적으로 제공	일회성 검색 결과 제공
컨텍스트 이해	이전 대화 내용을 기반으로 응답	각 검색은 독립적 처리

개인화	사용자의 질문에 맞춘 맞춤형 답변	일반적이고 광범위한 정보 제공
용도	챗봇 대화, 교육, 콘텐츠 제작 등	정보 검색, 데이터 검색 등
기술 구조	자연어 처리 기반의 AI 모델	키워드 기반 검색 알고리즘

자료: ChatGPT 문답 참고 생성

2) 챗GPT의 기술적 세부 사항

ChatGPT의 언어 생성 능력은 대규모 언어 모델(Large Language Model; LLM) 기술에 기반을 두고 있는데, 이 모델은 텍스트 문자열의 확률 분포를 연구하여 자연어 처리(NLP)에서 기본적인 작업을 수행하는 데 사용되는 모델이다.

대규모 언어 모델은 많은 양의 텍스트 데이터를 사용하여 학습되는 딥러닝 모델 중의 하나로 자연어 처리(Natural Language Processing)와 자연어 생성(Natural Language Generation) 작업을 수행하며, 컴퓨터가 인간의 언어를 이해하고 생성할 수 있게 해준다. 이러한 대규모 언어 모델은 주로 트랜스포머(Transformer)와 같은 심층 신경망 아키텍처를 기반으로 한다. ChatGPT도 트랜스포머 아키텍처를 기반으로 한다. 트랜스포머는 2017년 Google의 연구원들이 소개한 모델로, 주로 자연어 처리(NLP) 작업에 사용된다. 트랜스포머는 어텐션(Attention) 메커니즘을 활용하여 입력 시퀀스의 중요한 부분에 더 많은 '어텐션'을 기울이는 방식으로 작동한다.

어텐션 메커니즘은 기계 학습에서 사용되는 기술 중 하나로, 시퀀스 데이터의 각 요소가 다른 요소와 상호 작용하는 정도를 나타내는 메커니즘이다. 특히 자연어 처리(Natural Language Processing)와 기계 번역(Machine Translation) 분야에서 널리 사용된다. 어텐션 메커니즘은 주로 인코더-디코더 모델에서 사용되며, 시퀀스 데이터를 처리하는 데 도움을 준다. 이 메커니즘은 디코더가 각 입력 단어에 주의를 기울일 수 있도록 하여 번역 과정에서 입력 시퀀스의 적절한 부분을 선택할 수 있게 한다. 어텐션 메커니즘은 기계 번역을 비롯한 많은 자연어 처리 작업에서 성능을 향상시키는 데 사용된다. 이를 통해 모델은 입력 시퀀스의 중요한 부분에 집중하여 더 정확한 출력을 생성할 수 있다. 이는 모델이 문맥을 더 잘 이해하고, 텍스트 간의 복잡한 관계를 학습할 수 있게 해준다. 〈그림 2.9〉는 트랜스포머 모델의 기본 아키텍처를 보여준다. 왼쪽이 인코더이고 오른쪽은 디코더이다.

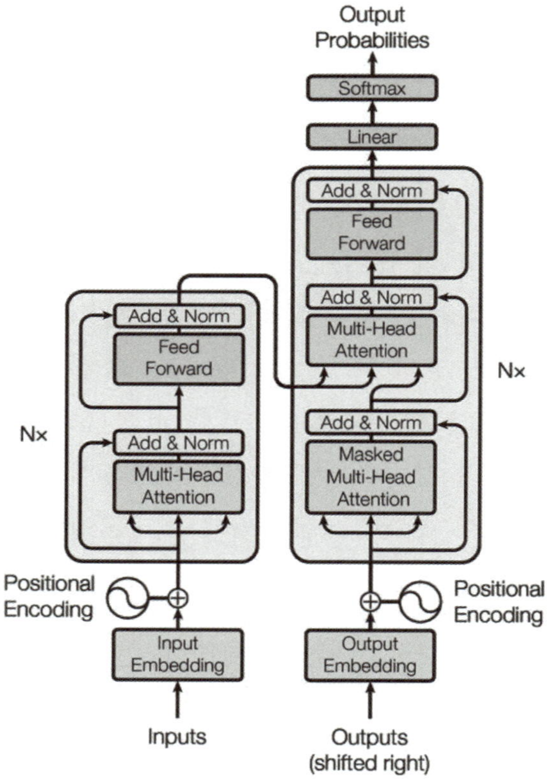

그림 2.9 트랜스포머 모델 아키텍처

자료: Vaswani, Ashish, et al. "Attention is all you need." Advances in neural information processing systems 30(2017).

ChatGPT의 기반이 되는 트랜스포머는 '셀프 어텐션' 메커니즘을 사용한다. 셀프 어텐션은 모델이 입력된 텍스트의 다양한 부분에 가중치를 두어 중요한 정보를 추출하고 문맥을 이해하는 데 도움을 준다. 이 아키텍처는 병렬 처리가 가능하여 학습과 추론 속도를 크게 향상시킨다. 미세조정 작업을 통해서 사전 훈련된 모델을 특정 작업이나 대화 스타일에 맞게 조정하는 과정을 통해 ChatGPT는 특정 응용 프로그램의 요구 사항에 더 적합하게 만들 수 있다. GPT-3.5 및 그 이후 버전에서는 인간 피드백(Reinforcement Learning from Human Feedback; RLHF)을 통해 강화학습을 적용하여 사용자 경험을 향상시키는 방법을 도입했다. 이를 통해 모델이 실제 사용자와의 상호작용을 통해 성능을 점진적으로 개선할 수 있게 되었다. 이러한 모델은 장기적인 문맥을 이해하고 긴 문장을 처리하는 데 강점이 있다.

ChatGPT와 같은 대규모 언어 모델은 일반적으로 사전 훈련된 언어 모델(Pre-trained Language Model)로 시작한다. 이 모델은 대량의 텍스트 데이터로 사전 훈련된 후, 특정한 자연어 처리 작업에 맞게 미세 조정될 수 있다. 대규모 언어 모델은 매우 많은 수의 매개변수를 가지고 있다. 이러한 매개변수는 〈그림 2.6〉에서 보는 것처럼 모델이 학습하는 데 필요한 매개변수의 수를 나타내며, 많은 경우 수억 개에서 수조 개의 매개변수를 가질 수 있다. 이러한 모델은 학습에 많은 컴퓨팅 자원과 시간이 필요하지만, 이를 통해 상당한 성능 향상을 이룰 수 있다. 대규모 언어 모델은 다양한 자연어 처리 작업에서 사용된다. 예를 들면 텍스트 생성, 기계 번역, 질의응답, 감정 분석 등이 사용된다. 이러한 모델은 자연어 처리 분야에서 혁신적인 결과를 이끌어내고 있으며, 산업 및 학술 연구 분야에서 널리 사용되고 있다.

ChatGPT 이외에도 여러 회사에서 AI 언어 모델을 개발하였다. Google이 2018년에 발표한 BERT(Bidirectional Encoder Representations from Transformers)도 역시 자연어 처리를 위한 인공지능 모델 중 하나로, 챗GPT와 마찬가지로 트랜스포머 모델 아키텍처를 기반으로 하고 있다. BERT는 특히, 사전 학습된 언어 모델로서 큰 데이터셋을 사전 학습한 후 다양한 자연어 처리 작업을 성공적으로 전이학습할 수 있다. BERT의 주요 특징 중 하나는 양방향으로 문맥을 파악하는 능력이다. 이는 특정 단어의 의미를 이해할 때 그 단어 주변의 문맥을 고려할 수 있게 해준다. 또한, BERT는 문장 안의 단어들을 모두 한 번에 고려하여 단어의 임베딩을 생성하기 때문에, 문장 안의 단어 간의 상호작용을 잘 이해할 수 있다. BERT는 자연어 이해, 질문 응답, 문장 분류, 감정 분석 등 다양한 자연어 처리 작업에서 좋은 성능을 보여주며, 자연어 처리 분야에서의 연구와 응용 프로그램 개발에 많은 영향을 끼쳤다.

MT-NLG는 'Multitask Natural Language Generation'의 약어로, 여러 자연어 생성 작업을 동시에 수행하는 인공지능 언어 생성 모델을 나타낸다. 이러한 모델은 다양한 자연어 생성 작업에 대해 학습하고, 특정 작업에 특화된 모델보다 일반적으로 더 효율적인 학습 및 활용을 지원한다. MT-NLG 모델은 이러한 다양한 작업들을 하나의 통합된 프레임워크에서 처리하여 효율적인 자원 활용과 일관된 성능을 제공할 수 있다. PaLM(Parametric Latent Model)은 확률적인 모델링에서 사용되는 모델 중 하나로 데이터의 분포를 설명하기 위해 잠재 변수를 사용하는 확률 모델이다. PaLM은 잠재 공간을 파라미터화하여 문장의 표현을 학습하는데, 이 잠재 공간은 다양한 자연어 생성 작업에 대한 효과적인 표현을 학습하기 위해 구조화되어 있다. PaLM은 여러 자연어 처리 작업을 동시에 학습하고, 각 작업 간의 상호작용을 통해 성능을 향상시킨다. 이러한 다중 작업 학습 접근법은 모델의 일반화 성능을 향상시키는 데 도움이 된다. 또한 PaLM은 확률적인 방식으로 출력을 생성하여 다양한 문장을 생성할 수 있다. 이는 다양한 응용 분야에 적합한 다양성 있는 생성을 가능하게 한다. 이런 특징을 갖고 있는 PaLM은 다양한 언어 생성 및 이해 작업에 효과적으로 활용되고 있다.

'Megatron'은 NVIDIA에서 개발한 대규모 언어 모델로, 역시 GPT-2와 GPT-3과 유사한 트랜스포머 아키텍처를 기반으로 하며, 특히 GPT-3와 유사한 대규모 모델로 알려져 있다. Megatron 언어 모델은 수백억 개의 파라미터를 가지며, 대규모의 텍스트 데이터를 학습하여 다양한 자연어 처리 작업을 수행할 수 있다.

이 모델은 문장 생성, 기계 번역, 질문 응답, 요약, 감정 분석 등 다양한 자연어 처리 작업에 사용될 수 있으며, 대규모의 병렬 및 분산 학습을 지원하여 대용량 데이터셋에서 효율적으로 학습될 수 있다. 이러한 특징으로 인해 Megatron은 자연어 처리 분야에서 매우 강력한 모델로 인정받고 있다.

2.4 무한히 발전하는 인공지능의 영역 확장

인공지능은 다양한 영역에서 활용되고 연구되어 왔다. 특히 최근의 초거대 AI를 기반으로 한 혁신적인 생성형 인공지능의 개발로 그 응용 영역은 제한 없이 다양한 분야로 확대되고 있다.

1) 교통 및 물류 분야

인공지능은 교통 및 물류 산업에서 혁신적인 변화를 가져오고 있다. 인공지능은 대규모 교통 데이터 및 물류 관련 데이터를 분석하여 효율적인 경로 및 전략을 결정하는 데 도움을 준다. 인공지능은 재고 수준, 수요 예측 및 재고 이동에 대한 최적의 전략을 결정하는 데 사용되고, 이를 통해 재고 부족이나 과잉을 방지하고 비용을 절감할 수 있다. 인공지능은 교통 혼잡도, 도로 조건 및 다른 요소를 고려하여 최적의 경로를 제안하는 데도 사용되어 운송 시간을 단축하고 연료 소비를 줄일 수 있다. 로봇 기술과 인공지능의 결합은 물류 작업의 자동화를 가능하게 한다. 드론을 활용한 배송, 자율 로봇 등이 물류 산업에서 사용되므로 인해 교통 및 물류 산업이 더 효율적이고 안전하게 될 것이다.

인공지능 기술은 자율주행 기술의 핵심 요소이며, 자동차 및 교통 시스템에서 다양한 응용 분야에 사용된다. 이는 자율주행 차량의 핵심 기능인 센서 데이터 분석, 실시간 환경 이해, 자동 조향 등을 가능하게 한다. 인공지능은 자율주행 자동차가 수집한 다양한 센서 데이터를 처리하고 분석하는 데 사용되는데, 레이더, 카메라, 라이다 등의 센서로부터 수집된 데이터를 실시간으로 분석하여 주변 환경을 이해하고 운전 결정을 내린다. 또한, 이미지 분석 및 컴퓨터 비전 기술을 활용하여 도로, 차량, 보행자 등의 객체를 감지하고 추적하여 안전한 운행을 지원하고, 차량의 현재 위치와 목적지를 고려하여 최적의 운행 경로를 계획하고 조정하는 데 사용된다. 실시간으로 도로 상황을 모니터링하고 교통 정보를 고려하여 효율적인 경로를 선택하고 또한 주행 속도, 차선 변경, 교차로 진입 등의 운전 결정을 실시간으로 수행하고 차량을 안전하게 운전할 수 있게 한다. 주행 중에 발생한 긴급 상황에 대처하는 데 도움을 줄 수 있으며, 사고 예방 및 충돌 회피 시스템을 통해 주행 중에 발생하는 잠재적인 위험을 감지하고 대응하기도 한다. 인공지능은 도로 인프라와의 통합을 통해 효율적인 교통 시스템을 구축하는 데도 사용되는데, 신호등, 표지판, 도로 마킹 등과의 상호작용을 통해 안전하고 원활한 교통 흐름을 유지하게 한다. 이러한 방식으로 인공지능은 자율주행 기술의 핵심 역할을 하며, 향후 자동차 산업의 주요 트렌드로 발전할 것으로 예상된다.

인공지능은 드론 기술과 매우 밀접하게 관련되어 있다. 인공지능은 드론의 자율 비행을 가능하게 하는데, 센서 데이터를 수집하고 이를 분석하여 주변 환경을 이해하고 비행경로를 조정할 수 있다. 인공지능을 통해 드론은 사람의 감시나 조종 없이도 복잡한 임무를 수행할 수 있다. 드론은 고해상도 카메라 및 다양한 센서를 탑재하고 있는데, 드론이 실시간으로 촬영한 영상과 데이터는 인공지능을 활용하여 분석되고 처리된다. 이를 통해 지리적 정보 수집, 재난 상황 모니터링, 농업 관리 등 다양한 분야에 활용될 수 있다. 인공지능과 드론 기술의 결합은 빠르고 효율적인 상품 배송을 가능케 한다. 주문이 들어오면 인공지능은 최적의 비행경로를 계획하고 드론을 자동으로 조종하여 상품을 배송할 수 있게 된다(그림 2.10).

드론은 인공지능 기술과 결합하여 보안 및 감시 용도로 활용될 수 있다. 사람이 감시하기 어려운 지역이나 군사적인 목적으로 활용될 수 있으며, 인공지능을 통해 이들은 자동으로 이상 징후를 감지하고 신속하게 대응할 수 있다. 드론은 자연환경 및 도시 환경의 모니터링에 활용될 수 있는데, 인공지능은 드론이 수집한 데이터를 분석하여 환경 오염, 산불 위험, 도로 교통 혼잡 등에 대한 정보를 제공할 수 있다. 인공지능과 드론이 결합되면서 새로운 비즈니스 모델과 기술적 혁신이 이루어지고 있으며, 이는 다양한 산업 및 사회적 분야에 긍정적인 영향을 미치고 있으며 그 영향력은 빠른 속도로 증가할 것이다.

그림 2.10 자율주행이 되는 자동차와 드론

자료: ChatGPT 문답 참고 생성

2) 의료 분야

인공지능은 의료 분야에서 다양한 방식으로 활용되고 있으며 의료 혁신과 진단, 치료, 예방에 중요한 역할을 하고 있다. 의료 이미지 분석에서는 컴퓨터 비전 및 딥러닝 기술을 사용하여 X-ray, MRI, CT 스캔 등의 의료 이미지를 분석하고 해석한다. 이를 통해 종양, 질병, 부상 등을 식별하고 진단하는 데 도움을 준다. 또한, 대규모 의료 기록과 유전체 자료와 같은 빅데이터를 분석하여 환자의 건강 상태를 모니터링하고 예측하는 데 사용되고, 의료 빅데이터에서 중요한 정보를 추출하여 이를 임상의사가 적절한 치료 방법을 결정할 수 있도록 도움을 준다. 인공지능은 의사와 협력하여 질병을 진단하고 환자의 건강 상태를 평가하고, 의료 이미지 분석, 음성 및 언어 처리, 생물정보학 등의 기술을 활용하여 정확한 진단을 내릴 수 있도록 도와준다. 또한, 환자의 개인적인 건강 상태와 의료 기록을 고려하여 개인에게 가장 최적의 치료법을 개발하는 데도 도움을 주고, 환자의 유전자 정보, 생리학적 특성 및 질병 특성을 분석하여 최적의 치료법을 제안하고 예측한다. 이를 통해 치료의 효과를 최적화하고 부작용을 최소화할 수 있는 정밀의료(precision medicine)를 구현할 수 있게 한다. 인공지능은 각 개인의 건강 모니터링 및 질병 예방에도 사용되며, 다양한 종류의 생체 신호 및 센서 데이터를 분석하여 건강 상태를 모니터링하고 질병의 조기 진단 및 예방을 돕는다.

신약 개발 및 발견에도 인공지능이 사용된다. 구체적으로 신약 개발 분야에서 인공지능이 약물 발견, 개발, 임상 시험 등의 여러 단계에서 응용된다. 먼저 인공지능은 화학 구조와 생물학적 특성을 분석하여 새로운 약물 후보물질을 디자인하고 발견하는 데 사용된다. 기존의 화학 데이터와 생물 정보를 활용하여 약물의 가능성을 평가하고 최적의 후보물질을 선정할 수 있게 하고, 대규모 화합물 데이터베이스를 스크리닝하여 특정 질병에 대한 효과적인 약물을 찾는 데도 사용된다. 머신러닝 및 딥러닝 기술을 활용하여 화합물의 바이오액티비티를 예측하고 최적의 후보물질을 선별할 수 있게 한다. 이 작업은 신약후보물질 개발 및 선정 단계를 획기적으로 줄이게 한다.

인공지능은 신약에 대한 임상 시험의 설계와 실행을 지원하는 데 사용되며, 환자 데이터와 생물학적 특성을 분석하여 효과적인 임상 시험 계획을 수립하고, 환자 모집 및 모니터링을 최적화할 수 있게 한다. 인공지능은 약물의 부작용을 예측하고 평가하는 데 사용된다. 화학 구조와 생물학적 데이터를 분석하여 약물의 부작용 가능성을 평가하고 임상 시험에서의 안전성을 예측한다. 또한, 약물 재사용(drug repositioning) 분야에도 사용될 수 있다. 즉, 기존의 약물을 특정 질환에 새롭게 사용할 수 있도록 한다.

이러한 방식으로 인공지능은 신약 개발 분야에서 속도를 높이고 비용을 절감하며, 효과적인 치료법을 개발하는 데 기여하고 있다. 특히 머신러닝 및 딥러닝과 같은 인공지능 기술은 대규모 데이터를 분석하여 약물의 특성을 예측하고 최적의 치료법을 개발하는 핵심 기술이다.

3) 제조업 분야

인공지능과 제조업 간의 관계는 혁신적이고 변화무쌍하다. 인공지능 기술은 제조업에서 생산성을 향상시키고 효율성을 높이는 데 핵심적인 역할을 한다. 제조업에서 자동화 및 로봇화 시스템을 지능적으로 운영하는 데 사용되는데, 이를 통해 반복적이고 노동 집약적인 작업을 자동화하여 생산성을 증가시키고 인력을 효율적으로 활용할 수 있다. 제조업에서 발생하는 대량의 데이터를 분석하여 생산 과정을 최적화하고 유지보수 작업을 예측하는 데 인공지능이 사용된다. 이를 통해 기계의 고장을 예방하고 생산 중단 시간을 최소화할 수 있다. 인공지능 기술은 제조 공정에서 제품의 품질을 향상시키는 데도 사용된다. 이미지 인식 및 센서 데이터 분석을 통해 제품 불량률을 줄이고 생산 과정에서 발생할 수 있는 문제점을 식별할 수 있다. 고객의 요구에 따라 제품을 맞춤화하는 데도 사용된다. 생산 데이터 및 고객 피드백을 분석하여 개별 제품을 생산하고 생산 라인을 조정함으로써 생산 과정을 최적화할 수 있다. 인공지능은 제조업에서 스마트 공장을 구현하는 데 필수적이다. 즉, 자율주행 차량, 연결된 센서 및 사물인터넷(IoT) 장치를 통해 생산 공정을 모니터링하고 조절할 수 있으며, 생산성 향상, 품질 향상, 유지보수 예측 등을 통해 제조업의 경쟁력을 제고하고 비용을 절감하는 데 도움을 준다.

4) 금융 분야

인공지능은 금융 분야에서 다양한 응용 가능성을 제공하며, 금융 서비스의 효율성을 향상시키고 인간의 결정을 보완하는 데 사용된다. 인공지능은 금융 시장 데이터를 분석하여 투자 전략을 개발하고 자산을 관리하는 데 사용된다. 머신러닝 및 딥러닝 기술을 활용하여 주가 예측, 포트폴리오 최적화, 리스크 관리 등을 수행한다. 인공지능은 금융 거래 및 결제 시스템에서 사용되는데, 자동화된 거래 시스템을 통해 거래 속도를 높이고 거래 비용을 절감하며, 사기 탐지 시스템을 통해 안전한 거래 환경을 만드는 데 도움을 준다. 또한, 신용 평가 모델을 개발하고 대출 승인 결정을 지원하는 데 사용된다. 고객의 금융 데이터를 분석하여 신용 위험을 평가하고 대출 승인 여부를 결정한다. 금융 기관의 고객 서비스 및 상담에도 사용되는데, 자동 응답 시스템을 통해 고객의 질문에 신속하게 응답하고, 자연어 처리 기술을 활용하여 고객의 요구를 이해하고 처리한다.

인공지능은 보험 회사에서 보험 상품을 개발하고 위험을 관리하는 데 사용될 수 있다. 보험 청구 처리 시스템을 자동화하여 보험금 지급을 신속하게 처리하고, 보험료 책정 모델을 개발하여 보험 회사의 수익성을 향상시킨다. 또 통신 거래 및 트레이딩 시스템에서 사용될 수 있는데, 알고리즘 트레이딩 시스템을 개발하여 시장 조건을 실시간으로 분석하고 자동으로 거래를 실행하게 된다.

이처럼 인공지능은 금융 서비스의 다양한 영역에서 활용되어 고객에게 향상된 서비스를 제공하고, 금융 기관의 효율성을 향상시키는 데 기여할 수 있다. 또한 머신러닝 및 딥러닝과 같은 인공지능 기술은 대규모 데이터를 분석하고 예측하는 데 사용되어 금융 시장의 변화에 빠르게 대응할 수 있도록 도움을 준다.

5) 에너지 및 자원 분야

인공지능과 에너지 및 자원 분야의 관련은 환경 보호와 에너지 효율성 증대 등의 측면에서 중요하다. 인공지능은 에너지 시스템을 모니터링하고 최적화하는 데 사용된다. 스마트 그리드 시스템에서는 인공지능이 전력 수요 및 공급을 예측하고 조절하여 에너지 효율성을 높이고 에너지 소비를 최적화한다. 태양광 및 풍력 발전소와 같은 신재생 에너지 시스템의 성능을 최적화하는 데도 사용되며, 날씨 예측 및 에너지 생산량 최적화를 통해 신재생 에너지의 안정적인 공급을 지원하게 한다. 인공지능은 자원 관리를 향상시키는 데 사용된다. 자원 탐사 및 채굴 과정에서 인공지능 기술은 지리적 데이터 및 지질 정보를 분석하여 자원의 위치를 식별하고 추정할 수 있게 한다. 인공지능은 환경 모니터링을 통해 자원 사용 및 환경 영향을 추적하고 정확하게 예측할 수 있게 하며, 센서 데이터 및 위성 이미지를 분석하여 환경 오염 및 자연재해에 대한 조기 경고 시스템을 구축할 수 있게 한다. 건물 및 도시 인프라에 적용되는 인공지능 기반 스마트 기술은 건물 에너지 소비를 최적화하고 도시 교통 흐름을 최적화하는 데 사용된다.

이와 같이 인공지능은 에너지 및 자원 분야에서 지속 가능한 개발과 보전을 지원하는 데 중요한 역할을 한다. 인공지능의 적용은 에너지 효율성 향상과 환경 보호에 기여하여 지구 환경을 보다 지속 가능한 방향으로 나아가게 한다.

6) 교육 분야

인공지능 기술은 교육 분야에서 다양한 혁신과 변화를 가져오고 있다. 인공지능은 학생들의 학습 스타일, 능력 수준, 흥미 등을 고려하여 개인에 맞춤형 학습 경험을 제공하고, 이를 통해 학생들의 학습 효율성을 향상시키고 학습 결과를 최적화할 수 있다. 인공지능은 학생들의 학습 진행을 실시간으로 모니터링하고 피드백을 제공할 수 있는데, 이 덕분에 학생들은 학습 중에 실시간으로 자신의 실력을 파악하고 개선할 수 있다. 대규모 학습 데이터를 분석하여 학습 동향을 파악하고 예측할 수 있고, 이를 통해 교육 기관은 학생들의 학습 상황을 이해하고 개선할 수 있는 정책과 프로그램을 개발할 수 있게 된다. 인공지능은 개별 학생에게 맞춤형 지도를 제공하고, 온라인 강의를 개선하는 데 사용될 수 있다. 또한, 학생들이 공부할 때 자동으로 생성된 강의 및 연습 문제를 제공할 수 있게 한다. 자연어 처리 및 음성 인식 기술을 사용하여 학생들의 의견을 이해하고 학습 환경을 개선할 수 있으며, 이러한 기술은 학생들이 학습 자료를 검색하고 접근하는 데 사용될 수 있고, 학습 앱, 가상 실험실, 교육용 로봇 등과 같은 학습 도구와 자원을 개발하는 데 사용될 수 있다.

이러한 방식으로 인공지능은 교육 분야에서 학습 경험을 혁신하고 개선하며, 학생들의 학습 효과를 향상시키는 데 기여하고 있다.

7) 국방 분야

인공지능은 국방 분야에서 다양한 측면에 큰 변화를 가져오고 있다. 인공지능은 드론과 같은 무인 기술과 결합하여 자율 시스템을 구현하는 데 사용되며, 이러한 시스템은 정보 수집, 정찰, 및 작전 수행 등의 임무를 수행할 수 있다. 인공지능 기술은 대규모 데이터를 분석하고 예측 모델을 구축하는 데 사용되는데, 이는 적의 행동 및 전략을 예측하고 군사 작전을 지원하는 데 도움이 된다. 군사 시스템과 네트워크는 적의 사이버 공격에 노출될 수 있는데, 인공지능은 네트워크 트래픽을 분석하여 이상 징후를 감지하고 사이버 공격에 미리 대처할 수 있게 한다. 인공지능은 자율적으로 목표물을 식별하고 공격하는 로봇화 무기 시스템에서 중요한 역할을 한다. 이는 전투 상황에서 인간 병력을 보호하고 임무를 수행할 수 있게 한다. 인공지능 기술은 항공 운용을 향상시키는 데 사용된다. 이는 비행경로 최적화, 자동 조종 및 비행 제어 시스템을 포함한다. 이러한 응용은 군사 작전의 효율성을 향상시키고 안전성을 높일 수 있다.

8) 예술 분야

최근 몇 년 사이에 인공지능의 놀라운 발전은 예술 세계에도 새로운 가능성을 열어주었다. 인공지능이 예술 창작에 어떻게 활용되고 있는지, 그리고 이로 인해 예술계에 어떤 영향을 미치고 있는지 살펴보자. 최근에 인공지능과 예술의 만남으로 혁신적 변화들이 생겼다. 인공지능은 음악, 미술, 문학 등 다양한 예술 형태에서 창작 도구로 그 자리 매김을 하기 시작했다. 예를 들어, 인공지능이 고전 음악 스타일에 영감을 받아 새로운 곡을 작곡하기도 한다. 딥러닝 알고리즘을 활용하여 새로운 음악 작품을 생성하거나 기존의 음악 스타일을 모방하는 등의 작업을 수행할 수 있다. 또한 음악 데이터를 분석하여 트렌드를 파악하고 예측할 수도 있다.

미술 분야에서는 인공지능이 그림 그리기, 이미지 생성 및 스타일 변환에 사용된다. 딥러닝을 활용하여 새로운 그림을 생성하거나 유명한 화가의 스타일을 모방하는 등의 작업을 수행할 수 있다. 또한 이미지 데이터를 분석하여 예술 작품의 특징을 추출하고 해석하는 데도 활용된다. 인공지능이 이미지와 패턴을 학습하여 독창적인 그림을 생성하기도 한다. 인공지능과 미술의 결합은 예술적 창작에 새로운 차원을 제공하고 예술적 표현의 경계를 넓히는 데 큰 기회를 제공하고 있다. 이러한 작업은 이미지의 감각적 품질을 향상시키고 예술적 표현의 다양성을 확대할 수 있다. 이러한 작업은 예술가들에게 창의적인 영감을 주고 새로운 예술적 표현 방식을 탐구할 수 있는 기회를 제공한다.

미술 분야에서, 특히 사진 분야는 인공지능과 다양한 방식으로 상호작용하며 새로운 창작 가능성을 제시한다. 인공지능은 사진을 생성하고 이미지를 조작하는 데 사용될 뿐만 아니라. 딥러닝 알고리즘을 사용하여 새로운 이미지를 생성하거나 이미지의 색상, 레이아웃, 구성 등을 변경할 수 있다. 이를 통해 예술가들은 새로운 창작 가능성을 탐색하고 이미지의 감각적 품질을 향상시킬 수 있다. 인공지능은 사진을 분석하고 해석하는 데 사용된다. 머신러닝 및 컴퓨터 비전 기술을 사용하여 이미지의 구조, 콘텐츠, 특징 등을 분석하고 이해할 수 있는데, 이를 통해 사진에 포함된 객체, 인물, 장면 등을 식별하고 해석할 수 있다. 예를 들어, 아이폰에서 수백, 수천 개의 사진들로부터 동일 인물을 쉽게 탐지해 낼 수 있다. 인공지능은 머신러닝 알고리즘을 사용하여 이미지를 분석하고 유사한 이미지를 찾거나 이미지를 자동으로 분류할 수 있다.

이를 통해 사용자들은 원하는 이미지를 더 쉽게 찾을 수 있고 이미지 라이브러리를 효율적으로 관리할 수 있다. 인공지능은 또한 사진을 편집하고 개선하는 데 사용된다. 딥러닝 알고리즘을 사용하여 이미지의 밝기, 대비, 색상 등을 조정하고 어두운 저조도에 있는 사진들로부터 티가 나지 않도록 잡음을 제거하거나 사진을 자동으로 편집하는 도구를 제공할 수 있다. 이런 작업을 통해 사진 작가들은 더 전문적이고 품질 높은 이미지를 제작할 수 있다.

인공지능은 사진의 스타일을 변환하고 재해석하는 데도 사용된다. 딥러닝 알고리즘을 사용하여 유명한 사진가의 스타일을 모방하거나 다른 사진의 스타일을 적용하는 등의 작업을 수행할 수 있다. 이를 통해 예술적인 효과를 부여하거나 사진의 감각적 품질을 향상시킬 수 있다. 이러한 방식으로 인공지능은 사진 분야에서 창의적인 창작과 분석을 지원하며 사진 작가들에게 새로운 도구와 기술을 제공한다. 〈그림 2.11〉은 ChatGPT의 DALL-E 프로그램을 통해서 미국 워싱턴 주에 위치한 마운트 레이니어를 그린 것이다. 이 웅장한 산은 해발 4,392m로 사시사철 만년설로 덮여있다. 마운트 레이니어는 태평양 북서부 지역의 풍경을 대표하는 산이며 맑은 날에는 시애틀 시내와 주변 지역에서도 쉽게 볼 수 있다. 이 그림은 “Mt Rainer를 3:2 비율로 반고흐 그림처럼 그려줘”라는 프롬프트의 결과물이다. 두 번째 사진은 저자가 직접 찍은 흑백사진이다(https://m.blog.naver.com/koreaphotoart/222657580533). 세 번째 사진은 이 흑백사진을 기반으로 동일한 프롬프트를 사용해서 얻은 그림이다. 이처럼 인공지능과 사진의 결합은 사진 예술의 경계를 넓히고 창의적인 표현의 다양성을 증진시킨다.

그림 2.11 ChatGPT의 DALL-E를 이용한 Mt. Rainier 그림

인공지능은 예술 작품을 분석하고 해석하는 데 사용되기도 한다. 머신러닝 및 컴퓨터 비전 기술을 사용하여 작품의 구조, 색상, 모양 등을 분석하고 예술적 요소를 이해하는 데 도움을 줄 수 있다. 이러한 작업은 예술 작품에 대한 새로운 통찰력을 제공하고 예술가들의 창작 프로세스를 지원할 수 있다. 예술가들이 아이디어를 발전시키고 작업을 완성하는 데 도움을 줄 수 있다. 인공지능은 미술 분야에서 예술가들에게 새로운 도구와 기술을 제공하고 창의적인 예술 작품의 탄생을 돕는 역할을 한다. 또한 인공지능과 미술의 결합은 예술의 경계를 넓히고 예술적 표현의 다양성을 증진시키는 데 기여한다.

영화 제작, 특수 효과 및 비주얼 효과에도 인공지능이 사용된다. 딥러닝 및 컴퓨터 비전 기술을 활용하여 새로운 영화 장면을 만들어 내거나 기존의 영화를 리마스터링하는 등의 작업을 수행한다. 문학 분야에서도 인공지능이 새로운 대본을 작성하거나, 글쓰기 및 소설 작품 생성에 사용될 수 있다. 즉, 자연어 처리 및 자연어 생성 기술을 활용하여 새로운 글을 생성하거나 문체를 분석하는 등의 작업을 수행할 수 있다. 영화 또는 문학 데이터를 분석하여 트렌드를 파악하고 예측하는 데도 활용될 수 있다. 인공지능은 퍼포먼스 아트 및 인터랙티브 예술에도 사용된다. 딥러닝 및 센서 기술을 활용하여 사용자와 상호 작용하는 예술 작품을 생성하거나 공공 공간에서의 예술 활동을 지원하는 등의 작업을 수행한다.

이와 같이 인공지능은 예술가들에게 기술적 도구를 넘어 새로운 창작 파트너로서의 역할을 하고 있다. 이는 창작자의 역할을 변화시키고, 예술 작품의 개념을 재정의하는 계기를 마련하고 있다. 예술의 경계가 확장되면서 전통적인 예술과 디지털 예술의 경계도 모호해지고 있다.

인공지능 아티스트는 광의의 의미로 인공지능 기술을 활용하여 예술 작품을 창작하는 모든 예술가를 총칭한다. 인공지능 아티스트들은 컴퓨터 과학, 머신러닝, 딥러닝 등과 같은 기술 분야에 대한 지식을 보유하고 있다. 이들은 다양한 프로그래밍 언어 및 기술 도구를 활용하여 인공지능 모델을 구축하고 예술 작품을 생성한다. 인공지능 아티스트들은 인공지능 기술을 활용하여 새로운 창작 가능성을 탐색하고 예술적 경계를 넓히고 있다. 인공지능 아티스트들은 컴퓨터와의 상호작용을 통해 예술 작품을 생성하고 수정하는 데 중점을 둔다. 이들은 인공지능 모델을 사용하여 작품을 생성하고 수정하며, 작업 과정에서 컴퓨터와의 상호작용을 통해 작품을 발전시킨다. 일부 인공지능 아티스트들은 자신의 작품을 통해 사회적 문제나 환경 문제 등에 대한 인식을 증진하고 사회적 변화를 이끌어낸다. 이들은 예술을 통해 사회적 메시지를 전달하고 사회적 관심을 독려하는 역할을 한다. 인공지능 아티스트들의 작품은 예술과 기술의 융합을 대표하는 영역으로, 이들의 작품은 예술과 기술의 경계를 넘나들며 새로운 문화적 경향을 제시한다. 이러한 작품들은 예술계와 기술계에서 폭넓게 인정받고 있으며, 예술의 미래에 대한 새로운 전망을 제시하는 중요한 요소로 자리 잡고 있다.

또한, 인공지능 예술 작품에 대한 소비자의 접근성이 증가하면서 예술 시장에도 새로운 변화가 일어나고 있다. 그러나 인공지능을 통한 예술 창작이 보편화됨에 따라 저작권과 같은 윤리적 문제도 중요한 논의 주제가 되고 있다. 누가 인공지능으로 만들어진 작품의 저작권을 소유하는가? 또한, 기계가 만든 예술이 인간 예술가들과 어떻게 공존할 수 있을지에 대한 논의도 필요하다. 문화적 측면에서는 다양한 국가와 문화권에서 인공지능 예술을 어떻게 받아들이고 있는지가 관심사이다. 인공지능 기술이 예술계에 미치는 영향은 긍정적이고 부정적인 측면이 모두 있다. 기술이 예술과 융합됨으로써 새로운 형태의 예술이 탄생하고 있지만, 동시에 많은 도전과제도 제기되고 있다. 앞으로 기술의 발전이 예술계에 어떤 새로운 변화를 더욱 가져올지는 누구도 정확히 예측할 수 없지만, 분명한 것은 인공지능이 예술의 미래에 중요한 역할을 계속해서 담당할 것이라는 점이다. 이러한 변화는 예술을 소비하고 이해하는 우리 모두에게 새로운 관점과 경험을 제공할 기회를 마련해 줄 것이다. 이러한 방식으로 인공지능은 예술 분야에서 창의성을 높이고 새로운 창작 가능성을 탐구하는 데 기여하며, 예술과 기술의 융합을 촉진한다.

8) 엔터테인먼트 분야

인공지능은 엔터테인먼트 산업에 광범위하게 적용되고 있으며, 이미 여러 가지 방식으로 콘텐츠의 제작, 분배, 소비 방식을 변화시키고 있다. 이를 통해 관객과 사용자에게 더욱 맞춤화되고 창의적인 경험을 제공할 수 있게 되었다. 인공지능은 다양한 콘텐츠 제작에 지원되고 있다. 영화와 비디오 제작에서 시나리오 작성, 편집, 색보정, 심지어 특수 효과와 같은 고도의 기술적 작업을 지원하고 있다. 대량의 비디오 데이터를 분석하여 최적의 편집 포인트를 제안할 수 있고, 인공지능 음악 생성 도구는 작곡가들이 새로운 멜로디나 하모니를 실험하는 데 도움을 준다. 이러한 도구는 사용자가 입력한 몇 가지 기본 조건에 따라 곡을 생성할 수 있다. 인공지능은 넷플릭스, 스포티파이와 같은 스트리밍 서비스에서 사용자의 시청 및 청취 기록을 분석하여 개인 맞춤형 콘텐츠를 추천한다. 이러한 추천 시스템은 알고리즘을 사용하여 각 사용자의 취향에 맞는 콘텐츠를 선별해 내는 데 큰 역할을 하고 있다. 또한, 가상현실(VR) 및 증강현실(AR) 환경에서 사용자와의 대화를 통해서 상호작용을 쉽게 하게 만든다. 즉, 가상 캐릭터들이 사용자의 말이나 행동에 자연스럽게 반응하도록 만든다. 인공지능은 관객의 관심사, 선호도, 온라인 상호작용을 분석하여 더 효율적인 마케팅 전략을 수립할 수 있으며, 엔터테인먼트 산업의 배경에서 다양한 운영적 과제를 자동화하여 생산성을 높이고 비용을 절감하게 한다.

이처럼 인공지능은 엔터테인먼트 산업 전반에 걸쳐 혁신적인 변화를 가져오고 있으며, 앞으로도 이러한 기술의 발전이 엔터테인먼트 산업의 미래를 형성하는 데 큰 역할을 할 것이다.

2.5 인공지능 기계가 인간을 초월하는 특이점이 올 것인가?

인공지능의 발전은 현대 사회에서 가장 주목받는 주제 중 하나이다. 이에 관한 논의는 다양한 전문가들 사이에서 이뤄지고 있으며, 그중 하나가 "인공지능의 특이점(The Singularity)"에 관한 것이다. 특이점은 인공지능이 인간의 지능을 초월하고, 인간을 능가하는 시점을 가리킨다. 이러한 특이점은 레이 모어(Ray Kurzweil)와 같은 전문가들에 의해 처음 제안되었으며, 인공지능의 발전과 관련된 여러 이론과 예측들에 큰 영향을 미쳤다. 특이점이 도래할 경우 인공 지능 시스템은 스스로 발전하고, 자체적으로 학습하며, 의사 결정을 내릴 수 있는 능력을 갖추게 될 것으로 예상된다. 이는 창의적인 활동을 수행할 수 있는 인공지능의 등장을 의미한다. 이러한 시스템은 인간의 능력을 향상시키고, 인간이 해결하기 어려운 복잡한 문제를 해결할 수 있을 것으로 기대된다. 또한, 이런 인공지능은 의료, 교육, 농업, 금융 등 다양한 분야에서 혁신적인 솔루션을 제공할 수 있을 것으로 예측된다.

일부 전문가들은 이러한 특이점이 올 것이라고 믿고 있다. 그들은 기술의 발전과 함께 인공지능이 점점 더 복잡한 문제를 해결하는 능력을 키우고 있으며, 언젠가는 인간의 능력을 넘어설 것이라고 주장한다. 그러나 일부 전문가들은 특이점의 도래에 대해 회의적이다. 인간의 능력과 인공지능의 능력 사이에는 본질적인 차이가 있으며, 인공지능이 인간을 완전히 능가하기는 어려울 수 있다고 주장한다. 또한 인공지능의 발전은 윤리적인 문제와 도덕적인 고려 사항을 야기할 수 있으며, 이러한 기술의 책임과 사용 방법을 고려해야 한다고 우려하고 있다. 인간과 인공지능 간의 관계는 계속해서 발전하고 있으며, 두 가지 접근 방식은 미래에 대한 전망을 형성하는 데 영향을 미친다. 그러나 인공지능의 발전이 가속화되는 동안, 인간과 기계 간의 협력과 상호 보완적인 관계가 점점 중요해지고 있다. 인간의 가치와 윤리적 고려 사항을 고려하여, 미래에 대한 결정은 신중하게 고려되어야 한다. 결국, 특이점의 도래에 대한 전망은 여전히 논란의 여지가 있음에도 불구하고 인공 지능 기술의 발전은 계속되고 있으며, 이에 대한 논의와 연구는 미래의 방향을 결정하는 중요한 요소가 될 것이다. 인간과 인공지능 간의 관계는 더욱 중요해지고 있으며, 이를 통해 우리는 미래에 대해 적절하게 대비할 수 있어야 한다.

2.6 인공지능의 발전이 국가 경쟁력의 핵심인가?

1) 인공지능과 국가 경쟁력

인공지능의 발전은 현대 사회에서 국가 경쟁력을 증대시키는 중요한 요소 중 하나로 인식되고 있다. 인공지능(AI)은 우리 시대의 가장 중요한 기술 혁신 중 하나이다. 이제 인공지능이 국가 경쟁력에 어떤 영향을 미치는지, 그리고 이러한 기술이 우리나라의 미래에 어떤 기회와 도전을 제공하는지 살펴보자. 인공지능 기술은 지난 몇 년간 급속도로 발전해 왔다. 컴퓨터 시스템이 사람처럼 생각하고 학습하며 문제를 해결할 수 있게 되었다. 이런 기술은 자율주행 자동차에서부터 정밀 의료에 이르기까지 다양한 분야에서 응용되고 있다. 데이터 분석, 자연어 처리, 이미지 인식 등은 이미 일상에서 널리 사용되고 있다.

국가 경쟁력은 국가가 국제 무대에서 경제적, 사회적, 기술적으로 얼마나 효과적으로 경쟁할 수 있는지를 나타내는 지표이다. 인공지능의 발전은 이러한 경쟁력을 크게 향상시킬 수 있는 잠재력을 가지고 있다. 예를 들어, 인공지능은 제조업의 자동화를 통해 생산성을 높이고, 의료 분야에서는 질병 진단의 정확성을 향상시켜 국민 건강을 증진시킬 수 있다. 또한, 교육 분야에서는 개인화된 학습 경험을 제공하여 교육의 질을 개선할 수 있다. 인공지능 기술의 발전은 기술 혁신을 촉진하고 새로운 산업 분야를 개척할 수 있는 기회를 제공한다. 선진국들은 인공지능 분야에서 선도적인 기술을 보유함으로써 경제적인 우위를 확보할 수 있다.

인공지능 기술의 적용은 다양한 산업 분야에서 혁신적인 변화를 가져올 수 있다. 자동화, 로봇화, 스마트 시스템 등의 기술을 활용하여 생산성을 향상시키고 비용을 절감할 수 있다. 인공지능은 대량의 데이터를 처리하고 분석하여 가치를 창출할 수 있는 능력을 갖추고 있다. 따라서 데이터 경제가 중요해지고, 이를 효과적으로 활용하는 국가들은 경제적 이점을 얻을 수 있다. 인공지능 기술은 국방 및 보안 분야에서도 중요한 역할을 한다. 자율주행 무기, 사이버 보안 시스템 등의 기술을 개발하여 국가의 안보를 강화할 수 있다. 인공지능 분야에 대한 인재 유치와 교육이 국가 경쟁력에 중요한 영향을 미친다. 우수한 인공지능 전문가들을 유치하고 양성하는 데 투자함으로써 국가의 기술력을 향상시킬 수 있다. 이러한 이유로 많은 국가들이 인공지능 분야에 대한 투자를 늘리고 있으며, 이를 통해 국가 경쟁력을 강화하고 산업 구조를 혁신하려는 노력을 기울이고 있다.

제조업, 농업, 서비스업 등의 분야에서 인공지능은 작업의 자동화를 가능하게 하여 인간의 노동을 대체하거나 보조한다. 이로 인해 생산성이 증가하고, 더 높은 경제적 가치를 창출할 수 있다. 인공지능 기술은 에너지 사용 최적화, 자원 배분의 효율성 개선 등을 통해 기업들의 운영 비용을 줄여준다. 이는 전체 산업의 비용 구조를 개선하여 경제적 이익을 극대화한다. 인공지능은 신약 개발, 재료 과학, 환경 기술 등과 같은 고급 기술 분야에서 연구 개발을 가속화한다. 인공지능은 복잡한 데이터 분석을 신속하게 수행하여 연구 시간을 단축하고 혁신을 촉진하며, 클라우드 컴퓨팅, 사물인터넷(IoT), 로봇공학 등 다른 첨단 기술과 결합하여 새로운 기술 응용 분야를 창출한다. 이는 국가의 기술적 역량을 강화하고 글로벌 혁신 리더로서의 위치를 확립하는 데 기여한다.

인공지능은 맞춤형 교육 솔루션을 제공하여 학습 효율을 높인다. AI 기반 교육 도구는 학생들의 개별적인 학습 요구를 충족시키고, 교육의 질을 개선하여 더 나은 인재를 양성한다. AI 도입으로 일부 전통적인 직업은 사라지고 새로운 유형의 직업이 생겨난다. 이는 노동 시장의 변화를 불러오며, 이에 따른 적절한 교육과 직업 훈련이 필요할 것이다.

인공지능 기술을 통해 정부는 정책 결정 과정에서 보다 정확한 데이터 기반의 의사결정을 할 수 있다. 이는 정책의 효과를 높이고 국가 운영의 효율성을 증진시킨다. 인공지능의 올바른 발전과 적용을 위해 법적, 윤리적 기준을 정립하는 것이 중요하다. 이는 국가가 인공지능 기술을 책임감 있게 관리하고, 국민의 신뢰를 유지하는 데 도움이 된다. 인공지능 분야에서의 국제 협력은 기술 교류와 공동 연구를 통해 국가의 글로벌 영향력을 증대시킬 수 있다. 협력을 통해 얻은 지식과 기술은 국내 산업에 적용되어 국가 경쟁력을 더욱 강화시킨다. AI 기술의 국제 표준을 선도하는 국가는 글로벌 시장에서 유리한 위치를 확보할 수 있다. 이는 해당 국가의 기술과 제품이 국제 시장에서 우선적으로 채택되게 만들기 때문이다.

이와 같이 인공지능은 국가의 경제적, 기술적, 사회적 성장을 지원하는 핵심 요소이다. 국가 경쟁력 강화를 위해 AI 기술의 발전과 적절한 관리는 무엇보다 중요하며, 이에 대한 전략적 접근이 요구된다.

2) 한국의 인공지능 발전 현황과 향후 전망: OECD 국가들과의 비교

한국은 인공지능 분야에서 세계적인 리더로서의 위치를 다져가고 있다. 한국의 현재 상황을 OECD 국가들과 비교하면서 구체적으로 분석하고, 앞으로의 전망을 자세히 조망해 보도록 하자. 한국은 GDP 대비 연구 개발 투자 비율이 OECD 국가 중 상위권에 있다. 정부와 민간 부문에서 기술 혁신에 대한 강력한 지원을 반영한다. 예를 들어, 미국, 독일과 같은 국가들도 유사한 수준의 투자를 진행하고 있지만, 한국은 특히 정보통신기술(ICT) 및 AI 분야에 집중적으로 투자하고 있다. 한국 정부는 '인공지능 국가전략'을 발표하며 AI 기술 발전을 위한 체계적인 지원을 약속했다. 이는 교육, 헬스케어, 자율주행차 등 다양한 분야에서 AI 적용을 촉진하는 정책들을 포함한다. 반면, 일부 OECD 국가들은 아직 이러한 전략적 접근이 미흡한 상태이다. 한국은 고등교육에서 STEM(과학, 기술, 공학, 수학) 분야의 강세를 보이며, 많은 우수한 기술 인력을 배출하고 있다. 그러나 미국이나 유럽의 일부 국가들처럼, 국제적인 인재 유치에는 다소 뒤처지는 경향이 있다. 〈표 .3〉은 주요 국가와 기업별 기초모형 및 관련 AI 서비스를 정리해서 보여주고 있다.

한국은 제조업과 ICT의 강국으로, 이 두 분야에서 인공지능의 적용을 통해 큰 변화와 혁신이 예상된다. 특히, 스마트 공장, IoT, 빅데이터 분석 등이 중점적으로 발전할 것으로 기대된다. 이는 일본이나 독일과 같은 제조 강국과 비슷한 추세를 보이지만, 통합 기술의 적용에서 더 빠른 진전을 보일 것으로 보인다. 인공지능 기술의 글로벌 표준을 선도하기 위해 한국은 다른 OECD 국가들과의 협력을 강화할 필요가 있다. 미국, 유럽연합과 같은 주요 국가들과의 기술 및 정책 협력을 통해 한국의 국제적인 영향력을 더욱 확대할 수 있다.

인공지능의 발전은 윤리적, 사회적 질문을 낳고 있으며, 이에 대한 규제와 기준을 마련하는 것이 중요하다. 한국은 이러한 측면에서 프랑스나 영국과 같은 국가들이 이미 진행 중인 규제 프레임워크를 참고하여 자체적인 규정을 개발하고 있다. 한국은 인공지능 분야에서 강력한 기술 기반과 정부의 지원으로 빠르게 발전하고 있으나, 국제 협력과 인재 유치, 윤리적 기준 설정 등의 분야에서 더 많은 진전이 필요하다. 이러한 도전을 극복하고 성공적으로 관리한다면, 한국은 글로벌 AI 리더로서의 위치를 더욱 공고히 할 수 있을 것이다.

표 2.3 주요 기업별 기초모형 및 관련 AI 서비스

기업명	기초모형 (Foundation model)	파라미터 수 (발표 시기)	대표 AI 서비스
MS-오픈AI (美)	GPT-3	1,750억 (20.06월)	Chat-GPT: 인간 수준의 답변을 실시간으로 생성할 수 있는 챗봇으로, 출시 5일 만에 100만 이용자를 달성
	GPT-4	비공개 (23.03월)	Chat-GPT PLUS: 최신지식을 보유하고 있으며 이미지 등을 활용한 소통이 가능, 약 월 20달러의 유료 버전 Copilot: 검색엔진과 MS office에 GPT4를 장착시켜 사용자를 보조하고 작업 효율을 향상시키는 서비스

구글 (美)	PaLM-2 (Pathways Language Model)	5,400억 (23.05월)	Bard: 챗GPT의 대항마로 제작된 구글의 챗봇으로, 챗GPT 대비 한국어와 일본어 능력이 더 뛰어난 것으로 알려짐 Med-PaLM-2: 의료데이터를 사용하여 파인튜닝한 모형으로, 엑스레이 판독 등 의료인 보조 기능 탑재
메타 (美)	LLaMA (Large Language Model Meta AI)	70~650억 (23.02월)	Chat-LLaMA: Nebuly에서 LLaMA를 기반으로 제작한 챗봇, 적은 수의 파라미터로도 ChatGPT 수준의 언어능력 보유 Vicuna-13B: UC berkely, CMU 등 대학을 중심으로 개발된 오픈소스 대규모 언어모형
화웨이 (中)	PanGu-Alpha	2,070억 (21.04월)	PanGu-Coder: 코드 자동완성 모델, 텍스트 명령어를 기반으로 스스로 코드를 생성
알리바바 (中)	M6-10T	10조(다중모형*) (21.10)	Tongyi(통이치엔원): M6-10T 발표 이후 알리바바에서 공개한 챗봇으로 M6 기반으로 제작되었는지는 확실치 않음
바이두 (中)	ERNIE 3.0 Titan	2,600억 (22.12월)	ERNIE Bot: 바이두가 개발한 챗봇으로 또 다른 초거대 AI인 'PLATO-XL'와 합성하여 제작되었으며 뛰어난 성능을 보임
네이버 (韓)	하이퍼클로바 (HyperCLOVA)	2,400억 (21.05월)	클로바노트: 음성기록을 텍스트로 변경해주고, 자동으로 요약하는 등 생산성 향상을 위한 도구 클로바스튜디오: 코딩 없이 AI를 만들 수 있는 노코드(Nocode) AI 개발 플랫폼 현재 1,000여 개 기업·기관에서 사용
LG (韓)	엑사원 (EXAONE)	3,000억 (21.12월)	틸다: 이미지 생성 인공지능으로 22년 뉴욕 패션위크에 참가하여 박윤희 디자이너와 약 200벌의 의상 제작 협업

자료: 2023년 인공지능 글로벌 트렌드, (2023) ANNUAL REPORT, VOL.2023-AI·5G-1.

제 3 장

빅데이터 시대

3.1 빅데이터의 크기와 본질

1) 우리는 빅데이터 양산 시대에 살고 있다

정보와 데이터가 쏟아지듯 생성되는 '빅데이터' 시대가 도래했다. 과거에는 물건을 구매할 때만 기록으로 남겨야 데이터가 생성되었으나, 최근 인터넷쇼핑의 경우 인터넷 사용 기록이 자동으로 저장되며, 금융거래, 교육과 학습, 여가 활동, 이메일 등의 정보, 사람과 기계 · 기계와 기계 간의 정보교환으로 데이터가 폭발적으로 증가하고 있다. 동영상 콘텐츠, 휴대전화, SNS, 트위터, 유튜브, 문서 번역, 각종 통신 등에서 생성되는 데이터의 증가 속도뿐 아니라, 형태와 질에서도 기존과 다른 양상을 보인다.

맥킨지글로벌연구소의 보고서(McKinsey, 2011)에 의하면 매달 300억 개의 콘텐츠가 페이스북에서 유통되고, 1분마다 24시간 이상 분량의 동영상이 유튜브에 올라오며, 트위터(현 X)에서는 매월 1억 개 이상의 정보가 트윗되고, 월마트에서는 시간당 100만 개 이상의 거래 정보가 축적된다고 한다. 이외에도 우리 주변에는 엄청난 양의 CCTV 정보, 실시간 센서 정보 등이 생성되고 있다. IT 조사 전문회사인 미국의 IDC(International Data Corporation)의 조사에 의하면 세계에서 생성되는 연간 데이터량의 총합은 2010년에 1.2ZB, 2011년에 1.8ZB, 2012년에 2.8ZB로, 매년 급증하고 있다.

여기서 ZB는 Zetta bite의 약자로 〈표 3.1〉에서 보는 바와 같이 1ZB=1021bite =1조GB에 해당한다. 즉, 1ZB는 용량 1GB인 USB가 1조 개 모여서 만들어지는 용량이다. 1ZB는 미 의회도서관 인쇄물의 일억 배 이상의 정보량이다(Lynman, P., & Varian, H., 2003). 이는 대한민국 국민이 모두 무려 18만 년 동안 쉬지 않고 트위터에 1분마다 2개 이상의 글을 올리는 양과 같고, 2시간짜리 HD급 영화 1,000억 편과 맞먹는 양이다. 유사 이래 2003년까지 생산된 모든 정보의 양이 0.005ZB에 불과하다는 점을 감안하면, 지금 우리가 살고 있는 현시대는 과히 빅데이터 양산 시대라고 해도 무방하다. 민간 분야뿐 아니라 공공 분야도 데이터를 양산 중이다. 센서스를 비롯한 다양한 사회 조사, 국세 자료, 의료보험, 연금 등의 분야에서 데이터가 생산되고 있다.

표 3.1 데이터의 용량 크기

용량	바이트 크기
1바이트 (byte)	8 비트 (bit)
1킬로바이트 (KB: kilobyte)	10^3 바이츠 (bytes)
1메가바이트 (MB: megabyte)	10^6 바이츠 (10^3 KB)
1기가바이트 (GB: gigabyte)	10^9 바이츠 (10^3 MB)
1테라바이트 (TB: terabyte)	10^{12} 바이츠 (10^3 GB)
1페타바이트 (PB: petabyte)	10^{15} 바이츠 (10^6 GB)
1엑사바이트 (EB: exabyte)	10^{18} 바이츠 (10^9 GB)
1제타바이트 (ZB: zettabyte)	10^{21} 바이츠 (10^{12} GB)

2) 빅데이터의 본질

빅데이터란 그 규모가 방대하고, 형태도 수치 데이터뿐 아니라 문자, 소리, 영상 데이터를 포함하는 대규모 다양한 종류의 데이터를 말하며, 이에 대한 내용은 1장에서 다루었다. 이제 다양한 종류의 데이터를 통해 사람들의 생각과 의견까지 분석하고 예측할 수도 있는 시대가 되었다. 특히, 블로그나 SNS에서 유통되는 텍스트 정보는 내용을 통해 글을 쓴 사람의 성향뿐 아니라, 소통하는 상대방과의 관계까지도 분석할 수 있으며, 이를 활용하여 새로운 기업전략과 상품을 생산해 낼 수 있게 되었다.

빅데이터의 특징은 3V로 요약하는 것이 일반적이다. 즉, 데이터의 양(Volume), 데이터 생성 속도(Velocity), 형태의 다양성(Variety)을 의미한다(O'Reilly Radar Team, 2012). 이러한 대용량 데이터의 수집은 데이터 분석을 통해 필요한 지식을 창출하여 의사결정을 지원하는 것을 목표로 한다. 이를 위해 최근에는 가치(Value)와 진실성(Veracity)을 덧붙여 5V라고도 한다.

다양하고 방대한 규모의 데이터는 미래 경쟁력의 우위를 좌우하는 중요한 자원으로 활용될 수 있다는 점에서 주목받고 있다. 데이터를 분석해서 의미 있는 정보를 찾아내는 시도는 예전에도 존재했다. 그러나 현재의 빅데이터 환경은 과거와 비교해 데이터의 양은 물론 질과 다양성 측면에서 월등하여 빅데이터를 산업혁명 시기의 석탄처럼 IT와 스마트혁명 시기에 혁신과 경쟁력 강화, 생산성 향상을 위한 중요한 원천으로 간주되고 있다.

기업의 빅데이터 활용은 고객의 행동을 미리 예측하고 대처방안을 마련해 기업 경쟁력을 강화시키고, 생산성 향상과 비즈니스 혁신을 가능하게 한다(McKinsey, 2011). 기업은 보유하고 있는 고객 데이터를 활용해 마케팅 활동을 활성화하는 고객관계경영(CRM) 활동을 1990년대부터 시작했다. 이를 위해 기업은 보유하고 있는 데이터를 데이터웨어하우스에 보관하고, 데이터 마이닝을 통한 고객 유지와 이탈 방지 등과 같은 다양한 마케팅 활동을 진행해 왔다. 이러한 고객분석은 빅데이터 시대를 맞이해 전환점을 맞고 있다. 분산처리방식과 같은 빅데이터 기술을 활용해서 과거와 비교가 안 될 정도의 대규모 고객정보를 빠른 시간 안에 분석하는 것이 가능하다. 구매 정보, 위치기반 서비스 결합을 통해 소비자가 원하는 서비스를 적재적소에서 제안할 수 있을 뿐만 아니라, 트위터와 인터넷에 생성되는 기업 관련 검색어와 댓글을 분석해 자사의 제품과 서비스에 대한 고객 반응을 실시간으로 파악해 즉각적으로 대처하고 있다.

특히, 빅데이터와 인공지능에 기반한 정보 분석방법론은 과거에 생각하지도 못했던 일을 가능하게 만들고 있다. 구글은 독감과 관련된 검색어 빈도를 분석해 독감 환자 수와 유행 지역을 예측하는 독감 동향 서비스를 개발했다. 이는 미 질병통제본부보다 예측력이 뛰어난 것으로 밝혀졌다. 빅데이터의 중요성을 확인시킨 사례로 구글의 자동번역 시스템이 있다. 구글은 수천만 권의 도서 정보와 유엔과 유럽의회, 웹 사이트의 자료를 활용해 64개 언어 간 자동번역 시스템 개발에 성공했다. IBM도 캐나다 의회의 문서를 활용해 영어 · 불어 자동번역 시스템 개발을 시도했으나 실패한 경험이 있는데, 이는 기술의 차이보다는 사용 데이터의 규모 차이 때문이라고 평가된다. 이러한 번역 기술은 최근 빅데이터에 기반한 자연어처리(Natural Language Processing) 기법을 통해 비약적으로 발전하고 있으며, 2023년 삼성전자는 실시간 통역 기능을 제공하는 삼성 가우스라는 생성형 AI를 공개하기도 했다. 이렇듯 번역 기술은 빅데이터 분석기술과 함께 발전해 왔으며, 이제는 언어의 장벽이 번역 기술로 인해 허물어지고 있다.

2016년 미국 대통령 선거도 새로운 데이터 분석의 효과를 입증한 사례다. 전통적인 여론조사 결과는 힐러리 클린턴의 당선을 예측했지만, 인도에서 개발된 선거 예측 AI인 MogIA는 도널드 트럼프의 당선을 예견했다. 이는 구글, 페이스북(메타), 트위터(X), 유튜브 등에서의 검색 추이를 분석해서 나온 결과로, 빅데이터 기반 분석의 유용성을 입증하고 있다. 공공 기관 입장에서도 빅데이터의 등장은 시민이 요구하는 서비스를 제공할 수 있는 기회로 작용한다. 이는 '사회적 비용 감소와 공공 서비스 품질 향상'을 가능하게 만든다.

소프트웨어나 하드웨어도 오픈소스 형태의 하둡(Hadoop)이나 오픈소스 형태의 무료 분석용 패키지와 분산병렬처리기술, 클라우드 컴퓨팅 등을 활용하면 기존의 비싼 스토리지와 데이터베이스에 기반한 고비용의 데이터웨어하우스를 구축하지 않더라도 효율적인 시스템 운용이 가능하여 빅데이터 기술의 범대중적 보급이 용이해졌다. 구글이 제공하는 GCP(Google Cloud Platform)이나 아마존이 제공하는 AWS(Amazon Web Service) 등이 대표적인 클라우드 컴퓨팅 플랫폼이다.

3.2 눈부신 비즈니스 플랫폼의 발전

1) 빅데이터와 비즈니스 플랫폼의 발전

빅데이터는 산업혁명 시대의 철과 석탄, IT 혁명의 인터넷에 이어 4차 산업혁명이라는 스마트혁명 시대에 세계 경제 변화를 주도할 핵심 자원으로 부상하고 있다. 인터넷과 모바일, 소셜 미디어 등의 연결이 보편화한 스마트 환경에서는 소셜 및 사물 데이터는 사회를 움직이며, 이제 모든 산업에서 데이터의 영향력을 증대시키고 있다. 빅데이터를 보유하고 거기에서 새로운 정보와 지식을 창출하여 미래를 예측할 수 있는 능력을 보유하는 것은 사업을 포함하여 모든 분야에서 기본적인 핵심 자산이 되는 새로운 시대가 도래한 것이다.

빅데이터 기술을 활용하기 위해 언제, 어디서, 어떻게, 필요한 데이터를 수집할 것인가, 그리고 얼마나 신속하게 데이터를 분석할 것인가 등은 국가, 사회, 기업, 개인, 경제 전반에서 폭넓게 다루어지는 이슈가 되었다. 이를 위해 폭증하는 데이터를 혁신적인 정보통신 기술을 이용해 수집 · 분석하여 원하는 목표를 달성해야 한다. 최근 빅데이터가 기술적, 비즈니스적 측면에서 관심을 받는 것은 과거 경영정보 활용을 뛰어넘는 기업의 정보 분석 능력이 더욱 중요해졌기 때문이다. 즉, 기업 경영자의 개인적 경험과 직관에 의존하던 경영 환경에서 다양한 빅데이터를 분석하여 경쟁 환경을 이해하고 효과적으로 전략을 구상 실행하는 환경으로 변화된 것이다.

경쟁력을 결정짓는 주요한 요소 중의 하나는 빅데이터의 활용이다. 빅데이터는 미래 경쟁의 필수이자 핵심 무기이며, 우리 생활 곳곳에 적용된다. 그러므로 빅데이터 활용은 이제 기업의 성패를 가늠할 전략적 기술로서 인식되어 기업들은 빅데이터를 어떻게 활용할지 고민하게 되었다. 빅데이터를 기반으로 올바른 목표를 수립하고 그에 맞는 트렌드와 패턴을 찾아내서 어떻게 활용할지 결정하고 실행하는 것이 기업 역량의 핵심이 되어 바야흐로 빅데이터 분석 플랫폼이 필요한 시대가 도래한 것이다(황승구 외 7인, 2013).

빅데이터 시대를 맞이하여, 많은 IT업체가 빅데이터를 분석, 활용할 수 있는 솔루션과 기술을 앞다퉈 출시하고, 정부도 빅데이터를 분석하고 국가전략에 반영해야 한다고 목소리를 높이고 있으나, 실제로 빅데이터를 적극적으로 분석, 활용하는 기관이나 기업은 많지 않다. IT 강국인 한국은 데이터 생산국이기도 하다. 그러나 이렇게 빅데이터 기술을 정확하게 이해하고 활용하는 국내 기관과 기업은 극소수이다. 토머스 데이븐포트 교수는 "빅데이터를 잘 활용하기 위해서는 리더십이 가장 중요하다"라고 강조했다. 빅데이터 분석 리더십을 갖추면 왜 빅데이터를 분석해야 하는지 전략과 실행계획을 수립할 수 있고, 빅데이터를 분석하기 위한 조직과 기술을 구현할 수 있다.

빅데이터는 기업이나 기관에 위기이자 새로운 기회이다. 그렇다면 빅데이터 시대에 필요한 것은 무엇일까. 첫째, 데이터의 90% 이상이 비정형 데이터라는 점에 주목해야 한다. 데이터 분석을 통해 답을 얻으려면 이미지와 MP3, 동영상 파일을 비롯해 소셜 네트워크 서비스에서 끊임없이 올라오는 데이터에 주목해야 한다. 둘째, 빅데이터의 특성인 속도와 크기, 다양성 때문에 빅데이터 솔루션의 실질적인 활용이 쉽지 않다. 정형은 물론 비정형의 다양한 데이터를 그것도 엄청난 양으로 존재하는 데이터를 빅데이터 솔루션을 활용해 분석하려면 데이터를 빠르게 처리할 수 있어야 한다. 현재 시중에 있는 많은 빅데이터 활용 솔루션은 모든 문제를 단번에 해결할 수 있다고 선전하지만, 실제로 빅데이터 분석의 어려움을 해결할 만큼의 규모나 정교함은 갖추지 못한 것이 사실이다. 따라서 빅데이터 분석을 위해서는 보다 근본적인 접근이 필요하다. 다양한 데이터 소스에서 수집한 데이터를 처리하고 분석하여 지식을 추출하고 이를 기반으로 지능화된 서비스를 제공하는 데 필요한 환경, 즉 빅데이터 플랫폼을 갖추어야 한다.

빅데이터를 활용하는 것에 대한 고민을 시작하고 관련 플랫폼 기술 개발에 몰두한 곳은 인터넷 검색 엔진 분야의 최고로 평가받는 구글(Google)이다. 구글은 데이터가 점점 증가하면서 서비스를 위해 사용하던 기존 인프라 기술들이 성능과 비용, 확장성 등의 측면에서 적절하지 않다고 판단해, 자사 서비스에 특화된 기술들을 개발했다. 혜성처럼 등장해 사실상 업계 표준으로 성장하고 있는 플랫폼은 하둡이다. 하둡은 구글, 야후, 페이스북 같은 글로벌 웹서비스 회사의 서비스 플랫폼에 활용되고 있으며, 이후 하둡 플랫폼 관련 업체들이 잇따라 출현하여 빅데이터 플랫폼 사업을 진행하고 있다.

2) 세계 비즈니스를 장악해 가고 있는 비즈니스 플랫폼 기업들

기업에서 사용하는 플랫폼(platform)이란 구매자와 공급자 양쪽을 하나의 장으로 끌어들여 새로운 가치를 창출하는 컴퓨터 네트워크 메커니즘이다. 플랫폼 사업자는 공급자와 구매자 양쪽에 가치를 제공하고 하나의 장으로 끌어들여, 거기서 거래가 일어나고 참여한 이들에게 수익과 효용이 발생한다. 이러한 플랫폼의 핵심은 개방과 공유이다. ICT의 급속한 발달과 더불어 누구나 핸드폰을 사용하는 시대로 접어들면서 구매자와 공급자 사이의 불편함을 제거하고 거래를 일으킴으로써 새로운 수익모델을 만들어 내는 모바일 플랫폼 사업자가 많이 등장하고 있다.

플랫폼 기업의 대표적인 예를 들면 다음과 같다.

① **우버(Uber):** 2009년 미국에서 창업하여 차량 소유자와 이동이 필요한 수요자를 모바일 앱으로 연결하는 교통 플랫폼이다.

② **에어비앤비(Airbnb):** 2008년 미국에서 창업하여 집주인과 여행자를 연결해 주는 숙박 플랫폼이다.

③ **카카오톡(Kakao Talk):** 다수의 메신저 사용자와 그들에게 대화, 게임, 상거래, 결제 서비스 등을 제공하는 다수의 공급자가 존재하는 플랫폼이다.

플랫폼 중에서 최근에는 모바일 메신저 플랫폼에 특히 주목받고 있는데, 메신저 플랫폼은 메시지를 자유롭게 소통하도록 무료 서비스를 제공하여 사용자를 끌어모으고, 그 안에서 다양한 가치를 창출하는 것이다. 플랫폼 대표 기업은 미국이 많지만 중국도 기업의 소프트웨어 경쟁력이 강화되면서 다수의 플랫폼 기업을 만들어 내고 있다. 대표적인 플랫폼 기업은 다음과 같다.

– 미국: 애플, 구글, 아마존, 메타(페이스북), X(트위터)
– 중국: 텐센트, 알리바바, 바이두
– 한국: 네이버, 넥슨, 다음카카오

2017년 기준 애플, 알파벳(구글 지주회사), 마이크로소프트, 아마존, 페이스북(메타) 등 미국 소프트 IT 기업의 기업가치가 세계 1~5위를 장악하고 있는 것으로 나타났다. 2023년 5월 기준 글로벌 시가총액 5대 기업은 애플, 마이크로소프트, 사우디 아람코, 알파벳 그리고 아마존이다. 이 중 사우디아라비아의 국영기업인 사우디 아람코를 제외하면 여전히 미국 소프트IT 기업들이 시가총액 최상위권을 점유하고 있다. 지난 100년 가까이 석유, 자동차, 금융, 제약 기업들이 세계 산업을 이끌어왔으나, 빅데이터와 AI가 대두함에 따라 소프트 IT 플랫폼 기업들이 이들을 압도하고 있다. 〈그림 3.1〉은 지난 20년간 글로벌 시가총액 5대 기업의 변화를 보여주고 있다. 20세기에는 석유가 가장 가치 있는 자원이었다면, 지금 가장 중요한 자원은 데이터이며, 이 데이터가 사실상 그림의 빅5 기업에 집중되고 있다고 볼 수 있다. 이들 기업은 인공지능을 활용하는 빅데이터 분석을 통해 고객들이 무엇을 검색하는지, 어떤 제품을 소비하는지 정밀하게 파악한 뒤 최적의 사업 전략을 구사할 수 있다. 앞으로 데이터 기반이 없는 기업은 경쟁력을 상실할 것으로 예측된다.

2007년	2017년	2023년
1위 페트로차이나	1위 애플	1위 애플
2위 엑손모빌	2위 알파벳	2위 마이크로소프트
3위 제너럴일렉트릭	3위 마이크로소프트	3위 사우디 아람코
4위 차이나모바일	4위 아마존	4위 알파벳
5위 중국공상은행	5위 페이스북	5위 아마존

그림 3.1 지난 20년간 글로벌 시가총액 기업 상위 5개의 변화

자료: 파이낸셜타임즈, 나스닥, Statista

3.3 새로운 산업을 창출하는 빅데이터

바야흐로 빅데이터를 일상생활에서 피부로 느낄 수 있는 시대가 되었다. 자율주행, 우버서비스, 스마트폰으로 만보기, 혈압, 수면, 각종 건강상태 등을 측정하고 스마트 렌즈로 일렉트릭 센서를 통해 눈물의 당 함량을 실시간으로 모니터링하고, 연결된 스마트폰 앱을 통해 각종 질병의 위험도를 지속적으로 감지하거나, 입의 냄새를 인식하는 나노센서를 스마트폰과 연결하여 특정한 질병들에 대한 감수성 여부를 판단하는 고도화된 첨단의 다양한 서비스들이 꾸준히 개발되고 있다.

미래학자들은 한결같이 21세기는 새로운 정보 산업시대가 될 것으로 예측하고 있다. 그러므로 빅데이터를 통해 신뢰도 높은 예측과 새로운 가치의 극대화가 가능한 대표적인 분야는 신소재, 반도체, 자동차, 우주항공 산업 등 공업의 모든 분야와 헬스케어, 생명자원, 농수산, 환경을 포함한 바이오의 모든 분야들이 통계학의 빅데이터 기술과 컴퓨터의 인공지능기술과 결합되어 새로이 다양한 산업과 서비스들을 창출할 것이다. 신소재, 반도체, 신약개발, 스마트 도시, 스마트공장, 스마트 농업, 스마트 환경보전 등 다양한 분야에, 빅데이터를 이용한, 새로운 산업의 가능성이 무궁무진하다. 정보의 분석 활용 기술은 자연과학, 공업, 의약학, 농업, 환경을 포함한 모든 정보 기반의 다양한 기초연구 및 새로운 산업의 핵심기술로 자리매김하고 있다.

한편 빅데이터에 기반한 생성형 AI의 등장은 새로운 첨단 산업의 대두를 예견한다. 지난 2022년 미국의 IT 기업인 OpenAI는 LLM(Large Language Model)의 일종인 ChatGPT를 공개했다. 이 서비스는 인터넷 상에 존재하는 수많은 텍스트 데이터를 학습한 것을 기반으로, 사람과 대화하는 AI이다. 키워드를 입력한 것만으로 글을 써주기도 하고, 프로그램 코딩을 도와주기도 하며, 자료 검색을 도와주기도 한다. 해당 서비스는 출시 두 달 만에 사용자 1억 명을 돌파하는 등 엄청난 성공을 거두었다.

이렇듯 빅데이터 기반 생성형 AI를 이용한 새로운 산업이 대두되고 있다. 2023년 구글은 바드(Bard)와 제미나이(Gemini) 등의 생성형 AI를 발표했으며, 마이크로소프트 또한 AI 서비스인 MS Copilot을 출시하였다. 이 외에도 코딩을 도와주는 GitHub Copilot, 키워드를 입력하면 해당하는 그림을 그려주는 Dalle 등 수많은 생성형 AI 서비스들이 공개되고 있다. 이러한 AI 서비스들은 인간의 업무를 빠르게 대체하고 있으며, 거대한 하나의 분야로서 발전하고 있다.

기술 발전으로 정밀의학 시장이 열리면서 개인 유전체 정보 생산량은 기하급수로 늘어나고, 새로운 과학 기술과 융합되어 새로운 서비스들이 창출되고 있다. 그러므로, 바이오 빅데이터는 새로운 바이오산업의 근간이 되는 동시에 미래 의학을 견인할 요소이다. 개인마다 지니고 있는 DNA 숫자는 약 30억 개이다. 이 가운데 약 0.1%에 해당하는 300만 개의 유전자에 변이가 생긴다고 한다. 또한 혈압, 당뇨, 암 등과 같은 질병에 관련되는 유전변이가 약 7,000개로 알려져 있다. 한 사람의 유전체 분석을 위해 생성되는 데이터 크기는 약 1테라바이트 규모이다. 국내 유전체 기업 한 곳에서 처리하는 샘플이 연간 3만~10만 건이라면 1년에 약 3만~10만 테라바이트 바이오 데이터가 생성된다는 의미이다. 바이오 영역은 빅데이터 기술의 좋은 예시인 동시에 새로운 형태의 정보통신기술(ICT), 의료, 나노 산업 분야를 융합 발전시키는 원동력이 된다.

3.4 우리 생활 속에 파고드는 빅데이터

1) 빅데이터를 이용한 서비스 지원 활용 사례

빅데이터를 활용하여 국민에게 각종 서비스를 제공하는 사업들이 늘어나고 있다. 예시로 우리 정부에서는 2016년부터 '빅데이터를 활용한 위기 가구 사전발굴 · 지원 사업'을 시행하고 있으며, 그 과정이 〈그림 3.2〉에 요약되어 있다. 부모가 이혼한 14세 P군은 치매에 걸린 할아버지, 신장 투석을 받는 할머니와 함께 살고 있다. 2017년 7월에 P군의 아버지가 교도소에 수감되면서 생계가 어려워지자, 할머니는 대출을 받고 사채까지 끌어 써야 했다. 생계가 막막해진 P군 가정도 빅데이터를 통해 위기 징후가 포착됐다. 빅데이터 분석으로 문제를 감지한 동사무소 직원은 2018년 1월 P군 가정을 방문해 월 117만 원을 긴급 지원하고, 기초생활수급자 신청을 도와주었다.

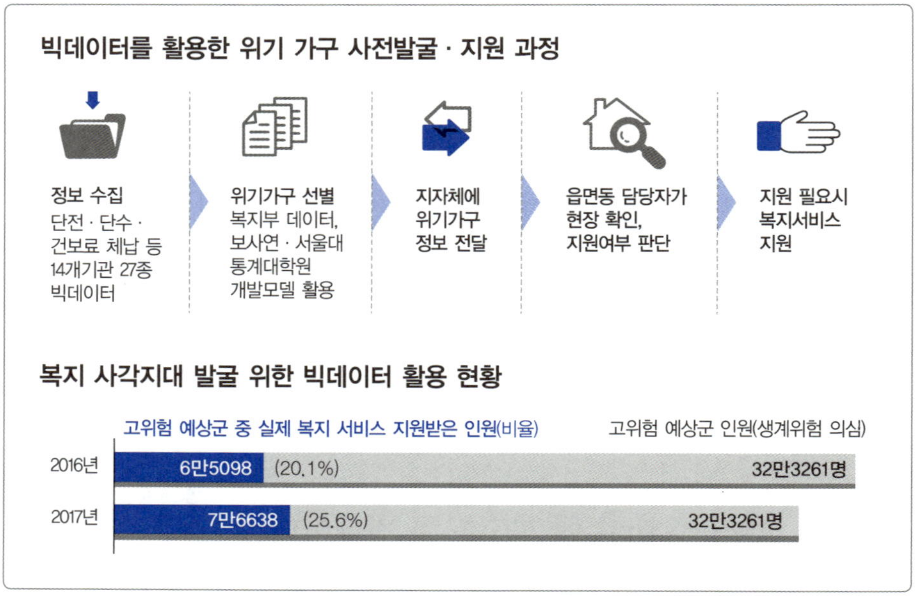

그림 3.2 복지 사각지대 발굴을 위한 빅데이터 활용

자료: 보건복지부, 2018

정부는 보건복지부, 고용노동부와 경찰청을 비롯한 정부 부처와 한국전력공사, 신용정보원 등 14개 기관으로부터 27종의 빅데이터를 수집하고 있다. 단전, 단수, 건보료 체납, 실직 여부 등 경제적 어려움을 겪는 가정에 자살을 시도한 사람이 있는지와 같은 정신적 문제를 살펴볼 수 있는 응급의료센터 등의 자료도 포함된다. 이렇게 수집한 자료를 통계 모델로 분석해 생계 위험에 빠졌다고 판단되는 '고위험군 가정'을 가려낸 뒤 각 지자체에 이 내용을 전달하는 것이다. 그러면 읍 · 면 · 동 단위 지자체 직원의 현장 방문 조사가 가능해지는 것이다. 2017년에는 빅데이터를 통해 약 30만 명 고위험군을 가려내 이 중 7만 7,000명(25.6%)에게 재정 및 복지서비스를 지원했다. 빅데이터의 특성상 시간이 지나면서 더 많은 정보가 쌓이면 지금보다 더 손쉽고 정확하게 고위험군을 가려내 지원이 가능할 것이다.

한편, 2018년 3월 17일부터 'e아동행복지원시스템'이라는 다른 빅데이터 시스템을 가동하고 있는데, 이 시스템은 학대나 방치되는 아이들을 조기에 발견해 지원할 수 있도록 고안된 것이다. 이는 아동 맞춤형 빅데이터 활용 시스템으로 이 시스템에 의하여 문제 소지가 발견된 아동에게는 바로 가정방문을 하여 지원할 수 있도록 고안된 시스템이다. 실제 사례를 들어보자. 한 부모 가정에서 자라는 두 살배기 K군은 엄마와 단둘이 원룸 주택에 살고 있다. 엄마가 취업 준비를 하면서 근처에 사는 외할머니가 K군을 돌보곤 했지만 방치되는 날이 점점 많아졌다. 2018년 초에 'e아동행복지원시스템'에 의해 K군이 포착되었고, 동사무소 직원은 예고 없이 찾아가 K군을 상대로 영 · 유아 건강검진과 인지발달 검사 등을 주선하였고, 지자체에서 주기적으로 K군을 돌볼 수 있도록 조치하였다. 'e아동행복지원시스템'은 아동이 학대나 방치를 당할 가능성 있는지를 판단하기 위해 영 · 유아 정기 예방접종 및 건강검진 여부, 어린이집 출결 상황 같은 아동 맞춤형 빅데이터가 활용된다. 그 결과 K군에게 문제가 발생할 가능성이 높다고 보고 현장 방문에 나선 것이다.

2) 세계적인 기업들의 빅데이터 활용

빅데이터 활용의 선두 주자는 기업이다. 특히 검색과 전자상거래 기업은 방대한 고객 데이터를 분석해 다양한 마케팅 활동을 하고 있다. 구글의 자동번역 시스템, IBM의 슈퍼컴퓨터 '왓슨', 아마존의 도서 추천 시스템은 대표적인 사례다. 공공 부문도 위험관리시스템, 탈세 등 부정행위 방지, 공공데이터 공개 정책 등 빅데이터를 활용하기 위해 다양한 노력을 기울이고 있다. 이코노미스트(Economist)가 전 세계 약 600개 기업을 대상으로 실시한 빅데이터에 관한 조사에서 대상자의 10%는 빅데이터가 기존 비즈니스 모델을 완전히 바꿀 것이며, 46%는 기업 의사결정의 중요한 요소로 작용할 것으로 응답했다. 그러나 응답자의 25%는 기업 내부에 사용 가능한 데이터는 충분하지만 대부분의 데이터를 방치하고 있으며, 53%는 일부만 활용하고 있다고 응답해 부가가치 창출을 위해서는 더 많은 노력이 필요함을 시사하고 있다

(Economist Intelligence Unit, 2011).

빅데이터 활용 사례의 선두 주자는 구글이다. 구글은 데이터 양이 많으면 많을수록 얻을 수 있는 정보의 품질이 좋아진다는 것을 인터넷 검색에서 실천하고 있는 기업이다. 접근할 수 있는 모든 웹 페이지를 탐색해서 제목과 내용이 검색어와 얼마나 밀접한 관계를 가지는지 측정하여 지수로 환산한다. 이렇게 방대한 작업을 빠른 시간에 처리하기 위해서 구글 분산파일 시스템과 맵리듀스라는 새로운 처리 기술을 개발했다. 구글은 자사가 개발한 자동번역 시스템의 기술을 통계적 기계번역이라고 표현하였다. 이는 컴퓨터에게 문법을 가르치지 않고 사람이 이미 번역한 수억 개의 문서에서 패턴을 조사해서 언어 간 번역 규칙을 스스로 발견하도록 하는 방식이다. 문법은 예외가 많은 규칙이기 때문에 참고할 문서가 많으면 많을수록 번역이 잘 될 가능성이 커진다. 반면 번역에 참고할 문서가 적으면 번역 품질이 떨어진다.

IBM 연구소가 개발한 슈퍼컴퓨터 '왓슨'도 인간의 언어에 대한 이해를 기반으로 방대한 정보를 빠르게 검색하는 기술의 힘을 입증한 사례다. 왓슨은 2011년 2월 미국에서 가장 인기 있는 퀴즈쇼 제퍼디에 출연해서 인간 챔피언과 겨뤄 승리했다. 퀴즈의 질문은 분야가 광범위하고 은유적인 표현이 포함되어 사람들조차도 의미를 파악하기 어렵다. 왓슨은 4테라바이트의 디스크 공간에 저장된 2억 페이지에 달하는 콘텐츠를 활용했다. 앞으로 왓슨은 의료보험 데이터 분석과 종양 진단과 처리에 활용될 예정이며, 씨티그룹은 금융 분야에 왓슨을 활용할 방안을 모색하고 있다(IBM, 2012).

2024년에는 구글에서 국제수학올림피아드(IMO) 레벨의 기하학 문제를 풀 수 있는 AI인 알파지오메트리(AlphaGeometry)를 공개하기도 했다. 해당 AI는 IMO 수준 기하학 30문제 중 25문제를 풀어서, IMO 은메달리스트의 평균(22.9)을 뛰어넘어 금메달리스트의 평균(25.9)에 근접한 정답률을 보여주었다. 이러한 결과는 약 1억 개의 서로 다른 가상 데이터를 사용해 학습한 결과로, 빅데이터 AI 기술의 발전 가능성을 보여주고 있다.

3.5 빅데이터 강국이 되려면

1) 빅데이터 활용으로 서비스 산업 육성

세계적 온라인 쇼핑몰 기업인 아마존(Amazon)은 빅데이터 활용 역사가 깊다. 아마존은 고객의 도서 구매 데이터를 분석해 특정 책을 구매한 사람이 추가로 구매할 것으로 예상되는 도서 추천 시스템을 개발했다. 고객이 읽을 것으로 예상되는 책을 추천하면서 할인쿠폰을 지급하여 매출을 올린다. 아마존은 이제 하드웨어를 빌려주는 클라우드 서비스를 제공하고 있으며, 비정형 빅데이터 처리를 위한 데이터베이스를 새로 개발하는 등 빅데이터 관련 기업의 입지를 강화하고 있다. 일본의 최대 전자상거래 업체인 라쿠텐(樂天)은 슈퍼데이터베이스를 구축해 이를 기반으로 다양한 마케팅 활동을 벌이고 있다. 슈퍼데이터베이스는 회원의 기본 정보와 구매 내역, 서비스 예약 정보가 통합되어 있다. 라쿠텐은 이를 활용해 그룹 내 전자상거래 사업과 신용·결제 서비스, 포털, 여행, 증권, 프로스포츠 사업 부문에서 공동 활용한다. 미디어 콘텐츠 유통기업인 넷플릭스는 이용자의 영화 대여 목록에 기초해서 새로운 영화를 추천하는 시네매치 시스템을 개발했다.

매일 수많은 동영상이 검색되는 유튜브도 이용자가 자신이 선호하는 동영상 채널을 구성할 수 있는 개별 홈페이지를 제공하고 있다. 개인별로 동영상 이용 데이터가 축적되면 이를 SNS 정보, 인적 네트워크 정보와 연계해 다양한 개인 맞춤형 서비스를 제공하고 있다. 최근 급격히 성장한 자라(Zara)는 현재 유행하는 패션 트렌드를 즉시 반영해 단기간에 다품종 소량 생산하는 초스피드 전략을 채택하고 있다. 이러한 전략을 뒷받침하기 위해서 상품 수요를 예측하고 매장별 적정 재고를 산출하며 상품별 가격 결정과 운송 계획까지 실시간 데이터 분석에 의존하고 있다. 자라는 또한 빅데이터 활용으로 자체 최적 재고관리 시스템을 개발하여 사용하고 있다.

2) 공공 부분 빅데이터 활용

민간 분야뿐 아니라 정부를 포함한 공공 부문에서도 빅데이터를 활용하기 위해 노력하고 있다. 맥킨지는 의료, 소매, 제조, 개인 위치정보 이외에 공공 분야도 빅데이터 활용 사례로 소개했다(McKinsey, 2011). 특히 EU의 공공행정 부문에서는 행정비용의 15~20%에 해당하는 최대 3,000억 유로의 비용 절감이 가능할 것으로 내다봤다. 싱가포르와 미국 정부는 보안과 위험관리 분야에 빅데이터를 활용하고 있다(국가정보화위원회, 2011). 싱가포르 정부는 재난 방재와 테러 감지, 전염병 확산과 같은 불확실한 미래를 대비하기 위해 2004년부터 국가위험관리시스템을 추진했다. 다양한 국가적 위험 데이터를 수집 · 분석해 사전에 예측하고 대응 방안을 모색하고 있다. 미국 연방수사국의 DNA 색인 시스템도 빅데이터 활용 사례다. 빅데이터를 활용해 단시간에 범인을 검거하는 시스템을 운영하고 있다. 오바마 정부는 미국 국립보건원 전용 사이트를 통해 의약품 정보 서비스를 제공하고 제조사와 사용자 간 유기적인 정보 공유를 가능하게 했다. 이를 통해 후천성면역결핍증 등 관리 대상 주요 질병의 분포와 증감 현황 데이터를 분석한다.

정부데이터를 공개하는 전용 사이트를 만들어 데이터를 활용한 새로운 지식을 만들기 위해 많은 나라들이 노력하고 있다. 특히 영국, 미국, 호주는 공공 부문의 데이터 공개를 통해 정부의 투명성을 높이고 국민의 알 권리를 향상시키며 시간과 자원을 절감하는 효과를 지향하고 있다. 이러한 정부 데이터 공개 정책은 빅데이터 시대에 소통과 공유, 협업 전략이 무엇보다 중요하다는 것을 의미한다(정용찬, 2012b).

최근 인터넷에 산재한 다양한 웹 문서, 댓글 등을 통해 특정 이슈에 대한 시민의 의견을 분석해 대응책을 마련하는 오피니언 마이닝을 도입하는 사례가 늘고 있다. 국민권익위원회의 '민원동향분석시스템'과 국민연금공단의 '여론정보수집분석시스템'은 시민 고객의 의견을 분석해 불신을 해소하고 소통하기 위한 시도다. 국가정보화전략위원회는 향후 공공 부문의 빅데이터 활용 시나리오를 재난 전조 감지, 구제역 예방,

사회복지통합관리망 구축으로 맞춤형 복지 서비스 제공, 물가 관리, DNA, 의료데이터 공유와 활용 촉진을 통해 개인 맞춤형 의료 시스템 구축의 다섯 분야로 제시했다(국가정보화전략위원회, 2011).

이제는 빅데이터 시대가 도래하고 있으며, 빅데이터의 적극적인 활용은 강국이 되기 위한 조건임을 알 수 있다. 빅데이터 강국으로 가는 길은 우선적으로 서비스 산업에서 빅데이터 활용을 적극적으로 해야 한다. 정부에서도 서비스 산업에서의 빅데이터 활용을 적극적으로 지원하고, 민간 기업 스스로도 빅데이터 활용을 위한 인프라를 구축하고 적극적으로 빅데이터 적용을 추진해야 할 것이다.

3) 시급한 빅데이터 인프라 조성과 공공데이터 개방

구글, 아마존 등 외국 기업에서는 연구자와 개발자들에게 데이터 분석, 연구개발 및 교육에 활용할 수 있는 클라우드를 기반으로 한 빅데이터 플랫폼을 개발 제공하고 있다. 이처럼 전 세계적으로 빅데이터는 유망한 분야로 주목받고 있지만 아직 국내 빅데이터 인력이 너무 부족하다. 이에 박근혜 정부 시절에 미래창조과학부와 한국정보화진흥원은 공공·민간의 빅데이터 서비스 도입을 촉진하고 데이터에 기반을 둔 창조경제 및 정부3.0을 실현하기 위해 2013년 10월 24일 '빅데이터 분석활용센터'를 개소하였다. '빅데이터 분석활용센터'의 분석 인프라는 중소기업 및 연구기관이 서비스를 개발하고 시험 테스트를 할 수 있는 '사업화 지원 인프라'와 대학 등 교육기관이 이용할 수 있는 '교육지원 인프라'로 구성돼 있다. 이 센터를 통해 서비스를 개발하고 솔루션의 성능을 분석하며, 다수의 교육생이 빅데이터를 활용한 실습 교육을 진행하고 있다. 여러 대학에서 '교육지원 인프라'를 활용하고자 하고 중소 벤처 기업과 데이터베이스 전문가 포럼 등이 '사업화 지원 인프라'를 이용하고 있다.

2014년에 미래창조과학부는 빅데이터를 활용한 시범서비스 개발에 착수하여, 공공과 민간이 보유한 대용량 데이터를 연계해 정책 수혜자가 체감할 수 있는 공익형 서비스를 발굴해 내고자 하였다. 국민건강보험공단은 다음소프트와 함께 국민건강보험공단의 건강보험 데이터베이스와 SNS 정보를 연계해 홍역 · 조류독감 등 감염병 발생 예측 모델을 개발해 국민에게 알려주는 서비스를 개발하고자 하였다.

문재인 정부에서는 통신, 보건 등은 정부가 아니면 데이터를 확보하기 어렵기 때문에 관련 빅데이터를 지속적으로 확충해 나가고 있고, 민간의 공공데이터 포털, 서울시 열린 데이터 광장 등의 공공데이터 개방 사이트와 연계해 국내 최초의 빅데이터 실증 및 분석 환경을 제공하려고 노력하고 있다.

빅데이터 강국으로의 도약을 위해서는 공공데이터를 많이 가지고 있는 정부의 역할이 우선으로 중요하다. 공공데이터를 가능하면 많이 일반인에게 공개하여 빅데이터 관련 벤처 기업들을 많이 키워야 한다. 그러나 보다 근본적이고 장기적인 계획이 시급하다. 서울대학교 등 주요 대학에서 빅데이터 인력 양성을 위하여 빅데이터 교육과정과 전문 학위 과정을 개설하여 빅데이터 인력을 시급하게 양성해야 한다(위클리 공감, 2013). 다행스럽게도 최근에 여러 사립대학에서 빅데이터 교육과정으로 7장에서 설명되는 데이터 과학(data science) 관련 과정을 대학원에 개설하고 있는 것은 매우 바람직하다.

4) 빅데이터 개인정보 보호 규제를 풀어야

빅데이터 활용은 사회 모든 분야에서 급속히 진행되고 있다. 이와 관련하여 빅데이터 산업을 발전시키려면 개인정보 보호 등의 규제를 과감히 풀어야 한다. 개인정보보호법에는 공개된 개인정보라도 특정 개인을 식별할 수 있는 상태에서는 당사자 개인이 허락 없이는 사용할 수 없다. 이런 규제는 사실상 개인의 의료데이터를 사용할 수 없게 하는 것이다. 정부에서도 이런 문제점을 파악하고 빅데이터 산업을 활성화하기 위해 2015년부터 '빅데이터 개인정보보호 가이드라인'을 제정하였다. 이 가이드라인에 따르면 공개된 개인정보는 비식별화 조치(개인의 이름이나 주민등록번호 등을 삭제한 경우)를 한 경우에는 기업들이 수집, 이용할 수 있게 하였다.

그러나 기업의 빅데이터 활용의 필요성이 증대되면서 개인정보보호와의 충돌 때문에 활용 대상과 허용범위가 매우 불분명하고, 기업의 빅데이터 활용이 위축되는 점이 있다. 왜냐하면 개인정보보호 가이드라인은 개인정보보호법 하위의 가이드라인으로, 개인정보보호법이 우선하며, 개인의 식별과 비식별의 구별이 애매한 경우가 흔하기 때문이다.

따라서 빅데이터 산업을 활성화하려면 식별과 비식별의 구별이 애매한 경우에는 일단 사용을 허용하는 네거티브(negative) 제도를 시행하는 것이 바람직하다. 단, 비식별 정보를 가지고 소위 '장난을 쳐서' 개인 식별을 하고, 이를 악용하는 회사에는 징벌적 손해배상 제도를 도입하여 개인의 피해를 보상해 주는 것이 개인정보 사용이 가능하도록 규제를 완화하는 좋은 방법이 될 것이다. 더 나아가서 개인정보보호법에 위의 가이드라인의 취지를 살려서 비식별 개인정보를 누구나 사용할 수 있도록 개인정보보호법을 개정하는 것이 바람직하다.

2부

통계학과 생물통계학의 발전

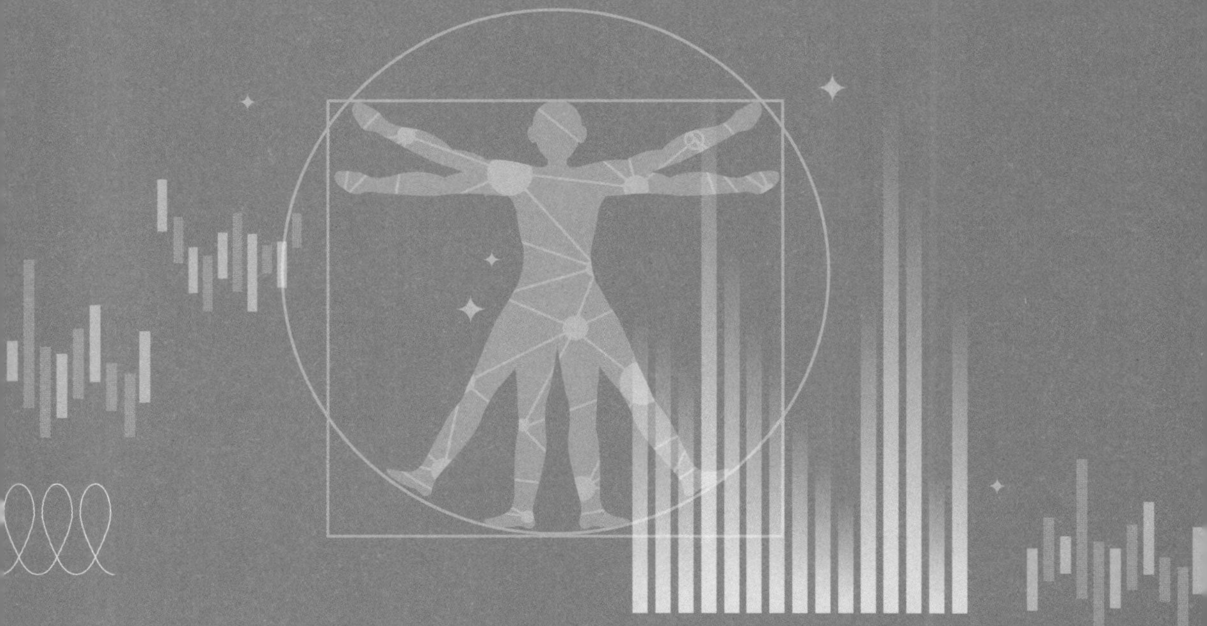

제 4 장

통계학의 태동과 발전

4.1 초기 통계학은 어떻게 생겨났나?

1) 초기 통계학 탄생에 기여한 정치산술학과 국세학

통계학(統計學, Statistics)이란 학문은 유럽에서 18세기에 영국과 독일을 중심으로 태동된 학문이나, 통계학의 학문적 기초는 그보다 더 오래전부터 존재했다. 고대 이집트, 메소포타미아, 중국 등에 있던 국가들에서도 이미 인구, 납세, 농지 등의 수량적 조사나 관찰을 통해 국가의 운영을 위한 경영정보를 통계의 형태로 구해 왔기 때문이다. 그러나 18세기 전까지는 나라의 운영을 위해 필요한 통계를 생산한 것이지 통계학이란 학문이 존재하지는 않았다.

국가나 민족을 위한 통계 산출에서 가장 대표적인 예가 구약 성경 민수기 1장에 나오는 이스라엘 백성의 인구조사(census)이다. 이 인구조사는 B.C. 1440년경에 실시된 것으로, 출애굽한 이스라엘 백성 중에서 20세 이상으로 싸움에 나갈 수 있는 남자의 수를 조사하였는데, 12지파별로 인구가 나오고 총 603,550명이라는 기록이 있다. 다른 기록에 의하면 B.C. 3000년경에는 바빌로니아, 중국과 이집트에서 세금을 거두기 위하여 인구조사가 이루어진 것을 알 수 있다. 인구조사로 사용되는 census는 그 어원이 라틴어의 censere로 이는 세금 매기기(taxation)의 뜻이 있다고 한다.

통계학의 Statistics란 단어의 어원은 라틴어인 status(국가를 의미하는 state)와 statista(정치인을 의미하는 stateman)에서 온 것이라고 한다(Folks, 1981). 특히, statista는 국가의 업무를 담당하는 사람을 일컫는 말이었다. 영국에서 싱클레어 경(Sir John Sinclair)이 'Statistical Account of Scotland, 1791−1799'라는 여러 권의 보고서에서 Statistics란 용어를 처음 사용하였다고 한다. 그 후 이 단어가 공식적으로 통용된 것은 1797년에 대영백과사전(Encyclopaedia Britannica)에 처음으로 등재된 후이며, 이때 Statistics의 의미는 정치인들이 "국가의 살림을 꾸려나가기 위해 필요한 통계 자료를 체계적으로 산출해 내는 정치 산술"로 정의하였다. 즉, 초기의 통계학의 영역은 오늘날 통계청에서 생산하는 인구주택총조사, 산업총조사 등이나, 한국은행에서 생산하는 국내총생산(GDP) 조사 등이 만들어 내는 국가통계에 관한 것이다.

초기 통계학은 영국의 정치산술파와 독일의 대학파에서 발전되기 시작하였다. 영국에서는 그라운트(Graunt, 1620~1674), 패티(Petty, 1623~1687) 등에 의해 소위 정치산술학(Political Arithmetric)파가 형성되었다. 그라운트는 1662년 그의 저서 '사망표에 관한 자연적, 지역적 관찰'에서 처음으로 사망표를 작성하고, 남녀의 출생 수, 결혼 상황 등을 기록, 정리, 비교함으로써 수량적 관찰에 의한 사회 현상의 규칙성을 발견하려고 하였다. 패티는 그라운트의 연구를 발전시켜 인구통계학을 만들고 17세기 중반 지구상의 인구를 약 3억 6천만 명이라고 추정하였다 (2023년 세계 인구는 약 80억 명). 이 정치산술학파의 특징은 사회 현상을 규명하는데 "대량 관찰의 방법"을 적용하고, 수적 자료를 기초로 인과관계를 규명하였으며, 수량적인 관찰과 해석을 주로 시도하였다는 점이다.

독일에서는 콘링(H. Conring, 1605~1681)과 아켄월(Gotfried Achenwell, 1719~1772) 등이 대학에서 국세학(國勢學, Staatskunde)을 강의하면서 형성된 국세학파가 있다. 국세학은 정치, 경제, 사회, 토지, 인구 등 국가적인 상황을 계량적으로 기술하고, 국가가 어떤 국토와 어떤 민족으로 구성되어 있으며, 얼마만큼의 부를 가지고 있는가를 정확히 파악하려는 학문이다. 이 학파에서는 정치산술학파와 달리 수치의 사용은 되도록 피하고 관념적으로 현상을 파악하려고 노력한 것이 특징이다. 초기 통계학에 관한 문헌으로는 [Stigler, 1990], [허명회, 1991], [정한영, 1995]를 참조하여 주기 바라고, 초기 통계학의 발전 과정을 [박성현, 2017]에서 상세히 정리하고 있다.

2) 과학으로서의 통계학

통계학은 과학이다. 과학에는 과학적 사고가 있으며, 과학적 사고의 바탕에는 철학이 있다. 영국의 정치산술적 통계학과 독일의 국세학적 통계학은 다른 철학에 바탕을 두고 있다. 영국의 경험론의 선구자 베이컨(1561~1626)은 경험적 자료를 분류하고 정리한 후 이로부터 참다운 지식을 얻어내는 귀납적 방법(inductive method)을 제안하였다. 정치산술학파의 통계학은 베이컨의 철학적 사고에 바탕을 두고 있다. 그러나 독일의 국세학파의 통계학은 합리론의 시조인 데카르트의 철학에 근거를 두고 있다. 합리론에서는 진정한 진리 탐구의 방법은 '방법적 회의', 즉 철저한 의심을 통한 확실한 진리 인식이어야만 한다고 주장하고, 인간의 이성에 의한 진리의 증명이 옳다고 보는 것이다. 정치산술학파와 국세학파 간에는 차이가 극명히 있다고 볼 수 있다.

영국과 독일에서 정치산술학과 국세학으로서 초기의 통계학이 발생하였다면, 이를 한 단계 발전시킨 것은 유럽 여러 나라에서 발전한 확률론이다. 19세기 초에 초기의 통계학이 확률론을 만나면서 통계학 개념이 확대되어 수리통계학(mathematical statistics)의 모습을 띠게 되었다.

4.2 죽음을 생명으로 바꾼 나이팅게일의 데이터 분석

초기 통계학은 영국에서 정치산술학으로 발전하였다. 영국은 산업혁명의 덕으로 18세기 후반부터 세계 초강대국을 부상하였으며, 정치산술학의 의미로서 통계학이 사용된 사례는 영국에서는 수없이 많다. 초기 통계학이 정치산술학으로 발전하고 있던 당시에 근대 간호학의 창시자라고 할 수 있는 나이팅게일(Florence Nightingale, 1820~1910)이 간단한 데이터 분석을 통하여 수많은 생명을 구한 흥미 있는 실제 사례를 들어보기로 한다.

나이팅게일은 영국의 중산층 가정에서 태어나 고등교육을 받았고, 간호학을 영국과 독일에서 공부했다. 평소에도 병든 사람과 가난한 사람들을 돌보던 그녀는 가족의 만류에도 불구하고 24세에 간호사가 됐다. 흑해와 크림반도를 둘러싸고 1853년부터 1856년까지 3년간 러시아와 오스만제국 간에 크림전쟁(Crimean War)이 발생하였고, 영국과 프랑스 등은 연합군을 결성하여 오스만제국을 도왔다. 〈그림 4.1〉의 왼쪽 상단은 크림반도, 러시아와 오스만제국(현재 튀르키예)의 위치를 보여주고 있다. 왼

그림 4.1 크림전쟁의 크림반도(왼쪽 상단), 크림전쟁의 모습(왼쪽 하단), 크림전쟁에 종군한 나이팅게일(오른쪽)

자료: Wikipedia

쪽 하단은 크림전쟁이 치열했던 세바스토폴항에서의 전투 장면을 보여주고 있고, 오른쪽은 당시 간호사로 파견된 나이팅게일의 모습이다.

이 전쟁에서 많은 영국군이 부상과 질병으로 사망했는데, 당시에는 야전병원의 위생 상태가 매우 열악했다. 전 세계를 위협하던 콜레라가 전장에서도 기승을 부렸다. 야전병원 운영을 요청받은 나이팅게일은 1854년에 간호사 38명과 함께 연합군 지역에 위치한 스쿠타리(Scutari) 병원으로 갔다. 이 야전병원은 3,000여 명의 부상병들로 꽉 차 있었을 뿐 아니라 위생 · 세탁 시설이 열악하여 이와 벼룩이 들끓고 있었다.

나이팅게일은 "왜 전쟁터에서 수많은 영국의 젊은이들이 죽어야 하나?"라는 질문을 갖고 크림전쟁에 참여한 영국군의 인력, 사망자, 사망원인, 환자 등에 관한 상황을 정확한 숫자로 파악하려고 하였다. 그녀가 숫자로 통계를 내기 전까진 크림전쟁의 영국군 사망자 수와 원인조차 정확하게 알려지지 않은 형편이었다. 나이팅게일이 수집한 데이터는 다음과 같았다.

– 크림전쟁에 참전한 영국군 약 20만 명 중, 사망자 21,097명의 사망원인

- 2,755명 전쟁 작전 중 사망
- 21,019명 상처 후유증으로 사망
- 16,323명 각종 병으로 사망

나이팅게일은 21,097명의 사망자를 월별로, 사망원인별로 〈그림 4.2〉와 같은 도표를 만들어 분석하기도 하였다. 이 그림은 나이팅게일이 창안한 것으로 "장미 도표(rose diagram)"라고 흔히 부른다. 이 도표의 오른쪽에는 1984년 4월부터 1985년 3월까지 월별, 사망원인별(장미 속에 있는 색깔로 원인 표시)로 그림이 그려져 있고, 왼쪽에는 1955년 4월부터 1956년 3월까지의 현황이 그려져 있다.

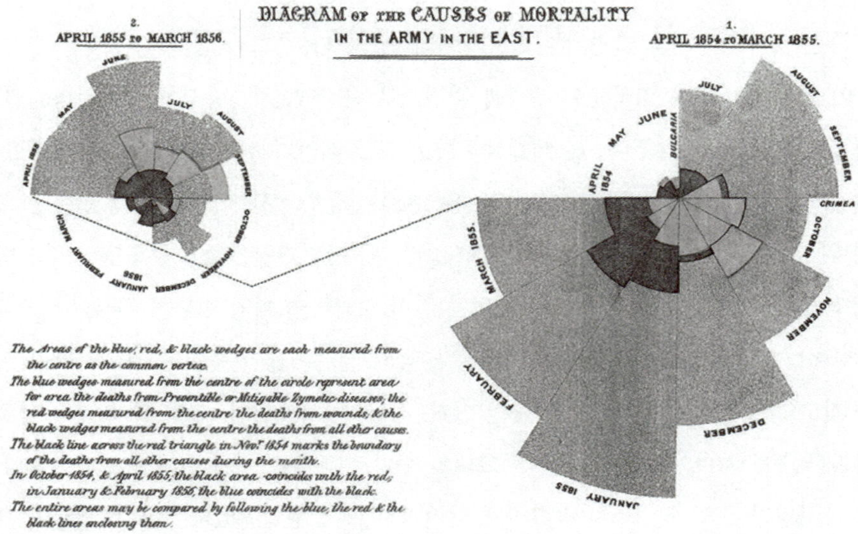

그림 4.2 크림전쟁 당시 나이팅게일이 작성한 월별, 사망원인별 사망자료

나이팅게일은 사망자 수 21,097명 중에서 상처 후유증으로 9.6%인 2,019명이 사망하였고, 각종 병으로 77.4%인 16,323명이 사망하였음을 파악하고, 통계를 통해 깨끗한 위생 상태가 상처 입은 군인이나 각종 병에 걸린 군인을 살린다는 증거를 보여주었다. 그녀는 이를 근거로 청소 · 세탁 · 급식 상황을 개선하고, 위생위원회를 설립해 하수구를 수리하고, 급수 시설과 깨끗한 침대 보급에 힘썼다. 또한 그녀는 깨끗한 새 위생병원 설립을 강력히 요구하여, 결국 영국 정부의 승인을 받아 조립식 위생병동의 설치에 성공하였다. 이러한 그녀의 노력으로 크림 전쟁터의 야전병원의 사망률이 종래 42%에서 획기적으로 2%로 줄이는 데 성공하였다. 실로 간단한 데이터 분석을 통하여 많은 영국 군인의 죽음을 생명으로 바꾼 사례라고 하겠다. 이 건은 간단하지만 매우 귀중한 정치산술학으로의 통계분석을 보여준 좋은 사례라고 하겠다.

나이팅게일은 크림전쟁에서 군의관들이 퇴근한 밤에도 간호사 회진을 돌았다고 한다. 그녀가 밤에 등불을 들고 회진한 것을 헨리 롱펠로가 '산타 필로메나(Santa

Filomena)'라는 시를 통해 '등불을 든 여인을 나는 보았네(The lady with a lamp I see)'라고 찬양하였다. 이로써 '등불을 든 여인'이 나이팅게일이라는 이미지로 굳어지게 되었다. 전쟁에서 활약하고 영국으로 돌아온 나이팅게일은 국민에게 사랑받았고, 1958년에는 영국왕립통계학회 최초의 여성회원으로 선출된 통계학자가 되었다. 그녀는 그 인기를 토대로 정치력을 발휘해 1860년에 성 토머스 병원(St. Thomas Hospital)에 간호학교를 설립했다. 또한 '간호 노트(Notes on nursing)'라는 간호 전문 서적도 출판하였다. 1893년에는 간호사로서의 윤리와 간호 원칙을 담은 나이팅게일 선서(Nightingale pledge)를 제정하였다. 선서식 때 간호학도들은 하얀 가운을 착용하고 손에 촛불을 든다. 촛불은 주변을 비추는 봉사와 희생정신을, 흰색 가운은 이웃을 따뜻하게 돌보는 간호 정신을 상징한다. 간단한 데이터 분석을 통하여 수많은 젊은이의 생명을 살린 나이팅게일의 업적은 길이 남을 것이다.

4.3 현대통계학의 태동과 발전

1) 수리통계학의 발전

19세기 말에 이르러 영국을 중심으로 수리통계학의 발전이 심화되었다. 영국의 갈튼(F. Galton, 1822~1911)은 다윈(C.R. Darwin, 1809~1882)의 '종의 기원(Origin of Species)'의 영향을 받아 유전학의 통계적 연구에 몰두하였고, 변수들 사이의 관계를 연구하여 확률의 개념을 도입한 수리통계학의 발전을 가져왔다. 그는 아들의 키와 아버지의 키의 관계에서 아들의 키는 평균 키로 회귀하려는 경향이 있음을 회귀직선을 적합시켜 알아내었으며, 오늘날 많이 사용되는 통계학의 회귀분석(regression analysis)을 창안하였다. 그의 업적은 [갈튼, 1894]의 'Natural Inheritance'에서 찾아볼 수 있다.

그림 4.3 칼 피어슨

갈튼의 통계적 사상은 그의 후계자 피어슨(Karl Pearson, 1857~1936)에 의하여 계승되었다. 런던 대학의 우생학 교수로 있으면서 피어슨은 생물학, 우생학, 유전학 등을 통해 통계적 연구 방법의 확립에 공헌하였고, 그의 연구 결과로 오늘날 기술통계학(descriptive statistics)의 기초가 확립되었다. 〈그림 4.3〉은 20세기 초의 모습이다. 특히, 그는 1900년에 카이제곱(κ^2) 판정법을 도입하여 널리 보급하였고, 1901년에는 갈튼과 협력하여 최초로 생물통계학 분야의 전문학술지인 BIOMETRICA를 창간하였다. 이 학술지는 현존하며 권위 있는 우수 학술지로 통계학 발전에 크게 기여하고 있으며, 20세기 추측통계학(inferential statistics)의 기반을 제공하고 있다.

2) 현대통계학의 아버지, 피어슨과 피셔

그림 4.4 로널드 피셔

자료: www.famousscientists.org

추측통계학을 바탕으로 하는 현대통계학(modern statistics)은 영국의 피셔(Ronald A. Fisher, 1890~1962)에 의하여 정립되기 시작하였다. 피셔는 그가 1919년부터 일하던 로담스테드 실험연구소(Rothamsted Experimental Station)에서 농업시험에 통계적 방법을 적용시키는 연구를 계속하여 F-분포를 비롯하여 표본상관계수, 표본회귀계수 등의 많은 통계량의 분포를 유도하여 소표본에 기초를 둔 추론법(inferential method)을 확립하였으며, 분산분석(analysis of variance)법을 창시하여 현대통계학의 기초를 정립하였다. 따라서 현대통계학 발전에 가장 큰 공로자는 피셔라고 볼 수 있다. 〈그림 4.4〉는 1950년대의 그의 모습이다. 특히 그는 실험의 계획과 분석에 대한 근대적인 방법들을 발전시켰으며, [Fisher, 1935]의 불멸의 저서로 'The Design of Experiments'을 출간하여, 오늘날 실험계획법(Design of xperiments)의 창시자가 되었다. 피어슨과 피셔를 현대통계학의 아버지라고 지칭할 수 있고, 이들로 인하여 영국이 현대통계학의 종주국이 된 것이다.

피어슨이 1933년에 London University College의 응용통계학 교실(Galton Laboratory)을 퇴직하면서, 이 교실을 우생학 교실과 통계학 교실로 분리시켰고, 우생학 교실에 유전통계학 분야에 업적이 많은 피셔를 갈튼 교수로 임명하고, 통계학 교실에는 그의 아들 에곤 피어슨(Ergon Pearson) 교수를 임명하였다. 피셔는 14년간 일하던 로담스테드 실험연구소를 떠나 대학 생활을 하게 되었으며, 에곤 피어슨과 함께 많은 제자를 양성하면서 통계적 가설검정 등을 비롯하여 현대통계학 발전에 기여하였다.

피어슨과 피셔 사이는 오랫동안 학문적 논쟁을 한 것으로 유명하다. 피어슨은 대표본을 사용하여 변수 간의 상관관계를 없애려고 노력하였다. 그러나 피셔는 반대로 대표본에 의한 상관관계를 감소시키기보다는 소표본을 사용하여 상관관계의 크기를 구하여 해석하려고 하였다. 이 논쟁으로 피셔는 1919년에 Galton Laboratory에 갈 기회가 있었으나 이를 거절하였다. 대신에 로담스테드 실험연구소에서 일하면서 독립적으로 많은 연구를 하여 큰 업적을 쌓았으며, 후에 Galton Laboratory로 결국 오게 되었고, 현대통계학의 기초를 확립하는 데 크게 기여하였다.

3) 영국에서 미국으로 건너간 통계학 연구

20세기 중반에는 학문의 연구가 영국에서 미국으로 옮겨가는 현상이 발생하기 시작하였다. 통계학도 예외가 아니다. 예를 들면, 현대통계학의 발전에 기여가 큰 통계학자로는 대표적으로 폴란드인 네이먼(Jerzy Neyman, 1894~1981)을 꼽을 수 있다. 그는 영국 런던에 있는 University College에서 유학하는 동안 에곤 피어슨과 10년(1928~1938)에 걸친 공동연구로 네이만-피어슨 정리와 같은 통계적 가설검정 이론을 확고히 정립하였다. 그러나 1938년에 네이먼은 미국 버클리 대학으로 건너가 통계연구소를 세우고, 세계 각지로부터 통계학자들을 초청하여 1945년부터 'Berkeley Symposia on Mathematical Statistics and Probability'를 5년마다 6회에 걸쳐 주관하여 미국의 현대통계학의 발전에 기여하였고, 이는 통계학 연구가 영국에서 미국으로 옮겨가는 기폭제 역할을 하였다. 그의 연구 업적은 이론 통계학의 근간이 될 뿐만 아니라, 농학, 천문학, 생물학, 기상학 등을 포함한 여러 분야에 있어서 통계학의 광범위한 적용을 제시한 것이다.

4) 현대통계학 발전에 기여한 학자들

20세기 중반에 들어서면서 통계학 연구는 기술통계학의 영역을 벗어나 추측통계학(inferential statistics)으로 성숙되기 시작하였다. 이 시기에 대표적인 통계학자를 꼽는다면, 미국의 쉐페(Henry Scheffe, 1907~1977)를 들 수 있다. 그는 Berkeley 대학에서 평생 교수로 있으면서 통계학 분야 중 선형모형을 깊이 연구하여 유명한 저서 'The Analysis of Variance'[Scheffe, 1959]를 출판하였고, 또한 실험계획법에서 사용하는 혼합물실험계획(mixture design)을 제안하여 실험계획법의 영역을 확장하기도 하였다.

1930년대 이후에 통계학의 중심지가 영국에서 미국으로 넘어오면서 산업화의 물결을 타고 있는 미국에서는 산업에 응용되는 현대통계학의 발전이 주목을 끌게 되었다. 벨 전화연구소에 근무하던 슈하트(Walter A. Shewhart)는 그의 유명한 저서 'Economic Control of Quality of Manufactured Products'[Shewhart, 1931]를 출판하여 공업제품 생산 과정에서 품질관리 하기 위하여 관리도(control chart)란 통계적 도구를 처음으로 소개하였다. 이 책은 제조 공정관리에 통계적 수법을 응용시키는 것을 다룬 통계적 품질관리(Statistical Quality Control)에 관한 최초의 저서로서, 표본검사 방식과 관리도에 의한 제조공정 상의 품질관리기법이 상호 보완되어, 오늘날의 품질의 보증과 경제적 생산에 큰 역할을 하게 되었다.

또한, 벨 전화연구소에 슈하트와 같이 근무하던 H.F. Dodge와 H.G. Romig에 의해 1941년에 완성된 샘플링검사표(Dodge-Romig Sampling Inspection Table)는 모든 기업에서 필수적으로 사용하는 샘플링검사의 가이드라인이 되었다. 20세기 중반 이후 미국의 경제와 산업이 발전하면서 통계학이 모든 분야에 응용되기 시작하면서, 통계학은 데이터에 기반한 각종 사회 문제의 최적화, 산업에서는 생산성 · 품질 향상, 보건 분야에서는 각종 질병의 퇴치 연구 등에 활발히 응용되기 시작하였다.

5) 통계학의 응용 분야 확장

20세기 후반에 현대통계학의 발전에 기여가 큰 통계학자로 박스(George E.P. Box, 1919~2013)를 꼽을 수 있다. 그는 영국의 University College London에서 에곤 피어슨의 지도하에 수학과 통계학을 공부하여 이학박사 학위를 1953년에 받고, Imperial Chemical Industries에서 일하면서 통계의 실무 응용에 종사하였다. 1960년에 미국에 있는 University of Wisconsin–Madison에 초청받아 가면서 통계학과를 세우고, Bill Hunter와 함께 이 대학에 품질생산성향상센터(Center for Quality and Productivity Improvement)를 신설하여 산업에 응용되는 공업통계학을 발전시켰다. 박스 박사의 업적은 다방면으로 뛰어나며, 그의 대표적인 저서는 'Empirical Model-Building and Response Surfaces'[Box, 1987], 'Statistics for Experimenters'[Box, 2005], 'Time Series Analysis: Forecasting and Control'[Box, 2008] 등이 있다. 20세기 초에 현대통계학 발전에 가장 큰 공로자를 피셔라고 꼽는다면, 20세기 후반에 현대통계학의 성숙에 가장 큰 공로자는 박스라고 볼 수 있을 것이다.

현대통계학은 자체의 이론 연구는 물론이지만 다른 분야에 도움을 주는 보조 학문으로 급성장하고 있으며, 다른 학문과 통계학이 만나 새로운 학문 분야의 이름이 생겨나고 있다. 예를 들면, 생물학 분야는 생물통계학, Biostatistics(Biology+Statistics), 경제학 분야는 계량경제학, Econometircs(Economics+Statistics), 사회학 분야는 계량사회학(혹은 사회통계학), Sociometrics(Sociology+Statistics), 심리학 분야는 심리측정학, Psychometrics (Psychology+Statistics) 등이다.

현대통계학에 대한 정의는 다양하나 [박성현, 2003]에서 현대통계학은 "사회, 자연, 산업 및 인간 생활의 온갖 현상을 연구하기 위하여 불확실성(uncertainty)이 내포된 데이터(data)의 수집, 분석, 추정 및 검정을 통하여 의사결정(decision-making)에 필요한 정보(information)의 획득과 처리 방법을 연구하는 학문"으로 정의하였다. 즉, 통계학은 데이터로부터 효과적으로 정보를 추출하는 방법을 연구하는 학문으로 볼 수 있다.

4.4 국내 통계학의 도입과 현황

1) 경제학과 사회학의 보조 학문으로 시작된 통계학

우리나라에서의 통계학의 연구발달사는 국제적인 것과 따로 떼어서 생각할 수 없다. 유럽에서 초기 통계학이 정치산술학과 국세학으로 발전한 것과 같이, 우리나라에서도 통계학이 도입되는 초기에는 경제학이나 사회학 등에 응용되는 학문으로 인식되면서 도입이 시작되었다. 1940년대 후반 일본에서 새로운 통계학이라 하여 추측통계학, 또는 추계학(推計學)이라는 이름 아래 많은 서적이 나왔고, 이러한 일본 서적들은 주로 사회과학 분야 학자들에 의하여 한국에 소개되었다. 이러한 상황에서 농업경제학자인 [김준보, 1954]에 의하여 '현대통계학'이 출판되었다. 이 책이 국내에서의 최초의 통계학 서적이다. 이 책은 서양의 근대통계학이 지닌 기술통계학의 측면과 현대통계학이 지닌 추측통계학의 측면을 동시에 소개해 주는 책으로 현대통계학의 국내 소개서였다.

그러나 우리나라에 현대통계학이 본격적으로 도입되기 시작한 것은 1960년대 서울의 5개 사립대(고려대(1963), 동국대(1963), 성균관대(1964), 중앙대(1964), 연세대(1966))에서 통계학과가 설치되면서부터이다. 동국대는 이과대학에 설치되었으나, 기타 4개 대학은 모두 경상 계열에 설치하여 그 당시 경제 · 사회 발전을 위한 통계학의 기여를 강조하였음을 알 수 있다. 초기 통계학과들을 세운 학자들은 대부분 계량적인 분석 등의 응용통계에 많은 관심이 있었기 때문에 이 당시 통계학 연구는 주로 계량경제 등을 중심으로 하는 응용통계 분야였다. 1971년에 고려대의 김준보, 백운붕, 성균관대의 강오전, 연세대의 윤기중, 윤석범, 서울대의 박홍래, 최지훈 교수 등이 중심이 되어 한국통계학회가 창립되었고, 이 학회는 오늘날 통계학 연구와 교류의 중심이 되었다.

2) 유학파 통계학자들의 기여와 현대통계학의 발전

1970년대 이후 미국 등을 중심으로 외국에서 통계학의 이론적인 내용을 공부한 학자들이 귀국함으로써 통계적 추론, 의사결정론 등 이론통계학이 본격적으로 연구되기 시작하였다. 그 중심에는 서울대학교 자연과학대학에 1975년에 설치된 계산통계(計算統計, Computational Science and Statistics) 학과이다. 이 학과는 계산학과 통계학을 같이 교육하는 학과로, 통계학 분야에서는 이론통계를 중시하여 국내에서 현대통계학 연구의 뿌리를 튼튼하게 하는 역할을 감당하였다. 필자 중의 한 명인 박성현 교수는 서울대 계산통계학과에 1977년에 부임하여 우리나라의 현대통계학의 발전에 크게 기여하였다. 특히 통계학의 전문 분야인 회귀분석, 실험계획법, 통계적 품질관리 등의 연구에 매진하여 각 분야의 서적(박성현, 2003a, 2007, 2013)을 출판하여 국내 현대통계학의 발전에 큰 몫을 하였다.

1980년대에 국내 많은 대학에서 통계학과를 설치하면서 오늘날에는 전국에 70여 개의 대학에 통계학 관련 학과가 설치되어 있다. 이들은 초기의 통계학과처럼 경상 계열에 있어 통계의 경제 · 사회 분야 통계응용을 주로 교육하는 곳도 있고, 자연 계열에 소속되어 있어 이론 통계학을 중심으로 교육하는 곳도 있고, 컴퓨터 분야와 어우러져 전산 통계 분야를 주로 교육하는 곳도 있다. 통계학 연구의 다양성을 보여주고 있는 현황이라고 하겠다.

2023년 현재 한국통계학회는 세 가지 학술지를 발간하는 데 하나는 SCI 학술지로 되어 있는 'Journal of Korean Statistical Society(JKSS)'이고, 다른 두 학술지는 '응용통계연구'와 'Communications for Statistical Applications and Methods(CSAM)'이다. 통계학의 응용은 모든 분야에 걸쳐 있기 때문에 응용 분야를 몇 가지로 한정하는 것은 어려움이 있으나, 현재 한국통계학회 산하에 연구회로서 국가통계연구회, 공업및기업정보통계연구회, 베이지안통계연구회, 분류연구회, 생물통계연구회, 조사통계연구회, 통계계산연구회, 통계교육상담연구회, 스포츠통계연구회, 금융보험통계연구회 등의 10개 연구회가 활발히 각 분야의 연구를 실행하고 있다.

4.5 컴퓨터적 사고와 통계적 사고

1) 컴퓨팅적 사고(思考)

컴퓨터의 등장으로 시작된 정보화 사회에 적응하기 위해서는 컴퓨팅적 사고(computational thinking)가 필요하며, 우리는 초중고등학교 학생들에게도 컴퓨팅적 사고 교육을 해야 한다고 얘기하고 있다. 그러면 컴퓨팅적 사고란 무엇인가? 컴퓨팅적 사고란 컴퓨터가 문제를 해결하는 방식처럼 복잡한 문제를 단순화하고 문제 상황의 핵심 원리를 찾아내 이를 논리적으로 재구성하고 순서도(flowchart)를 만들어 해결하는 능력을 말한다. 컴퓨팅적 사고를 기르면 창의력, 문제 해결력, 과학적 사고력도 함께 키울 수 있어 우리가 실생활에서 겪는 어려운 문제를 컴퓨터가 일을 처리하는 것처럼 논리적으로 해결할 수 있다.

2) 컴퓨팅적 사고의 5가지 요소

컴퓨팅적 사고는 소프트웨어 개발에 필수적으로, 주어진 문제 상황에 대하여 핵심 원리를 찾아내 순서도를 만들어 가는 컴퓨팅적 사고의 흐름은 다음의 5가지 단계를 거치는 것이 바람직하다.

① **데이터 수집 및 분석 (data collection and analysis):** 주어진 문제와 연관된 다양한 정보를 수집하고 그 안에서 패턴을 파악하여 핵심적 내용을 이해한다.
② **문제의 분해 (decomposition of problem):** 주어진 문제의 상황을 다양한 관점에서 분해해 생각한다.
③ **추상화 (abstraction):** 복잡한 아이디어를 단순하게 표현하는 방식을 찾는다. 이때 어떤 통계적 패턴을 찾는 것이 바람직하다.
④ **알고리즘 (algorithm):** 어떤 일을 수행하기 위한 규칙, 방법, 절차 등을 설계한다.
⑤ **자동화 (automation):** 반복적인 일처리를 컴퓨터를 활용하여 빠르게 해결한다.

3) 컴퓨팅적 사고 활용 사례

마이크로소프트 회사를 창업한 빌 게이츠(Bill Gate)와 페이스북을 창업한 마크 저커버그(Mark Zuckerberg)는 대학을 중퇴하고 세계적인 기업을 일으킨 천재적인 인물들이다. 이들의 성공의 바탕은 어렸을 때부터 몸에 익힌 컴퓨팅적 사고, 소프트웨어 교육, 프로그래밍에 관한 열정이 있었다. 컴퓨팅적 사고의 재미난 예를 살펴보자.

18세기 천재 수학자로 유명한 독일의 가우스(Gauss)는 불과 8세 때 새로운 계산법을 창안했다. 학교에서 가우스를 가르치던 교사는 학생들에게 1에서 100까지 더하라는 문제를 냈다. 이 교사는 시간이 오래 걸릴 만한 문제를 내고 잠시 다른 일을 보려고 했다. 그런데 채 1분이 안 되어 가우스가 "5,050"이라고 정답을 외치자, 교사의 눈이 휘둥그레졌다. 가우스는 "처음 수인 1과 끝 수인 100을 더하면 101이고, 두 번째

수인 2와 뒤에서 두 번째 수인 99를 더해도 101이 됩니다. 이렇게 총 50개의 쌍이 생기니 101에 50을 곱하면 5,050이 나오지요"라고 설명하였다. 이것이 컴퓨팅적 사고의 한 예로, 창의적 사고의 대표적인 예로 여겨지는 '가우스 연산법'이다. 가우스는 1~100의 숫자 중 합해서 101이 되는 쌍이 50개라는 핵심 원리를 파악하고 문제 해결 과정을 곱셈으로 자동화한 것이다.

이 과정은 정확히 컴퓨팅적 사고와 일치한다. 18세기 당시에 컴퓨터는 없었으나 이미 이러한 사고는 존재한 것이다. 가우스는 통계학에서 자주 다루는 정규분포(normal distribution)를 천체 물리학에 응용해 정규분포를 처음으로 학문에 사용한 장본인으로, 통계학의 초기 이론개발에도 크게 기여한 과학자이다.

4) 통계적 사고(思考)

그림 4.5 영국의 미래학자 허버트 조지 웰스

오늘날과 같이 데이터 기반의 사회에서는 통계의 사용과 통계학의 지식이 우리 생활에 깊숙이 파고들고 있다. 이제는 개인이나 조직이 통계를 올바르게 이해하고 통계적 사고(statistical thinking)를 함으로써 주어진 상황에서 최적의 의사결정을 할 수 있다.

타임머신을 처음으로 생각해 SF(공상과학) 소설가이며 미래학자인 영국의 웰즈(Wells, 1866~1946)는 "통계적 사고는 유능한 시민이 되기 위해 읽기와 쓰기 능력과 마찬가지로 반드시 갖추어야 할 필요한 능력인 시대가 곧 올 것이다(Statistical thinking will one day be as necessary for efficient citizenship as the ability to read and write.)"라고 설파하였다. 그가 예언한 것처럼 이미 통계적 사고는 현대인이 살아가는 데 반드시 필요한 소양이 되었다.

그러면 통계적 사고란 무엇인가? 통계적 사고란 모든 프로세스(process)에 대하여 과학적이고 확률적으로 생각하는 생활철학으로, 각 프로세스의 진행 시간은 평균과 산포를 가지고 있으며, 프로세스 간에는 상호관계가 존재할 수 있고, 프로세스에서 나오는 정보를 어떻게 대하고, 그 정보를 어떻게 활용할 것인가를 생각하는 의사결정 방식을 말한다. 또한 통계적 사고는 우리가 얻는 데이터는 대부분 표본 데이터이며, 표본 데이터의 결과로부터 표본 데이터가 추출된 모집단에 관한 의사결정을 할 때는 잘못 판단하는 것을 고려해 신중하게 결정해야 한다는 것을 인식하는 것이다.

생산 현장의 품질관리 기사들에게 무엇이 품질관리에서 가장 어려운 문제인가를 물어보면 제품 품질의 산포 관리가 가장 골칫거리라고 얘기하는 경우가 많다. 산포 관리 문제를 가지고 통계적 사고의 예를 들어보자. A, B 두 회사에서 자동차 타이어를 생산한다고 하자. 타이어의 수명은 정규분포에 따른다고 가정하고, 〈그림 4.6〉에서 보는 바와 같이 A사의 경우 타이어의 평균 수명은 40,000km, 표준편차는 2,000km이고, B사의 경우에는 평균 수명 42,000km, 표준편차는 6,000km이다. 이런 경우 여러분들은 어느 회사에서 만든 타이어를 살 것인가? B사의 타이어 수명이 평균적으로 더 길어 B사 타이어를 살 것인가?

이것은 잘못된 판단이다. B사는 A사보다 표준편차가 크므로, 타이어를 차에 장착하여 36,000km 이하(이 기준 이하이면 치명적으로 위험하다고 가정하자)를 달리고 고장 나는 확률은 정규분포에 의한 확률계산을 해보면 A사는 2.28%밖에 안 되지만, B사는 15.87%로 매우 높다. 즉, A사는 평균 수명은 좀 짧으나 산포가 적어 안전한 편이고, B사는 평균 수명은 기나 산포가 커서 믿을 수 없으며 위험성을 내포하고 있다. 이 예에서 B사의 경우에는 A사의 경우보다 고객으로부터 클레임이 더 걸려 올 것이며, 품질관리 기사들에게 골칫거리가 되는 부분이다.

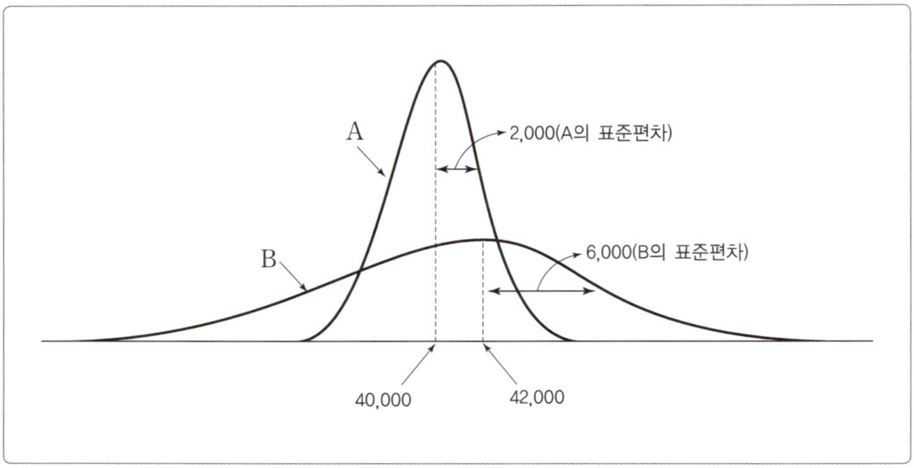

그림 4.6 두 회사의 타이어 수명 분포

4.6 현대통계학의 영역 확장과 데이터 기술의 출현

1) 현대통계학의 영역 확장

1970년대 초반부터 빠른 계산 속도를 가진 컴퓨터가 상용화되면서 통계학의 발전에도 엄청난 기여를 하였다. 통계학에서는 변수(variable)의 수가 많아지면 계산이 어려지므로 1960년대까지 엄두도 내지 못했던 중회귀분석(multiple regression analysis), 다변량통계분석(multivariate statistical analysis), 다변량시계열분석(multivariate time series analysis) 등의 연구가 가능해지고, 많은 변수를 가진 실제 문제를 다룰 수 있게 되었다. 또한 방대한 데이터를 다루는 일기예보, 교통량 예측, 환경오염 문제 등에 통계적 기법 등이 광범위하게 사용되면서 현대통계학(modern statistics)은 그 영역이 확장되었다.

1970년대 초만 하더라도 통계학에서 다룰 수 있는 문제가 제한되어 있었으나, 그

후 계산 역량이 뛰어난 컴퓨터가 등장하면서 엄청난 데이터를 가진 각종 사회 문제를 통계 분석적으로 접근할 수 있게 되었으며, 통계학의 응용 영역이 확장되었다. 예를 들면, 1974~1979년에 걸쳐 UN(1979)에서 실시한 '세계 출산력 조사(The World Fertility Survey)'는 세계 60개국에서 40만 명 이상의 여성을 조사하여 결혼, 출산, 피임 등에 대하여 광범위한 설문조사를 실시하여 출산력에 관한 각국의 정보를 얻고, 이를 UN의 인구정책에 반영하고자 한 것이다. 한국에서는 9,000명 정도의 여성에 대하여 80여 개 변수에 대한 설문조사 데이터가 있었는데, 이런 데이터 통계분석은 컴퓨터의 도움이 없으면 불가능한 일이다.

이 조사의 보고서에 의하면 한국은 1974년 당시 한국 여성의 합계출산율(낳는 자녀의 수)은 3.8명이었고, 45~49세의 여성의 합계출산율은 높아서 5.8명에 달하였다. 설문조사 데이터로부터 합계출산율을 종속변수(y)로 놓고, 중회귀분석을 실시한 결과 종속변수에 영향을 미치는 중요한 독립변수(x)로는 여성의 결혼연령, 남아선호도, 여성의 학력과 직업 여부 등이었다.

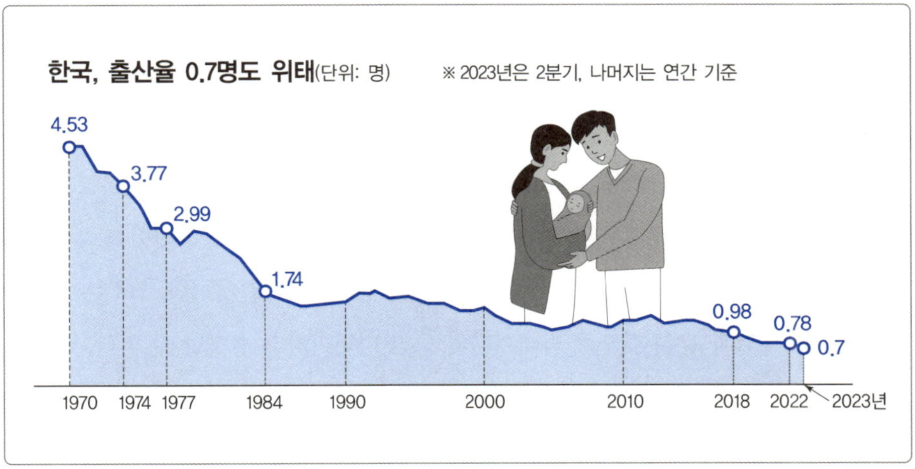

그림 4.7 합계출산율의 급격한 감소

자료: 통계청

우리나라의 합계출산율은 〈그림 4.7〉에서 보여주는 바와 같이 1970년에 4.53명, 1984년에 1.74명에서 급격히 감소하여 2018년에 0.98명, 2022년에 0.78명으로 되어 세계에서 가장 낮은 수치를 기록했다. 우리나라는 2020년 합계출산율 0.84로, 출생아 수 27만 명, 사망자 수가 30만 명으로 인구집계 사상 처음으로 출생아 수가 사망자 수를 밑돌면서 인구의 자연 감소가 시작되었다. 인구절벽이 성장절벽 → 재정절벽 → 국가절벽으로 이어지는 것이 아닌지 극히 염려스럽다. 장기적인 안목에서 인구절벽 문제는 우리가 당면한 가장 심각한 문제이다.

2) 데이터 기술의 출현

데이터 기술(DT, Data Technology)이란 데이터의 측정, 수집, 축적 기술에서부터 시작하여, 데이터의 전송, 분석 및 해석 능력, 데이터로부터 정보와 지식을 창출하는 기술, 통계적 모형화 기술, 미래를 예측하는 기술 등을 다루는 통계 기반의 과학적 기술을 말한다. 따라서 DT도 현대통계학의 영역 확장에 속한다. DT는 데이터의 취급, 소프트웨어의 구축, 모형화 및 미래 예측 기술을 주로 다루고 있으므로, 그 진행과 결과가 눈에 잘 띄지 않으며, 보통 간과하기 쉽다. 그러나 지식 정보화 사회에서 정보 창출을 위해서는 DT의 활용은 필수적 요소이다.

우리나라는 OECD 국가 중에서 DT 분야가 낙후되어 있다. 데이터 기술이란 용어는 처음으로 [박성현, 2001a, 2001b]에 의해 언급되었으며, 통계학 응용으로서의 DT의 발전 방향이 [Park and Suh, 2008]과 [박성현, 2010]에서 찾아볼 수 있다. 앞으로 DT의 개념을 이용한 응용 사례는 수없이 많이 나타날 것이다. DT는 오늘날 빅데이터의 개념과 같은 것으로 빅데이터의 초기 버전이라고 평가할 수 있다.

지식기반 정보화 사회는 데이터 홍수의 시대라고 할 수 있으며, 이러한 데이터로부터 필요한 정보를 순발력 있고 정확하게 추출할 수 있는 능력은 매우 중요하며, 또한 얻어진 데이터로부터 어떤 현상을 예측하기 위한 모델링과 이로부터의 예측은 경제발전과 사회발전에 중요한 역할을 한다. 예를 들어보자. DT의 적절한 활용은 국가

경제를 다루는 경제지표의 과학적인 관리가 안 될 때 발생하는 국가적 손실을 예방할 수 있다. 우리나라는 1997년 외환위기 때, 외환보유고를 포함한 각종의 경제지표의 변화를 소홀히 생각하는 가운데 스스로 위기를 자초하게 되었다. 외환보유고와 관련이 있는 데이터의 적절한 수집, 정리 및 분석을 통하여 외환보유고에 대한 예측 모델을 만들고, 이를 통하여 외환보유고의 변화를 예측할 수 있었다면 IMF 위기를 사전에 대비할 수 있었을 것이다.

3) IT와 DT의 차이점

DT가 IT(정보기술)의 일부라고 말하며 IT의 발전은 DT의 자동적인 발전을 가져올 것이라고 말하고 있으나, 이는 잘못된 견해이다. IT와 DT의 차이점을 요약하여 보면 〈표 4.1〉과 같다.

표 4.1 IT와 DT의 차이점

분류	IT	DT
관련된 학문	컴퓨터공학, 전기전자공학, 통신공학, 제어계측공학 등	수학, 통계학, 계산과학, 산업공학, 정보과학, 경영학, 전산과학 등
주요 제품	통신장비, 전자장비, 반도체, 가전제품, 휴대전화 등의 하드웨어	암호시스템, 생산관리시스템, 통계패키지, SPC, SCM, CRM 패키지, Data-mining 패키지, ERP 패키지(SAP-R3, Oracle) 등의 소프트웨어
주요 특징	• 주로 눈에 보이는 제품 • 정보(글, 그림, 소리 등)를 전달하는 공학적 기술이나 제품	• 주로 눈에 안 보이는 제품 • 다량의 데이터로부터 현상을 파악하고 구분하여 효율성을 극대화하며, 미래를 예측하는 과학적 기술
우리나라 수준	상	중하

DT를 다루는 학문 중에서 수학에서는 암호 수학, 금융수학 등이며, 통계학에서는 표본설계, 실험계획, 여론조사, 통계적 공정관리(SPC), 시계열분석, 데이터 마이닝

(data mining) 등이 관계가 있고, 계산과학에서는 수치해석, 시뮬레이션 기법, 최적화 기법 등이 관계가 있다. 전산이나 정보과학에서는 소프트웨어 공학, 뉴럴 네트워크(neural network) 등이 관계가 있으며, 산업공학과 경영과학에서는 품질경영, 고객관계경영(CRM), 전사적 자원관리(EPR), 시스템 공학적인 접근방법 등이 관계가 있다. 특별히 DT의 발전은 국가 소프트웨어의 발전과 고부가가치 IT산업의 발전에 심대한 영향을 준다.

4) DT는 지식 창출의 원동력

21세기 지식사회에서는 창의적 지식 창출이 국가경쟁력의 원천이라고 말한다. 지식의 창출 과정을 살펴보면 〈그림 4.8〉과 같은 피라미드 그림이 얻어진다(박성현, 2003). 먼저 우리 주위의 사실(현상)을 정확히 파악하기 위해 사실을 측정하는 계량화된 데이터가 필요하다. 이 단계의 DT는 관리형(management) DT라고 볼 수 있다. 다음으로 데이터로부터 분석 및 해석을 통하여 정보를 얻는다. 이 단계는 집행형

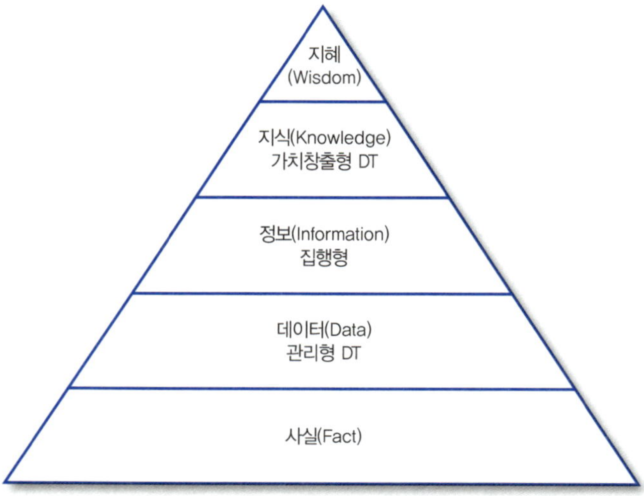

그림 4.8 지식의 창출 과정 피라미드와 DT의 흐름

(execution) DT의 단계이다. 이 정보들을 여러 가지 형태로 가공하여 필요한 지식을 얻게 되며, 이 단계는 가치 창출형(valuation) DT의 단계이다. 이러한 지식 창출 과정은 DT의 도움 없이는 불가능하다. 현재 우리는 정보사회에서 지식사회에 돌입하고 있으며, 앞으로 먼 훗날에는 지혜의 사회에 이르는 인류가 될 수 있을 것으로 생각한다.

제 5 장

생물통계학의 발전과 역할

5.1 생물통계학이란?

생물통계학(biostatistics)은 생물학(biology)과 통계학(statistics)이라는 두 단어가 결합하여 만들어진 합성어이다. 인터넷의 야후에서 생물통계학을 찾아보면 두산세계대백과를 인용하여 '생물이 나타내는 여러 가지 현상을 분석하는 데 있어서 통계학을 응용하는 학문'이라고 설명하고 있다. 그러나 좀 더 광의의 의미로 생물통계학은 '보건 분야, 의학 분야와 그 외 생물학 분야에 적용되는 모든 통계기법을 다루는 학문'으로 정의할 수 있다.

첫째, 보건통계학은 보건학 분야에서 통계적인 모형을 개발하고 이를 통해 보건사업의 효과를 평가하고 활용하고자 하는 학문이다. 구체적으로는 역학(epidemiology)과의 공동연구를 통해서 특정 질병을 유발하는 위험인자들을 밝혀내어 질병을 예방하기 위한 방법을 다루는 학문이다.

둘째, 의학통계학은 의학(medicine) 분야에 전반적으로 응용되는 통계기법을 다루는 학문이다. 예를 들면 특정 질병에 관한 새로운 치료약을 개발했을 때, 과연 이 새로운 치료 약이 기존의 치료약보다 더 효과적인지 검증하고, 만약 효과적이라면 어느 정도인지를 임상시험(clinical trials)을 통해 과학적으로 입증하는 학문이다.

셋째, 협의의 생물통계학은 생물학(biology) 연구에 응용되는 통계기법을 다루는 학문이다. 예를 들면 동물을 대상으로 한 발암물질(carcinogen)에 관한 연구에서 널리 사용되는 생물학적 정량연구(bioassay) 등이 있다. 최근에는 의학과 생물학 분야의 유전자 자료를 분석하기 위한 통계모형의 연구가 새롭게 도입되어 이 분야 연구가 활발하게 이루어지고 있다.

그러나 biostatistics를 생물통계학으로 번역하면 그 응용분야가 생물학으로만 국한되는 느낌이 있어서 혹자는 생명과학통계학, 생통계학, 생명통계학 등으로 부르기도 한다. 이 글에서는 편의상 생물통계학이라는 표현을 사용하겠으나 앞에서 설명한 세 종류의 응용분야에 대한 연구를 모두 포함하는 광의의 의미로 사용하겠다.

생물통계학과 관련된 여러 국제 학회 중에서 International Biometric Society (IBC)는 규모가 가장 큰 국제생물통계학회로 『Biometrics Journal』과 같은 국제학술지를 발간하고 있으며 매년 2년에 한 번씩 전체 학술대회를 개최하고 있다. 전 세계에서 약 1,000명의 연구자가 참여하여 최신의 연구성과를 발표하며 공동연구 교류의 기회를 제공하고 있다. IBC 학회의 주제는 크게 두 가지로 구분할 수 있는데, 첫째는 임상시험과 관련된 부분이고, 두 번째는 유전체 등 대규모의 생물학적 자료를 분석하기 위한 생물정보학(bioinformatics)과 관련된 것이다. 이 주제들은 앞으로 생물통계학이 나아가야 할 연구 방향을 잘 나타낸다고 할 수 있다.

5.2 임상시험, 생물통계학과 AI

1) 임상시험의 단계

의학연구에서 사람을 대상으로 한 임상시험은 신약개발이나 신약의 효능을 평가하기 위해 널리 사용된다. 특히 암과 같이 치명률이 높고 치료방법이 확립되어 있지 않은 질병에 대한 신약의 개발은 바이오테크 시대의 핵심 사업이다. 이제 구체적으로 신약의 효능을 평가하기 위한 신약개발에서의 생물통계학의 역할에 대해 살펴보도록 하자.

신물질 발견
합성 화학물이나 천연물 추출 등의 작업을 통한 신물질을 탐색하는 작업

전임상실험
기대하는 효능이나 효과를 검색하기 위해 독성실험 및 인산에 대한 투여량의 범위를 결정

IND
(Investigational New Drug)임상시험계획서의 식품의약품안전처 및 IRB(윤리심의위 원회) 사전 검토 및 승인

제1상 임상시험
건강한 사람(경우에 따라서는 환자)에게 투약하는 것으로 약물의 체내 흡수, 분포, 대사, 배성과정과 안전성을 확인하는 단계

제2상 임상시험
해당 환자에게 투약하는 것으로 가장 적절한 약물의 용량이 결정되고, 유효성 및 안전성을 탐색하는 단계

제3상 임상시험
2상에서 결정된 용량에 대한 유효성 및 안전성을 확증하는 단계

NDA
(New Drug Application)임상시험 및 비임상실험 자료를 토대로 시판허가를 신청하는 단계

시판
신약허가 승인을 받은 약이 소비자에게 판매되는 단계

제4상 임상시험
약이 시판된 후 실제 사용상의 안전성에 대한 추가적인 자료수집과 새로운 적용증을 탐색하는 단계

그림 5.1 신약개발을 위한 단계

자료: 식약청/국립독성연구소

신약개발의 단계는 크게 세 단계로 나눌 수 있다. 첫 단계는 실험실 에서 합성하거나 자연에서 추출한 신약후보물질을 탐색하여 찾아내는 단 계이다. 둘째 단계는 최종 목표인 인간에게 약물을 투여하기 전, 동물실 험을 통하여 약물의 효능과 안전성을 평가하는 전임상시험(preclinical study) 단계이다. 셋째 단계는 인간을 대상으로 약물의 효능과 안전성을 평가하는 임상시험 단계이다. 즉, 신약후보물질을 발굴하여 비임상시험 단계 후 임상시험계획(IND; Investigational New Drug)을 제출한 뒤 1상, 2상, 3상 임상시험을 거쳐 신약승인신청(NDA, New Drug Application)을 제출하여 허가 당국(식약처, FDA 등)의 승인을 받은 뒤 시판을 하게 된다. 〈그림 5.1〉은 신약개발을 위한 후보 물질을 찾는 과정에서 동물실험을 거쳐 사람을 대상으로 하는 임상시험의 여러 단계를 간단하게 정리한 것이다.

의약품 임상시험관리기준에서는 임상시험을 다음과 같이 규정하고 있다. 임상시험이란 의약품의 안전성과 유효성을 증명할 목적으로 해당 약물의 약동/약력/약리/임상적 효과를 확인하고 이상 반응을 조사하기 위하여 사람을 대상으로 시행하는 시험 또는 연구를 말한다. 새로운 약물을 개발하여 전임상실험에서 효능과 안정성을 확인하게 되면, 직접 사람을 대상으로 임상시험을 수행하게 된다. 임상시험은 영장류 등 동물을 대상으로 한 전임상시험(preclinical study)을 통과한 후보 약물을 대상으로 이루어진다. 임상시험의 네 단계를 좀 더 구체적으로 살펴보자.

① 제1상(Phase 1) 임상시험

제1상 시험은 의약품 후보 물질의 전임상 동물실험에 의해 얻은 독성, 흡수, 대사, 배설 및 약리작용 데이터를 토대로 비교적 한정된(통 상 20~80명) 인원의 건강인에게 신약을 투여하고, 그 약물의 체내동태(pharmacokinetics), 인체에서의 약리작용, 부작용 및 안전하게 투여할 수 있는 투여량(내약량)의 폭등을 결정하며, 가능한 경우 인체에서의 약리효과를 탐색하는 것을 목적으로 하는 임상시험이다. 임상연구 기간은 보통 수 개월에서 1년 정도 소요된다.

② 제2상(Phase 2) 임상시험

제2상 시험은 신약의 유효성과 안전성을 증명하기 위한 잘 통제(controlled)된 디자인으로 시행하는 임상시험 단계로 약리효과의 확인, 적정용량, 용법 결정을 위한 초기 파일럿 연구(pilot study)와 후기의 중추적(pivotal) 시험 단계로 흔히 나눈다. 통상 면밀히 평가될 수 있는 환자에 대해 한정된 인원수의 범위에서 행해지며 대상 환자 수는 100~300명 정도이다. 그러나 항생제와 같이 다양한 적응증을 갖는 약물의 경우에는 훨씬 많은 환자수에서 진행되기도 한다. 임상연구 기간은 보통 1년~2년 정도 소요된다.

③ 제3상(Phase 3) 임상시험

제3상 시험은 대상피험자를 확대한 통제(controlled) 또는 비통제(uncontrolled) 시험으로 제3상 시험은 신약의 유효성이 어느 정도까지는 확립된 후에 행해지며, 적응대상 질환에 대한 유효성의 추가 정보 또는 확고한 증거 수집을 위해 행해진다. 시험의 종류에 따라 장기간 다기관연구(multi center study)가 흔히 진행되며 대상 환자 수는 약물의 특성에 따라 달라지나 보통 1000~5000명 정도이고 연구기간도 3년에서 5년으로 비교적 길다.

④ 제4상(Phase 4) 임상시험

제4상 시험은 시판 후 안전성 조사(post marketing surveillance) 및 시판 후 임상시험(post marketing clinical trials)을 말하며, 크게 두 종류로 나눈다. 하나는 약물의 유해 반응 빈도에 대한 확실한 추가 정보를 얻기 위한 시판 후 안전성 조사이고, 또 하나는 다음과 같은 임상연구로 구분한다. [자료: 임상시험관련자를 위한 기본교육, 식약청/국립독성연구원]

- 특수 약리작용 검색(약리 기전 연구)
- 약물사용 이환율

• 제 3상에서 얻은 자료의 보완을 위한 추가 연구
• 시판 전 임상시험에서 검토되지 못한 특수 환자군에 대한 임상시험
• 새로운 적응증 탐색 등의 시판 후 임상연구

일반적으로 신약의 시판허가 단계에서 통상 임상에서 다양한 환자를 적절히 치료할 수 있는 많은 정보를 갖지는 못하며, 선진국의 경우에도 허가 당국은 시판허가 시 향후 임상시험에 따른 정보 수집을 요구하는 여러 형태의 조건 또는 추천사항을 명기한다.

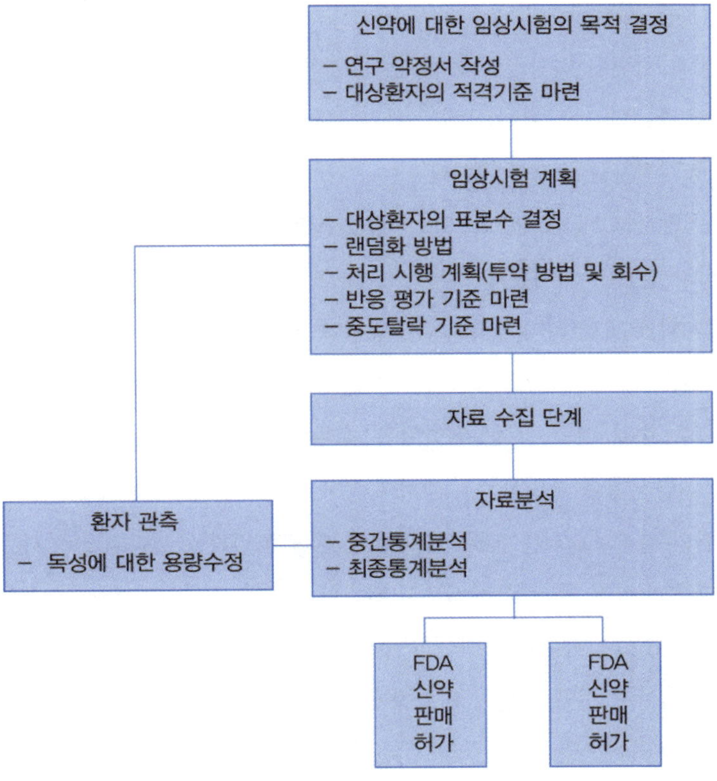

그림 5.2 제3상 임상시험 절차

이러한 임상시험에 대한 모든 과학적인 기반을 제공하는 학문이 바로 생물통계학이다. 신약개발에서 임상시험 과정은 신약의 안정성과 효능을 평가하는 가장 중요한 부분이며 생물통계학자는 임상시험의 설계 단계에서부터 자료를 수집하는 단계와 자료를 분석하는 단계까지 전 과정에 걸쳐 깊게 관여하게 된다.

통계분석 방법은 임상시험에서 핵심적인 역할을 담당한다. 예를 들면 임상시험 계획 단계에서 우선으로 결정해야 하는 것은 연구대상 환자 수이다. 즉, "이 연구를 위해 몇 명의 환자가 필요한가?"하는 것이다. 경제 적인 측면에서는 환자 수가 적을수록 비용 절감이 되지만 신약의 효과를 충분히 입증하기 위해서는 환자 수가 많아야 한다. 통계학은 이 두 가지 상충되는 조건 하에서 최적의 연구대상 수를 계산하여 적정한 환자 수를 제시해준다.

신약개발과 관련된 임상시험 중에서 제3상 임상시험은 대규모로 장기간 진행되기 때문에 비용과 시간이 많이 소요되는 과정이다. 〈그림 5.2〉는 제3상 임상시험에 대한 구체적인 통계절차를 정리한 것이다.

신약을 개발하고 FDA(Food and Drug Administration, 우리나라는 식품의약품안 전처)와 같은 국가기관으로부터 판매허가를 받기 위해서는 이러한 임상시험을 통해서 신약의 효과가 과학적으로 검증되어야 한다. 따라서 제약회사들은 적절한 임상시험 수행을 위하여 엄청난 시간과 비용을 투자해야 한다. 현재 대규모의 다국적 제약회사들은 수십 명의 생물통계학자들을 자체적으로 고용하고 있으며, 이 연구자들이 직접 임상시험을 계획하고 수행하며 통계적 분석결과를 산출하고 있다.

임상시험의 결과보고서를 FDA에 제출한 후에 복잡하고 까다로운 심사를 거쳐 신약판매허가를 받아야 한다. 통상적으로 하나의 신약을 개발하기 위해 총 소요되는 시간은 10년 정도이며 비용도 수십에서 수백억이 지출되는데, 최종적으로 FDA의 판정에서 통과되어야 신약 시판이 가능하게 된다. FDA 자체 내에서도 생물통계학자들이 많이 고용되어 있는데, 이들의 주된 임무는 임상시험 결과보고서를 평가하면서, 임상시험의 계획과 수행 및 통계분석 과정에 문제가 없는지를 판단하여, 임상시험 결과가 실제로 신약의 효과를 입증하는지를 객관적으로 판단하는 것이다.

우리나라에서도 제약회사에서 약을 시판할 때에는 보건복지부 산하의 중앙약사심의위원회의 심의를 받게 되어있다. 제약회사에서는 자체적으로 임상시험을 실시하여 약의 효과나 부작용에 대한 통계학적인 분석을 거친 결과를 심의위원회에 제출해야 하며, 심의위원회에서는 이 결과를 평가하여 시판 여부를 판명하게 된다. 최근에는 이 심의위원회에 여러 생물통계학자들이 참여하여 임상시험의 계획 및 수행과 통계분석이 타당하게 이루어졌는지를 평가하고 있다.

2) 임상시험에 대한 국제적인 규칙, ICH 지침

최근에 사람을 대상으로 하는 임상시험에 관한 국제적인 규칙이 제 정되었는데, 이를 ICH(The International Conference on Harmonisation of Technical Requirements for Registration of Pharmaceuticals for Human Use) 지침

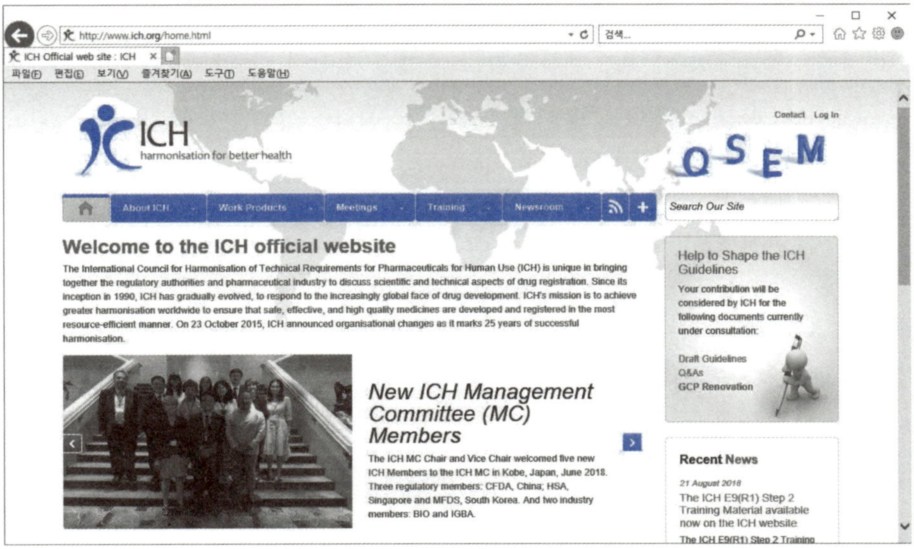

그림 5.3 ICH 지침이 나와 있는 홈페이지

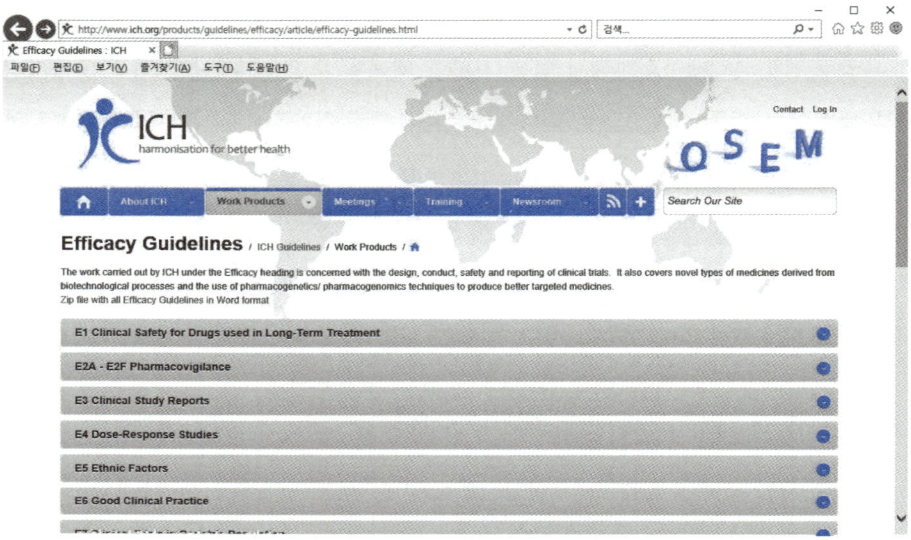

그림 5.4 ICH 지침 중의 Efficacy 관련 부분

이라고 한다. ICH 지침에는 제약회사에서 신약에 대해 임상시험을 할 때 고려해야 할 여러 문제들에 대한 구체적인 기준들이 자세하게 제시되어 있다.

여기에는 특히 표본의 크기 계산과 분석 방법 등과 같이 생물통계학적인 부분까지도 자세하게 설명하고 있다. 우리나라에서도 임상시험을 실시할 때 ICH 기준을 참고해야 할 것이다.

〈그림 5.3〉은 ICH 기준을 관리하는 홈페이지이다. 그중에서 특히 〈그림 5.4〉에 있는 효력(efficacy) 부분은 임상시험의 안정성과 실험계획 시 고려해야 할 점 및 실험결과를 정량적으로 평가하기 위한 기준들이 잘 정리되 어 있다. 이 기준들에 대한 이론적인 배경은 모두 생물통계학에 기초한 것이다.

3) 신약 개발과 AI

인공지능(AI)은 바이오 신약개발 분야에서 혁명적인 발전을 이루고 있다. 인공지능은 신약 발견 과정을 가속화하며, 연구 및 개발 비용을 대폭 줄이고, 보다 효과적이고 안전한 치료법을 개발할 수 있는 가능성을 향상시킨다. AI 기술은 데이터 수집 및 분석, 예측 모델링, 임상 시험 데이터 분석 등 신약 개발의 여러 단계에서 중요한 역할을 한다.

데이터 수집 및 처리 단계에서는 생물학적, 임상, 화학 데이터를 포함한 방대한 양의 정보를 수집하고 분석한다. AI는 이 데이터를 활용하여 질병의 생물학적 경로를 이해하고, 치료 가능한 타겟을 식별하는 데 중요한 역할을 한다. 이는 신약 개발의 초기 단계에서 효율성을 높이고, 잠재적인 후보 물질을 신속하게 선별할 수 있는 기반을 마련한다. AI 기술의 핵심인 딥러닝은 데이터에서 복잡한 패턴을 학습하고 이를 기반으로 신약 후보 물질의 효능과 안전성을 예측한다. 이 과정에서 생성된 모델은 단백질이나 화합물의 구조를 분석하고, 예측 모델을 구축하여 실제 실험에 들어가기 전에 후보 물질의 성공 가능성을 평가할 수 있도록 돕는다. 따라서, AI는 실험실 실험의 수와 범위를 최적화하여 비용과 시간을 절약할 수 있다.

임상 시험 단계에서 AI는 임상 시험 데이터를 분석하여 임상 결과를 최적화하고, 부작용과 같은 가능한 위험 요소를 최소화시킨다. AI 기술을 통한 임상 시험 설계의 개선은 임상 결과의 정확성을 높이고, 환자 선별 과정을 더욱 정밀하게 만든다. 이 모든 과정은 신약 개발의 속도를 가속화하고, 관련 비용을 현저히 줄이는 효과를 가져온다.

현재 전세계 여러 바이오 및 제약 기업들이 AI를 활용하여 신약을 개발하고 있다. 예를 들어, Insilico Medicine, Schrodinger, 디어젠과 같은 회사들은 AI 기술을 통해 신약 후보 물질을 신속하게 선별하고, 임상 시험에 들어가기 전에 성공 가능성을 높이는 작업을 진행하고 있다. 이러한 기업들은 AI 기술을 통해 신약 개발 초기 단계에서부터 임상 전 단계에 이르기까지 과정을 혁신적으로 개선하며, 이는 전체적인 개발 시간과 비용을 크게 절감시키고 있다. AI 기술의 도입은 신약 개발의 성공률을 높이고, 더 안전하고 효과적인 치료법을 개발하는 데 중요한 기여를 하고 있다. AI는 신약 개발을 더욱 빠르고 비용 효율적으로 만들며, 이는 제약 산업의 미래를 형성하는 데 결정적인 역할을 할 것이다.

5.3 유전학과 생물통계학, 그리고 빅데이터

20세기에 들어서서 첨단적인 최신 생물학 기술이 개발되어 다양한 종류의 대규모 대용량의 생물학 자료가 생산되기 시작했다. 과거의 실험실에서 소규모의 실험에서 생산된 생물학 자료와는 전혀 차원이 다른 방대한 용량의 생물학 자료가 생산되기 시작했다. 이러한 자료를 분석하기 위하여 생물통계학은 생물정보학으로 확대 발전하는데, 이 장에서는 먼저 유전학에 대한 기초적인 개념을 소개하고 방대한 유전체 자료를 분석하기 위한 인간유전체사업과 전장유전체연관성 연구에 대하여 살펴보기로 하자.

1) 유전학의 기초, 멘델 법칙

생물통계학이 생물학 연구에 처음으로 응용된 것은 그 유명한 멘델법칙이라고 할 수 있다. 멘델은 1865년 유전실험의 결과를 「식물의 잡종에 관한 실험」이라는 제목으로 발표했으나 당시는 그 가치를 인정받지 못하였고, 20세기가 되어서야 독일의 코렌스, 오스트리아의 체르마크, 네덜란드의 드프리스 등에 의해 그 가치가 인정받게 되었다.

멘델 법칙은 일반적으로 우열의 법칙, 분리의 법칙, 독립의 법칙 셋으로 구분된다. 우열의 법칙이란 잡종의 제1대에서는 대립하는 형질 가운데 우성의 형질만이 나타난다는 것이고, 분리의 법칙은 잡종 2대에서는 우성과 열성의 형질이 일정한 비로 나타난다는 법칙이다. 독립의 법칙이란 양성잡종이 여러 개 있는 경우에 각 대립형질은 독립해서 우열의 법칙과 분리의 법칙에 따라 유전한다는 것이다. 예를 들어, 2쌍의 대립형질이 있는 경우에 잡종 제2대에서는 2쌍의 형질의 조합이 9:3:3:1의 비율로 나타나며, 이를 분석하면 각각의 형질은 3:1로 나타난다는 것이다. 멘델 법칙은 1856년부터 7년 동안 교회 뜰에서 완두콩으로 수만 번의 반복된 실험을 실시한 후에 얻어진 결과를 토대로 만들어진 것이다. 〈그림 5.5〉는 멘델의 모습과 실제 완두콩 재배를 한 밭의 모습이다.

멘델 법칙의 9:3:3:1의 비율은 확률의 상대도수(relative frequency) 개념과 독립성(independence)의 개념으로부터 정립된 것이다. 예를 들어, 확률의 상대도수 개념은 주사위를 던졌을 때 1이 나올 확률이 1/6이라는 것은 주사위를 6번 던지면 1번 정도는 1이 나올 것으로 기대할 수 있다는 의미이다. 멘델은 부모세대로부터 자녀에게 유전물질이 전달된다는 것은 밝혀 냈지만, 그 물질이 무엇인지는 밝혀내질 못했다. 제임스 왓슨과 프란시스 크릭은 1953년도에 이 유전물질의 정체를 밝혀냈다.

그림 5.5 그레고어 멘델과 완두콩 재배 밭

2) 중심 원리

1958년도에 프란시스 크릭(Francis Crick)은 유전 정보가 전달되는 과정 을 중심원리(central dogma)라고 명명했다. 핵산(nucleic acid)은 유전물질을 구성하는 요소이다. 핵산에는 두 종류가 있는데 DNA(deoxyribonucleic acid)와 RNA(ribonucleic Acid)이다. DNA는 세포 핵에 있고, RNA는 세포 여러 곳에 존재한다. HIV(Human Immunodeficiency Virus, AIDS의 원인 바이러스) 같은 일부 바이러스를 제외하고는 사람을 비롯한 대부분의 생물체의 유전물질을 구성하

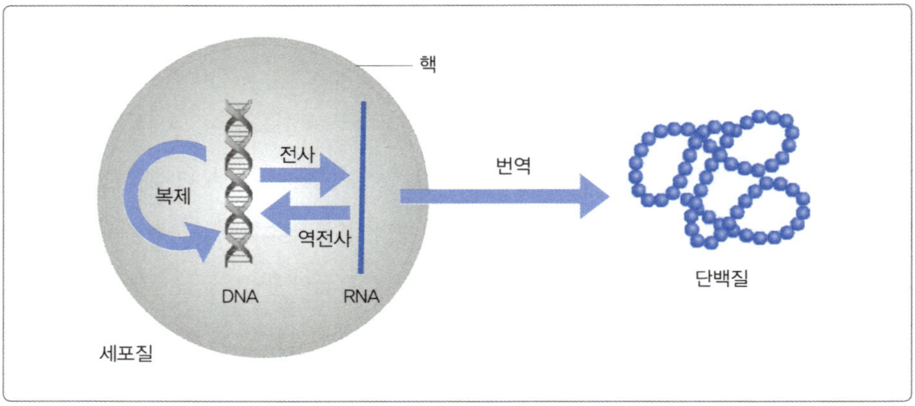

그림 5.6 중심 원리(central dogma). 핵 안에서 DNA가 복제되고, DNA에서 RNA로 전사된다. 전사된 RNA는 단백질로 합성(번역)된다.

는 기본물질은 DNA이며, RNA의 주요한 기능은 DNA에 있는 정보를 단백질로 발현시키고자 할 때의 매개체 역할이다. 핵산은 유전물질을 구성하는 요소로 뉴클레오타이드(nucleotide)가 길게 반복되어 이루는 사슬 형의 화합물이다.

유전 정보는 DNA에 암호화되어 있고, DNA 복제기전(replication mechanism)에 의해 복제되며, RNA로 전사(transcription)되고, 전사된 mRNA는 핵을 빠져나와 단백질(protein)로 번역(translation)된다. 〈그림 5.6〉은 중심 원리를 보여 주는 그림으로 유전 정보의 흐름, DNA → RNA → protein으로 되는 과정을 보여 준다.

3) DNA와 RNA

뉴클레오티드는 핵산을 구성하는 기본물질로, 인산기(phosphate group), 당(sugar) 및 염기로 이루어진다. 염기는 질소와 탄소로 구성된 고리형 물질로 DNA와 RNA를 구성하는 염기는 모두 5가지이다. DNA를 구성하는 염기는 아데닌(A), 구아닌(G), 타이민(T), 사이토신(C)이다. RNA는 타이민(T) 대신 우라실(Uracil, U)이 들어간다.

그림 5.7 DNA 이중 나선 구조를 설명하는 제임스 왓슨과 프랜시스 크릭

DNA의 구조는 프랭클린(Franklin)과 윌킨스(Wilkins)의 X-ray 회절구조 실험 결과를 바탕으로 왓슨과(Watson)과 크릭(Crick)에 의해 1953년 이중 나선 구조임이 밝혀졌으며, 1962년에 왓슨, 크릭, 윌킨스는 이 공로를 인정받아 노벨상을 받았다. 〈그림 5.7〉은 DNA의 이중 나선 구조를 설명하는 왓슨과 크릭의 모습이다.

왓슨과 크릭은 이중 나선의 두 가닥(strand)이 분리되고, 그 각각의 가닥을 주형(template)으로 하여 새로운 상보적 가닥이 형성된다는 DNA 복제 모델을 제시하였다. 〈그림 5.8〉은 DNA의 구조를 보여 준다. DNA는 여러 가지 힘에 의해 찌그러지고 꼬여서, 이중 나선 구조를 형성한다. 여기서 bp란 염기쌍을 나타내는 단위이다. 예를 들어, 10 bp라면 열 개의 염기 배열로 이루어진 서열을 뜻한다.

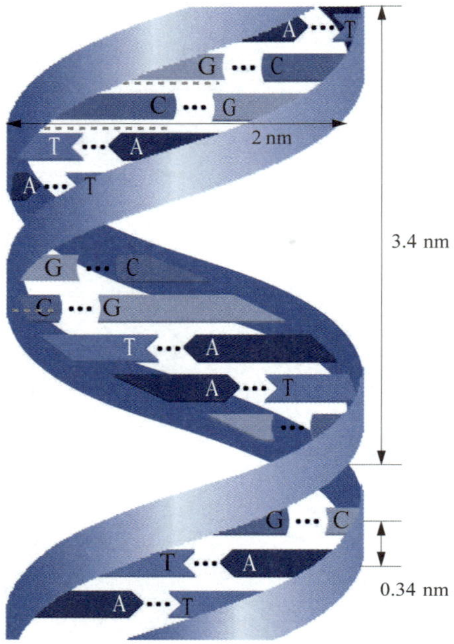

그림 5.8 DNA의 구조. 이중 나선 구조, 두 가닥 사이에 상보적이고, 역평행한 구조를 이루고 있다. 한 회전의 길이는 보통 3.4 nm이며 대략 10개의 뉴클레오티드로 구성된다.

4) 인간유전체사업

정보화 시대에서 컴퓨터의 발달은 생물학 분야에도 많은 변화를 초래 하였다. 특히 인간유전체연구(HGP; Human Genome Project)는 인간이 달에 착륙한 이래 인류 최대 규모의 큰 프로젝트였다. 1990년도부터 공식적으로 출범한 HGP의 목적은 한 개인의 30억 개의 염기서열을 모두 해독해 내는 것이다. 총 13여 년간을 걸쳐 성공적으로 이루어진 이 연구는 생물학, 의학, 약학 등에 커다란 영향을 미쳤다. 30억 개의 염기서열을 모두 해독 해내는 작업은 그 자체로 자료를 습득하는 과정뿐만 아니라, 수많은 종류의 파생 연구를 생성하였다. 예를 들면 30억 개의 염기서열 해독, 새로운 유전자 발굴, 유전자의 DNA Sequence 정보 습득, 고속 Sequencing 기술과 장비 개발, 자료의 데이터베이스화 등이다. 하지만 이러한 대용량의 자료에서 필요한 정보만을 추출하고 분석하는 과정은 그리 쉬운 일이 아니다. 따라서 이러한 분야에서 학제간의 공동 연구가 필요하게 되었고 이는 생물정보학(bioinformatics)이라는 새로운 학문을 탄생시켰다.

생물정보학이란 기존의 생물학으로는 풀어내지 못했던 생명현상을 생명체가 가지고 있는 다양하고 대규모의 대용량 디지털 자료를 기반으로 수학, 통계학, 전산학 등을 이용하여 풀어내는 학문이라고 정의할 수 있다. 〈그림 5.9〉에는 인간유전체사업의 연구 결과가 발표된 Nature 표지와 Time지에 소개된 인간유전체사업의 두 주역인 셀레나 지노믹사의 Craig Venter 박사와 국립보건연구소의 Francis Collins 박사의 모습이다.

그림 5.9 인간유전체사업의 연구 결과가 발표된 Nature지와 Time지에 소개된 셀레나 지노믹사의 Craig Venter 박사와 국립보건연구소의 Francis Collins 박사

자료: Nature, Time

HGP의 성과가 완성된 단계에서 유전체 연구는 비교유전체학(comparative genomics)과 기능유전체학(functional genomics)의 두 방향으로 진행되고 있다. 비교유전체학은 개체 간의 유사성과 차이를 DNA Sequence 수준에서 비교하여 정보를 추출해내는 학문이다. 한편 DNA Sequencing이 거의 완료되고, 유전자의 수와 위치 등이 알려졌다고는 하지만, 기능을 알고 있는 유전자는 소수에 불과하므로 기능유전체학이 유전자가 가지고 있는 기능에 대해 연구하는 학문이다. 인간유전체 사업의 결과, 인간 유전자의 수가 예상했던 수보다 훨씬 적은 2만 5천여 개로 추정됨에 따라 과학자들은 유전자의 기능이 생각보다 더 복잡할 것으로 예상하고 있다. 그러나 지금까지의 연구 방법은 개개인의 유전자 기능을 추적하는 방식이 었으므로, 암 질환과 같이 복잡하고 총체적으로 유전자가 발현되어 발생하는 경우는 유전체 자료 분석 결과를 설명하는 것이 거의 불가능하였다. 따라서 최근 들어 전체 genome 수준에서 유전자의 기능을 탐색하는 방법의 필요성이 대두되었고, 이를 통해 유전자군의 기능을 총체적으로 파악하는 방식으로 발전되고 있다.

이러한 연구에서 확률론적 접근 방법을 제시하는 생물통계학의 역할이 점차 커지고 있으며 생물정보학으로 확대 발전하고 있다. 생물정보학 분야에서 주로 다루는 유전체자료로 DNA chip과 SNP(Single Nucleotide Polymorphism) 자료에 대하여 간단하게 소개하고자 한다.

5) DNA chip

DNA chip은 작은 유리판 위에 수천, 수만 개의 유전자를 고정한 다음에 시료에서 얻은 RNA의 발현 정도를 측정하는 방법이. DNA chip은 크게 oligonucleotide DNA chip과 cDNA chip으로 나뉘며 비교적 적은 비용으로 연구 가능한 cDNA chip이 널리 사용되고 있다. cDNA는 생명체의 세포에서 발현되고 있는 mRNA 전체를 얻어내어 이를 cDNA로 전환, 대조군의 cDNA와의 발현량의 차를 비교하여 대조군과 다르게 작동하는 유전자를 찾아보려는 기술이다. 이런 DNA chip 기술은 수만 개의 유전체의 발현 상을 한 번에 검사할 수 있는 high throughput 기술이라는 점이다. 〈그림 5.10〉은 cDNA chip을 나타낸다. 각 점은 한 유전자를 나타내며 이미지 분석을 통해서 반응값인 밝기를 측정한 다음에 통계적인 분석 방법을 통해서 필요한 정보를 추출하게 된다.

그림 5.10 cDNA chip

DNA chip은 다양한 임상연구에 널리 활용되고 있다. 예를 들어 암환자와 정상환자의 조직으로부터 DNA chip 기술을 활용해 수만 개의 유전자 중에서 두 조직 간의 발현값이 차이가 나는 유전자를 찾아내고 이 유전자를 기반으로 조직 진단이나 예후 예측 또는 약물반응에 대한 예측 모형을 개발할 수 있다. 또한, 각 환자의 유전자 발현값을 기준으로 환자별 맞춤 치료를 시행할 수 있다.

최근에 개발된 RNA sequencing(RNA-seq) 기술은 리보핵산(RNA)의 시퀀스를 읽어서, 어떤 유전자가 활성화되고 있는지, 그리고 그 유전자들이 얼마나 많은 RNA를 만들어내고 있는지를 보다 정확하게 정량화할 수 있는 기술이다. DNA chip에 비해 더 높은 정확성과 감도를 제공하며, 매우 낮은 수준의 유전자 발현도 감지할 수 있다. RNA-seq은 특히 낮은 발현 수준의 유전자가 중요한 생물학적 기능을 할 때 유용하다. DNA chip에 비해 데이터의 품질과 양에서 보다 많은 정보를 제공한다. 그러나 DNA chip에 비해 비용이 더 높고, 생성되는 데이터 양이 방대해 복잡한 데이터 처리와 분석이 필요하다.

DNA chip과 RNA-seq 자료의 특징은 많은 양의 복잡한 자료가 동시에 관찰된다는 점이다. 이 자료로부터 필요한 정보를 뽑기 위해서 다양한 통계기법들이 활용되고 있는데 그중의 하나가 군집분석(clustering)이다. 〈그림 5.11〉은 DNA chip에서

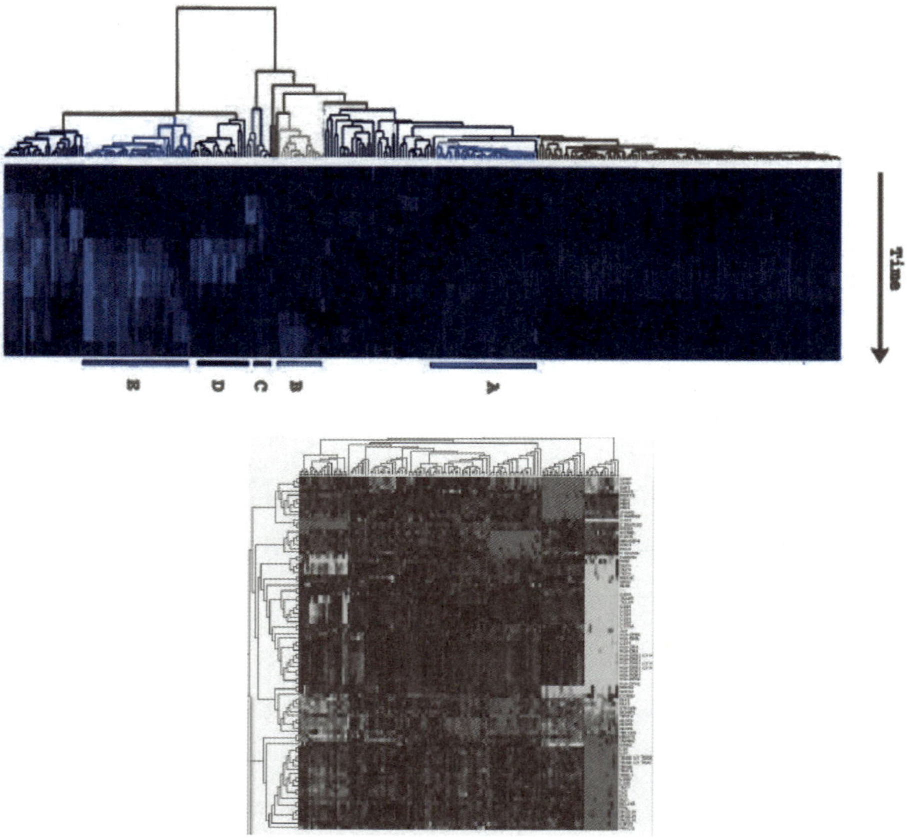

그림 5.11 DNA chip 자료에 대한 군집분석(clustering analysis)

관찰된 반응값들로부터 비슷한 반응패턴을 보이는 유전자들을 군집으로 묶은 결과이다. 이 그림은 유전자의 반응값들로 강하게 발현된 유전자들은 적색으로, 약하게 발현된 유전자들은 녹색으로 표시되었다. 동일한 군으로 분류된 유전자 중에서 몇몇 유전자의 기능을 알고 있다면, 이 군집분석을 통해 동일한 유전자군에 속한 유전자들이 기존의 유전자들과 비슷한 기능을 할 것으로 추론해 볼 수 있다. 이 군집분석 방법은 오래전부터 사용되어온 고전적인 통계분석 방법이지만 현재 DNA chip과 RNA-seq 자료의 자료의 분석에 아주 유용하게 사용되고 있다. DNA chip에 대한 보다 자세한 통계적 분석에 관해서는 [박태성 외 5인, 2005]를 참조하기 바란다.

6) 단일염기다형성(Single Nucleotide Polymorphism; SNP)

사람들의 DNA Sequence를 조사하면 약 0.1% 차이를 보인다고 한다. 이 0.1%가 인간 개체의 고유성을 만들어 낸다고 할 수 있다. 그런데, 이 중에 단 하나의 base pair만이 다른 때도 있으며, 이는 염색체 전체에 거의 균일하게 퍼져있다. 이러한 Polymorphism을 SNP라고 부른다.

단일염기 단위에서 발생하는 유전 변이형으로는 단일염기에 대한 삽입(insertion), 결손(deletion)이나 돌연변이(mutation)가 있다(그림 5.12).

단일염기 단위에서의 '삽입'은 기존의 염기서열에 한 개의 새로운 염기서열이 들어가는 것을 말하고, '결손'은 기존의 염기서열 중 한 개의 염기서열이 없어지는 것을 말한다. 또한, 단일염기 단위의 '돌연변이'는 염기서열 하나가 전혀 다른 염기서열로 바뀌는 것을 의미한다.

다양한 연구를 통해서 단일염기다형성의 변이가 눈 색깔, 맛을 느끼는 감각, 알코올 반응에 따른 피부색 변화부터 암이나 당뇨와 같은 복합질환(complex disease)에 영향을 준다는 사실이 알려져 있다. 최근에는 약 300만 개 이상의 단일염기다형성에 대한 정보를 하나의 칩으로 알 수 있게 되었다. 또한 이러한 기술을 이용하여 대규모의 인구집단(human population)에 대한 유전변이인 단일염기다형성과 암이나 당뇨와 같은 인간의 다양한 형질 간의 연관성에 대한 필요성이 대두되었으며, 현재까지도 대규모의 연구가 활발하게 진행되고 있다.

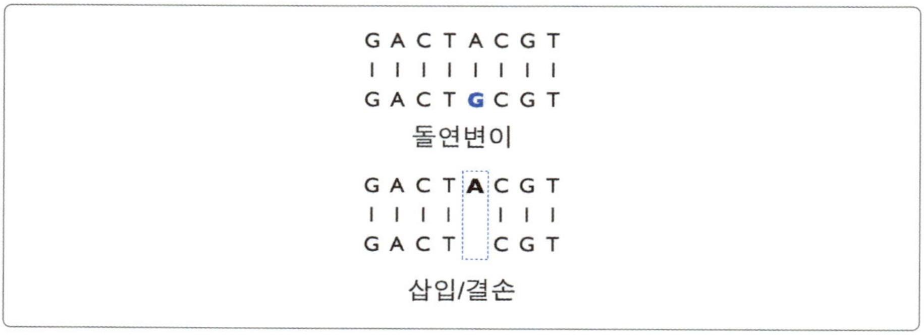

그림 5.12 단일염기변이

이러한 유전적인 정보와 질병을 연관지어 생각해 보면 그 질병과 연관을 맺고 있는 유전자를 발굴해낼 수 있으면 이 유전자의 기능을 파악하여 그 질병을 다스릴 수 있는 새로운 신약개발로도 연결될 수 있다. 그러나 SNP가 일정 유전자와 연관이 있더라도 상당 수준의 변이를 담고 있으므로 유용한 정보를 추출하기 위해서는 생물통계학적 추론 과정이 요구되어 SNP을 기반으로 하는 다양한 통계학적인 연구들이 활발하게 진행되고 있다.

7) 전장유전체연관성 연구

앞에서 살펴본 다양한 유전 변이형과 인간에게 발생하는 암이나 당뇨와 같은 복합질환을 포함한 다양한 형질 간의 관계를 연구하기 위해서는 연관성 연구(association study)를 수행해야 한다. 연관성 연구는 주어진 인구 집단을 관심의 대상이 되는 질환이나 형질을 가지는 그룹과 그렇지 않은 그룹, 즉, 환자군(case group)과 정상군(control group)으로 나누어서 유전 변이형의 빈도에 차이가 있는지 없는지를 조사하여 각 그룹 간에 유의한 차이를 보이는 유전변이형을 찾아내는 방법이다.

최근에는 유전 변이형 칩의 기술적인 발전에 따라 유전체에 걸쳐서 약 300만 개 이상의 단일염기다형성 유전 변이형을 동시에 대규모의 인구집단에서 관찰할 수 있게 되었으며, 이러한 대규모의 인구집단에 대한 유전체와 다양한 형질 간의 연관성을 연구하는 것을 전장유전체연관성 분석(Genome-Wide Association Study; GWAS)이라고 한다.

이러한 전장유전체연관성 분석은 다양한 분야의 연구가 결합되어 진행되는 다분야 융합연구의 좋은 예로써, (1) 연구대상의 선정 및 연구대상의 형질을 조사, 연구하는 역학 연구와 (2) 유전 변이 발굴을 위한 연구대상의 혈액 등과 같은 시료를 얻고 저장하고, 지속적인 연구를 위해 보관하는 유전자원 연구, 그리고 (3) 연구대상의 시료에 대한 유전 변이에 대한 유전자칩을 통해 얻은 대용량의 데이터를 단시간에 효과적으로 분석 할 수 있는 생물정보학 및 생물통계학적 연구, 마지막으로 (4) 분석된 결과에 의미를 부여하고 유전체를 종합적으로 분석하는 유전체 형질연구 및 의학유전체 연구 등의 다양한 분야의 연구자가 참여하게 된다. 〈표 5.1〉에서 보는 바와 같이 각 연구

표 5.1 전장유전체연관성 분석과정

순서	분석 과정	분석 내용
1	지역 코호트	질병의 원인을 규명하기 위해 인터뷰, 혈액 검사 등을 통해 원인으로 의심되는 위험 인자와 그 결과를 일으키는지에 대한 연구를 위해 구성된 집단으로 수년간 지속적 모니터링 수행
2	개체 선별	유전체 연구를 위한 개체 선별 • 혈액 샘플
3	인간 염색체	선별된 개체의 염색체 분석
4	SNP Genotyping	Genome-Wide Chip을 이용하여 모든 염색체와 DNA에 대한 SNP를 알아낸다. • 단일염기다형성(SNP): 하나의 염기서열이 다른 유전적 변이의 하나 예) GACTGACT GATTGACT

5	슈퍼컴퓨터를 이용한 통계분석	안성/안산의 코호트의 경우 10,000명에 대한 600,000(총 6십억개의 SNP)에 대해서 Bioinformatics와 통계적인 방법을 활용하여 질병과의 연관성 분석
6	신체 표현형 관련 SNP 분석	&번 염색체의 &&&위치의 SNP가 키(신장)와 연관성이 있음
7	신장(키) 관련 표현형 발굴	예를 들어, 인간 8번 염색체의 8q24 부분의 SNP(rs6983269)의 경우 • TT인 경우 전립선암에 대한 민감도가 일반적 • GT인 경우 전립선암에 대한 민감도가 1.26배 • GG인 경우 전립선암에 대한 민감도가 1.58배
8	맞춤 의료와 예방의학(질병으로부터 자유로운 세상)	대량의 인간 유전체 연구를 통하여 유방암 관련 인자를 확인한 경우 우리는 무엇을 할 수 있는가? • 감시: 가능한 빨리 질병 발병 여부를 알아냄 • 위험 회피: 운동과 알콜 섭취 회피 • 예방적 화학요법: 타목시펜과 같은 약물 요법 • 예방적 수술: 나팔관과 난소 절제술

분야의 전문가가 각각의 연구 과정에 참여하여 관심의 대상이 되는 형질에 연관된 유전 변이를 연구하게 된다.

이러한 유전 변이형들은 암이나 당뇨와 같은 복합질환뿐만 아니라 눈의 색깔이나 피부색과 같은 인간의 다양한 형질에 다양하고 중요한 영향을 주고 있다. 최근에 많이 연구되고 있는 전장유전체연관성 연구에서는 인간에게 많이 발생하는 당뇨, 각종 암, 심장질환, 천식, 알레르기 등에 영향을 미치는 다수의 단일염기다형성을 발견하였다. 또한, 특정 형질과 관련된 SNP 유전변이에 대한 기존의 모든 연구 결과는 GWAS Catalog(https://www.ebi.ac.uk/gwas/)에 잘 정리되어 있다. 여기서 동그라미는 각각의 형질을 나타내는 것으로 키, 몸무게, 비만도, 혈압 등과 같이 쉽게 측정할 수 있는 형질 및 혈액 검사를 통해서 측정되는 콜레스테롤값, lipid, Cholresterol, HDL 등의 형질 및 암과 같은 다양한 질환을 나타내고 있다. 2024년 4월 22일까지 6,827개의 논문으로부터 구한 607,094 연관성 결과와 79,604개의 요약통계량(full summary statistics) 결과를 제시하고 있다. 〈표 5.2〉는 이러한

표 5.2 유전 변이 데이터베이스

데이터베이스	정보	웹 주소
SNPedia	인간 형질에 영향을 주는 단일염기다형성을 위키 형식으로 정리	www.snpedia.com
DGV	유전체 구조 변이의 정보	projects.tcag.ca/variation
GEN2PHEN	유전자와 형질에 연관된 정보	www.gen2phen.org
DECIPHER	유전체 구조 변이에 따른 형질 변화 정보	decipher.sanger.ac.uk
HGVbase2G2P	전장유전체연관성 분석 정보	www.hgvbaseg2p.org
VEGA	양질의 유전자 주석 정보	vega.sanger.ac.uk
NHGRI GWAS catalog	전장유전체연관성 분석 정보	www.genome.gov/gwastudies

유전변이에 대한 다양한 데이터베이스에 대한 정보를 보여 준다. 〈그림 5.13〉은 일부 특정 질환과 관련된 유전변이를 보여주고 있다.

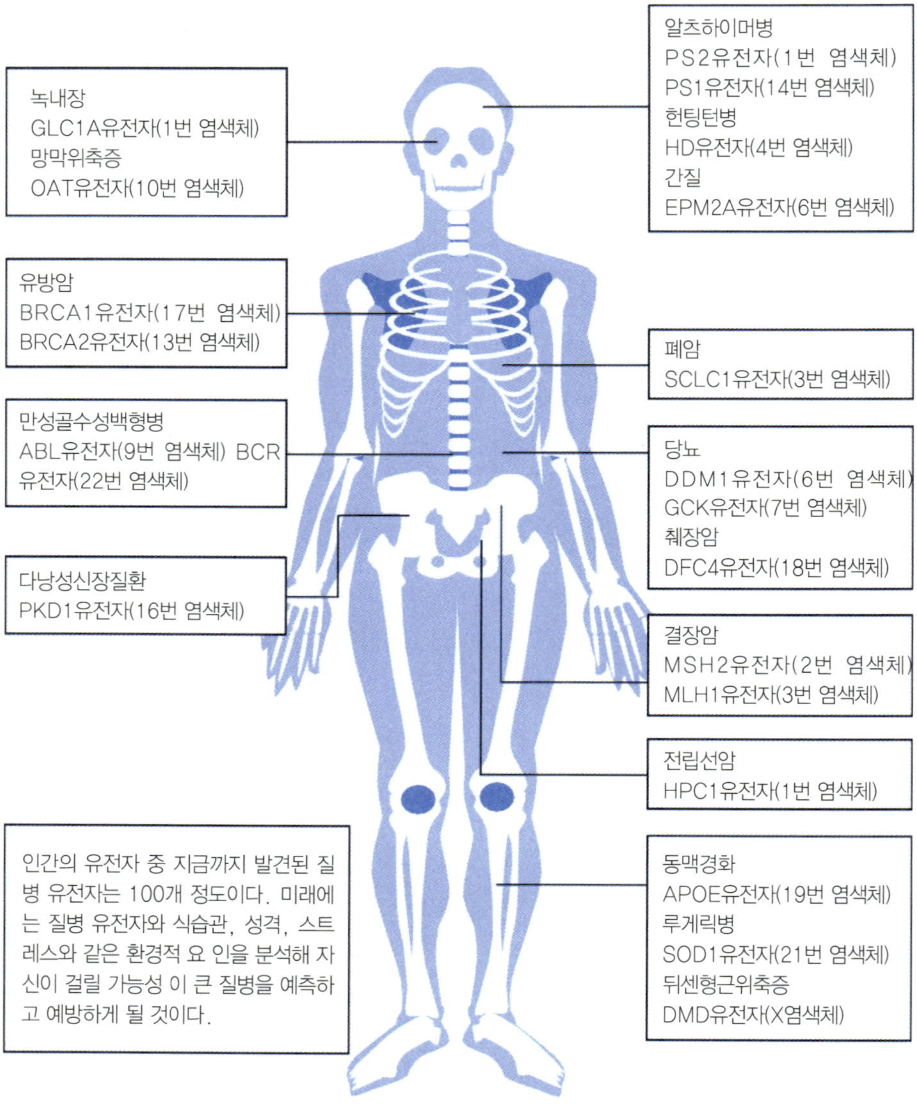

그림 5.13 특정 유전자 변이와 관련된 질환들

자료: NCBI(미국 국립생물정보센터)

5.4 유전체 정보의 빅데이터 분석 사례

대용량의 유전체 자료는 현대 의학의 패러다임을 바꾸고 있다. 개인의 유전체 연구를 통해 얻어진 정보를 의학에 접목하여 각 개인에 대한 질환별 맞춤 의료 서비스가 가능하게 되었다. 즉, '유전체 연구'의 눈부신 발전을 통해 각 개인에 따른 유전체 정보를 기존 의학에 접목하여 환자 개인의 특성과 다양성을 이해하고, 이를 기반으로 가장 효과적이고 효율적인 약물의 처방과 치료를 선택하는 것이 가능하게 되었다. 이제 구체적인 몇 가지 사례를 살펴보도록 하자.

1) 유방암 재발 예측을 위한 OncotypeDx

Genomic Health사에서 개발한 OncotypeDx는 특정유방암(lymph node negative, estrogen receptor-positive tumors receiving tamoxifen) 환자에 대해 수술 후 향후 10년 이내에 재발 위험성(distant recurrence)을 예측하기 위한 진단키트이다(그림 5.14). 2018년 5월까지 90개 이상의 나라에서 90만 명 이상의 환자

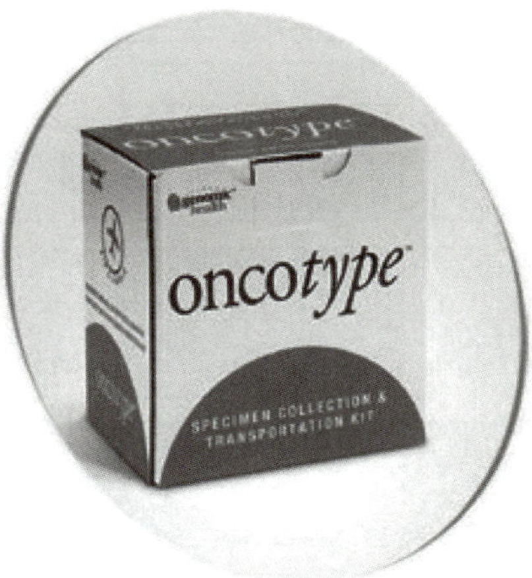

그림 5.14 유방암 환자의 재발 위험성을 예측하기위한 OncotypeDx 진단키트

들이 혜택을 받았다(출처:http://www.genomichealth.com/en-US/oncotype_iq_ products/oncotype_dx). 필자 중의 한 명인 박태성 교수가 OncotypeDx의 개발에 참여하였다. 〈그림 5.15〉에서 설명된 것처럼 먼저 유방암의 재발과 관련된 유전자 총 21개를 발굴하여 이들의 유전자 발현값을 기반으로 통계 모형으로 재발지수(RS, recurrence score)를 계산하여 이 지수값을 기반으로 고위험군, 중간위험군과 저위험군으로 구분하여 고위험군은 항암치료와 호르몬약을 투여하는 강도가 강한 치료를 시행하고, 저위험군은 호르몬 약만 투여하는 약한 치료를 시행하게 된다. 중간위험군은 암 크기, 진행 정도, 폐경 여부 등 개인의 개인별 위험요인에 따라 강도가 강한 치료를 받을지 아니면 약한 치료를 받을지 결정하게 된다. 국내에서도 약 400만원의 비용을 지불하면 OncotypeDx 서비스를 받을 수 있다. OncotypeDx의 제일 큰 혜택은 재발 위험도가 낮은 환자에게 불필요한 항암 치료를 받지 않을 수 있도록 해주는 것이다.

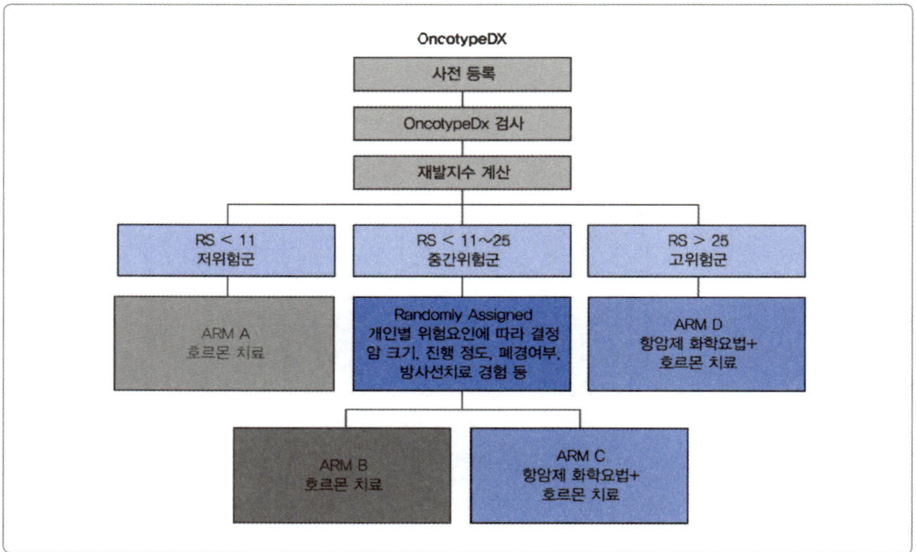

그림 5.15 OncotypeDx를 이용한 치료 가이드라인

2) 안젤리나 졸리 효과

툼레이더스 영화로 널리 알려진 유명 영화배우 안젤리나 졸리(Angelina Jolie)가 2013년 예방의 차원에서 정상 가슴을 절제하는 수술을 받은 것으로 알려져 전 세계에 놀라운 충격을 주었다. 안젤리나 졸리의 엄마는 46세에 유방암이 발병하여 10년 동안 투병 생활을 하다 만 56세에 사망하였다. 엄마의 고통을 직접 옆에서 지켜본 졸리는 유전자 검사를 통해 엄마와 동일한 유방암과 난소암의 발병위험을 높이는 BRCA1 변이가 발견되었다. 발병 위험도는 개인별로 차이가 있으나 평균적으로 BRCA1 변이에 의해 65% 정도가 유방암이 발생하는 것으로 알려져 있다. 졸리의 경우는 이보다 좀 더 높은 수치인 87%의 유방암 발병 위험도, 50%의 난소암 발병 위험도를 갖는 것으로 예측이 되었다.

안젤리나 졸리는 2013년 4월 27일 3개월 간의 유방절제 수술을 포함한 모든 수술 과정을 비밀로 하였으나 본인의 수술경험을 통해서 다른 여성들에게 혜택을 주기 위해 수술한 것을 공개하기로 결정하였다. 2013년 5월 14일자 New York Times의 My Medical Choice라는 기고문을 통해서 유방절제 수술을 받는 것은 쉬운 결정이 아니었으나 본인의 결정에 대해 만족하고 있다는 사실을 밝혔다. 또한, 국내 방송사와의 인터뷰를 통해서 "우리의 아이들이 더는 유방암 때문에 엄마를 잃는 걱정은 하지 않아도 된다"고 고백하였다. 실제로 가슴 절제 수술 결과 유방암 발병 위험도는 87%에서 5% 이하로 떨어졌다.

2013년 안젤리나 졸리의 수술 사실 공개 후, 유방암 관련 유전형 검사 수요가 40%로 증가하였고 이 효과를 안젤리나 효과라고 〈그림 5.16〉에서 보는 것처럼 타임지는 2013년 5월 27일자 표지 기사로 소개하였다.

그림 5.16 2013년 5월 27일자 타임지 표지에서 안젤리나 효과에 대해서 소개

3) 항응고제 와파린

각 개인에 대한 유전 정보에 따라서 약물반응이 달라지는 실제 예에 대한 연구는 많이 진행된다. 항응고제로 잘 알려진 '와파린'이라는 약물은 최근 국제 공동연구 컨소시움(International Warfarin Pharmacogenetics Consortium, IWPC, https://www.pharmgkb.org/page/iwpc)에서 유전적 요인에 의해 약물반응이 달라진다는 연구 결과를 밝혀냈다. '와파린'은 심방세동과 심부정맥혈전증, 심장판막 치환술 등에서 혈액 응고로 혈관이 막히는 혈전, 색전증 등에 사용되는 약물이다.

'와파린'을 적절하게 사용하지 못하여 실제 필요한 양보다 부족하게 사용할 경우에는 혈관이 막혀서 중풍(뇌졸중)을 초래하게 될 수 있는 반면에 과도한 양을 사용하게 되면 뇌출혈을 일으킬 수 있다. 일반적으로 '와 파린'에 대한 적정 용량은 개인에 따라 최대 100배까지도 차이가 나는 것으로 알려져 있다. 하지만 각 개인의 유전 변이에 따라 '와파린'에 대한 약물반응이 다르게 나타날 수 있다는 사실을 밝혀냄에 따라 각 개인에 대한 유전 정보를 이용하여 '와파린'에 대한 적정 용량을 조절함으로써 개인에 대한 맞춤 처방이 가능하게 된 것이다.

와파린 외에도 〈표 5.3〉에서 나타내고 있는 것처럼 유전 변이형에 따른 약물의 반응에 대한 연관성 연구가 진행되고 있으며, 특히 세계적으로 가장 많이 사용되는 상위 10개 약물에 영향을 미치는 유전자를 이미 발굴하 였다.

표 5.3 세계에서 가장 많이 사용되는 상위 10개 약물과 관련 유전 변이 정보

약물 이름	약효 분류	사용	유전적 영향	약물 영향	연구 방법	유전 변이
Atorvastatin	스타틴	이상지질혈증	있음	근질환	전장유전체연관성분석, 후보유전자 연구	SLCO1B1
Clopidogrel	항혈소판	동맥혈전질환	있음	약물 저항	전장유전체연관성분석, 후보유전자 연구	CYP2C19
Esomeprazole	양자펌프억제	위궤양	있음	약물 효과	후보유전자 연구	CYP2C19
Fluticasone/ Salmeterol Bronchodilator	기관지 확장	천식	가능함	약물 효과	후보유전자 연구	Beta-2
Etanercept	TNF 길항	류마티스 관절염	가능함	약물 효과	전장유전체연관성분석, 후보유전자 연구	MAFB
Olanzapine	향정신성	정신질환	있음	약물 효과	전장유전체연관성분석, 후보유전자 연구	ANKS1B; CNTNAP5
Risperidone	향정신성	정신질환	있음	약물 효과	전장유전체연관성분석, 후보유전자 연구	ANKS1B; CNTNAP5
Darbopoetin	에리스로포이에틴	빈혈	불확실	-	-	-
Venlafaxin	항우울	우울증	가능함	약물 효과	후보유전자 연구	CYP2D6; dopamine/ serotonin transporter
Amlodipine	항고혈압	고혈압	불확실	약물 효과	후보유전자 연구	NOS1AP

5.5 정밀의학과 AI

1) 정밀의학

1997년도에 개봉한 영화 가타카(GATTACA)에는 갓 태어난 신생아의 발바닥에서 혈액 한방울을 뽑아내어 유전자를 분석하는 장면이 나온다. 몇 초만에 여러 질환에 대한 위험도 예측결과를 확률값으로 제시해준다. 이 장면은 먼 미래의 모습이 아니다. 왜냐하면, 앞에서 살펴본 유명한 영화배우인 안젤리나 졸리의 경우처럼 현재 유전자 예측서비스는 이미 상용화되어 있다. 졸리는 유방암에 대한 유전자 분석을 통해서 본인이 가진 BRAC1의 유전자 변이 때문에 유방암 발병률이 87%가 된다는 예측결과를 얻었다. 이 예측결과를 기반으로 안젤리나 졸리는 예방의 목적으로 정상적인 유방을 절제하는 수술을 받았던 것이다. 또한, 와파린의 경우처럼 개인별로 유전자 검사를 통해서 와파린의 효과와 적절한 용량을 찾아 주는 서비스가 제공되고 있다.

이처럼 각 개인의 유전체 연구를 통해 얻은 정보를 의학에 접목하여 환자 개인의 특성과 다양성을 이해하고, 이를 기반으로 가장 효과적이고 효율적인 약물의 처방과 치료를 선택하는 '정밀의학(precision medicine)'의 시대가 이미 도래하였다. 정밀의학(precision medicine)이란 개인별로 발생할 수 있는 질환을 예측하고 이를 예방, 조기진단, 각 개인에게 가장 잘맞는 처방 치료를 하는 일련의 개인 맞춤의학 행위로서 정의할 수 있다.

2015년 1월 미국 대통령 오바마는 연두기자회견에서 DNA의 이중 나선 구조 모형을 제시하면서 정밀의학에 관한 'Precision Medicine Initiative' 연구를 진행한다고 발표하였다. 이 연구는 미국인 100만 명을 대상으로 대규모 코호트를 구축하여 유전체 정보를 수집하고 추적 조사를 통해서 특정 질병이나 형질과 유전변이와의 연관성 연구를 하겠다는 내용이다. 이 연구 결과로 임상에서 직접적인 유전변이 정보를 활용할 수 있는 기반을 마련하겠다는 내용이다.

유럽에서도 영국을 비롯한 여러 나라에서 대규모 코호트 연구가 활발하게 진행이 되고 있으며 이런 유전자 정보를 보관하는 바이오뱅크 관련 연구도 활발하게 진행이 되고 있다. 현재, 대부분의 병원에서는 환자가 병원을 찾아오면 의사들은 임상과 관련된 기본적인 검사와 진료상담을 통해서 방문한 환자의 상태를 파악하여 의학적 상황이나 환자의 심리, 사회적 정보를 종합적으로 고려함으로써 환자에게 가장 적절하다고 판단되는 최선의 치료방법을 시도하고 있다. 하지만, 현대 의학은 약물의 부작용과 치료법 선택 오류 등의 수많은 시행착오를 겪을 수밖에 없었다. 이러한 시행착오는 환자마다 처방받는 약물의 양에 따른 반응이 다르기 때문에, 환자에 따라 약물의 치료 효과가 즉각적일 수도 있고 어떤 환자는 약물의 효과가 전혀 없을 수도 있으며 때로는 심각한 부작용을 일으킬 수도 있다.

최근의 보고에 따르면 여러 약물에서 전혀 효과를 보지 못하는 환자가 약 30~60% 정도 된다고 한다. 이렇듯 약물의 부작용이 각 개인에 의해서 다르게 나타나는 이유는 환경적인 요인과 식단, 직업, 심리적인 요인 등과 같이 다양한 원인에 의해 영향을 받을 수 있는데, 이 외에도 각 개인의 유전적 요인에 의해서도 개인 간의 약물반응에 대한 차이가 나타난다는 사실이 알려지게 되었다. 따라서 각 개인의 유전 정보를 알게 되면 약물의 부작용과 같은 개인 간의 차이에 의해서 발생하는 시행착오를 피함으로써 각 개인에 맞는 처방을 할 수 있게 된다(그림 5.17).

이러한 약물반응에 대한 유전 변이 연구인 '약물유전체' 연구는 미국에서 가장 활발히 진행되고 있다. 미국은 국가일반의과학연구소(National Institute of General Medical Sciences; NIGMS)에서 약물유전체연구네트워크 (Pharmacogenetics Research Network; PGRN)를 설립하여 약물유전체 연구를 진행하고 있는데, 특히 임상에서도 유전체 연구를 통한 약물 반응 연구가 활발히 진행되고 있으며, 최근에는 일부 지역에서 '와파린' 용량 조절을 위한 유전자 검사 비용을 국가의료보험인 '메디케어(Medicare)'에서 보험급여로 인정하고 있다.

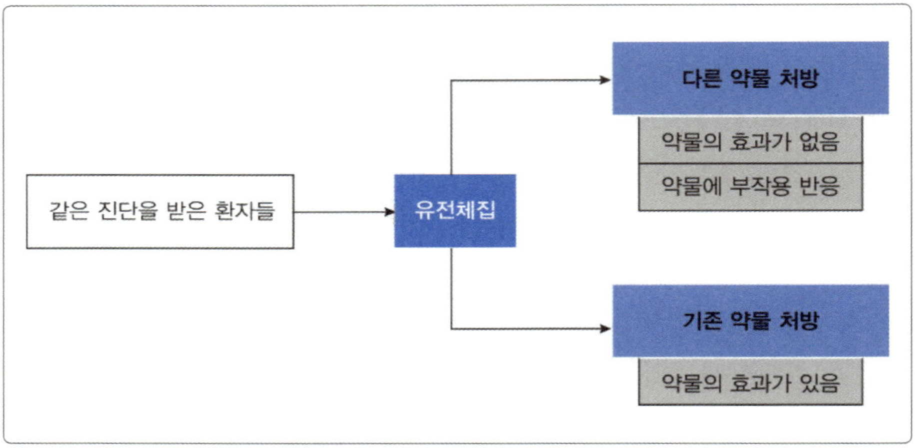

그림 5.17 유전자 정보를 활용한 약물유전체 연구의 예

2) 유전자검사 서비스

인간유전체사업에서는 한 사람의 유전체를 분석하는 데 13년의 기간이 걸렸고 비용도 약 3조 정도 들었다. 그러나 이제 최첨단의 서열분석 기기의 발달로 각 개인별로 유전체 정보를 얻는 것은 마치 X-레이를 찍거나 MRI를 찍어서 영상정보를 얻는 것처럼 쉬운 시대가 되어 비용이 100만 원 이하로 줄고 기간도 하루 이내로 가능하게 되었다. 이제 의료계에서는 이런 개인별 유전체 정보를 활용하여 각 개인에게 맞는 치료 및 약물을 선택하여 치료를 하는 것이 가능해졌다.

이러한 정보는 의료계에서 매우 잘 활용되고 있다. 〈그림 5.18〉은 이러한 유전자 예측서비스를 제공하는 23&Me 회사의 홈페이지인데, 단지 159불의 비용으로 개인의 건강상태, 형질예측 및 조상 관계에 대한 분석 서비스를 받을 수 있는 시대가 된 것이다. 〈그림 5.19〉는 유전체 정보를 기반으로 질병예측과 약물반응에 대한 예측서비스를 제공하는 FoundationOne에서 제공하는 분석결과를 보여준다. FoundationOne은 여러 회사들 중에서 의료계와 가장 연계성이 높은 서비스를 제공하는 것으로 잘 알려져 있다. 구글에서는 모든 직원이 FoundationOne 서비스를

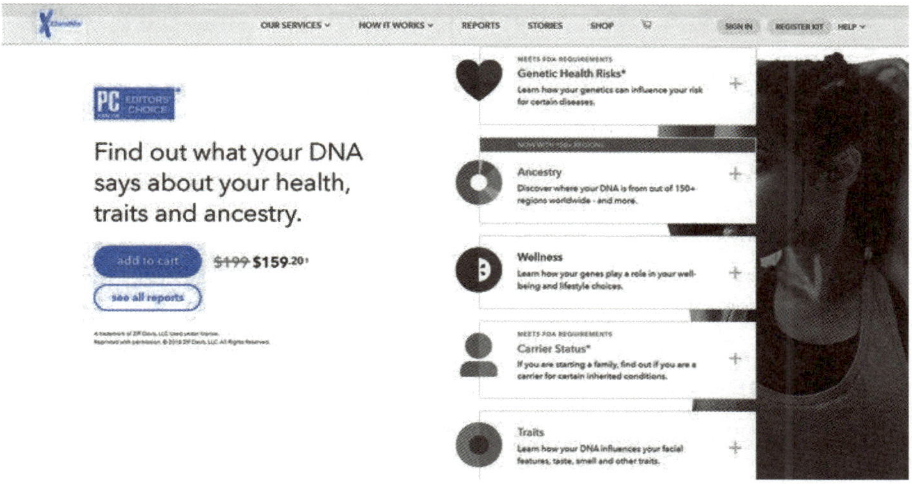

그림 5.18 유전체 정보를 기반으로 건강상태, 형질예측 및 조상 관계에 대한 분석 서비스를 제공하는 23&Me 홈페이지

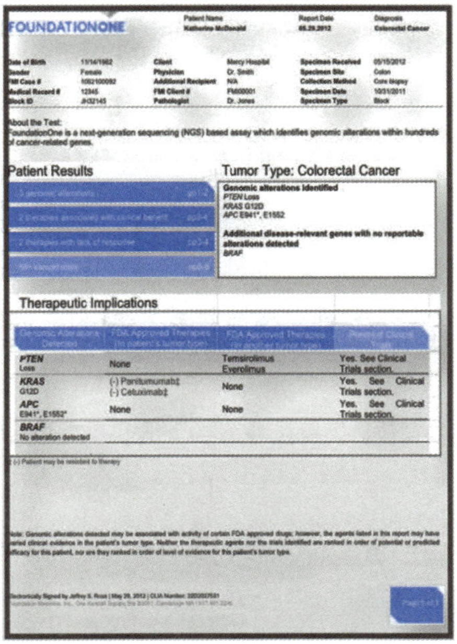

그림 5.19 유전체 정보를 기반으로 질병 예측과 약물반응에 대한 예측서비스를 제공하는 FoundationOne

무료로 받을 수 있도록 지원을 해주고 있다. 얼마 전에 췌장암으로 세상을 떠난 애플사의 스티브 잡스도 FoundationOne의 서비스를 받은 것으로 알려져 있다.

우리나라에서는 2017년 3월부터 고형암 10종(위암, 폐암, 대장암, 유방암, 소암, 악성 뇌종양 등), 혈액암 6종(급성 골수성, 림프구성 백혈병 등) 및 유전성 질환 4개(난청, 망막색소변형 등)에 대한 유전자 검사를 의료보험으로 지원하고 있다.

3) 정밀의학과 AI

인공지능(AI)은 의료 분야에서 혁신적인 기술로 자리잡으며, 특히 정밀의학의 발전에 중대한 영향을 미치고 있고 정밀의학을 더욱 발전시키는 데 필수적인 도구로 활용되고 있다. AI는 대규모 데이터 세트에서 유의미한 패턴과 상관관계를 식별하여, 정밀의학에서 환자 맞춤형 치료 계획을 수립하는 데 기여한다. 예를 들어, 유전체 데이터, 전자 건강 기록(EHR), 이미지 데이터, 생체 신호 데이터 등 다양한 유형의 의료 데이터를 분석하여 질병을 조기에 진단하고, 가장 효과적인 치료법을 예측한다.

AI 기술은 특히 의료 영상 분석 분야에서 두각을 나타내고 있다. 컴퓨터 비전 기술을 활용한 AI는 MRI, CT 스캔, X-레이 등의 의료 영상을 분석하여, 의사가 진단을 내리는 데 필요한 정확한 정보를 제공한다. 이러한 기술은 종양의 크기, 형태, 위치를 정확하게 파악하여 암 진단의 정확도를 높이고, 치료 효과를 모니터링하는 데 크게 기여한다. 또한, 유전체 정보 분석을 통해 환자의 질병 예측 및 예방에 필요한 유전적 변이를 식별할 수 있다. 유전체 분석을 통해 개인의 질병 발생 위험을 예측하고, 이에 기반한 예방 조치를 취할 수 있으며, 더 나아가 특정 약물에 대한 환자의 반응을 예측하여 맞춤형 치료를 가능하게 한다. AI 기술을 통해 발견된 바이오마커는 특정 질병에 대한 치료 타깃으로 활용될 수 있으며, 이를 기반으로 한 맞춤형 치료법 개발이 가능하다. 정밀의학의 핵심은 각 개인의 특성에 최적화된 치료법을 제공하는 것이며, AI는 이러한 개인화된 치료 계획을 구현하는 데 필요한 복잡한 데이터를 처리하고 분석하는 데 핵심 기술이다. AI는 빅데이터를 활용하여 환자별로 최적의 치료 시점, 약물 조합, 치료 방법을 결정하는 데 필요한 근거를 제공한다.

데이터의 질과 양, 데이터 보호 및 개인 정보 보호등은 앞으로도 계속해서 풀어나가야할 중요한 이슈이다. 그럼에도 불구하고 AI의 발전은 정밀의학을 혁신적으로 변화시키고 있다. AI 기술의 발전이 계속됨에 따라, 보다 정확하고 효과적인 진단 및 치료 방법이 가능해질 것이며, 이는 의료 서비스의 질을 높이는 데 기여할 것이다.

제 6 장

통계의 매력과 함정

6.1 여론조사는 국민의 마음을 얼마나 정확히 읽는가?

1) 대통령과 당지지율에 관한 여론조사 결과

최근에 실시되고 있는 여론조사에서 윤석열 대통령의 국정 수행 지지율과 부정 평가율, 그리고 각 정당의 지지율에 대하여 의문을 표시하는 분들이 많다. 그러면 여론조사는 어떻게 이루어지고, 그 결과는 얼마나 믿을 수 있고, 여론조사 결과의 신뢰성을 떨어뜨리는 요인들은 무엇인가? 우선 최근 윤 대통령의 국정 지지율, 부정평가율과 각 당의 지지율에 대한 대표적인 5개 여론조사 결과(2023년 4월 21일부터 5월 4일 사이에 실시)를 〈표 6.1〉에서 살펴보자.

조사 방식으로는 전화면접방식(CATI)과 자동응답방식(ARS)으로 나누어진다. 〈표 6.1〉의 결과를 살펴보면 윤 대통령 지지율은 32.0%에서 35.1% 사이(평균은 33.4%)에 있음을 알 수 있고, 정당으로 국민의 힘 지지율도 윤 대통령의 지지율과 큰 차이가 없다. 그러나 더불어민주당 지지율은 30.0%에서 51.7%까지 큰 차이를 보이고 있어 변동성이 매우 큼을 인지할 수 있다.

유사한 시기에 실시된 여론조사에서 더불어민주당 지지율에 큰 차이가 나는 것은 여론조사가 믿을 수 없다는 결론을 주고 있다.

표 6.1 여론조사 기관에 따른 윤대통령 지지율과 양당 지지율

여론조사 실시업체	한국 리서치	미디어 토마토	여론조사 꽃	리얼미터	한국갤럽	평균
조사기간	4월 24 ~26일	4월 24 ~26일	4월 21 ~22일	4월 24 ~28일	5월 2 ~4일	
표본크기	1,006	1,018	1,003	2,507	1,000	
표본오차	±3.1p	±3.1p	±3.1p	±2.0p	±3.1p	
조사방식	전화면접	자동응답	자동응답	자동응답	전화면접	
윤대통령 지지율(%)	32.0	32.3	35.1	34.5	33.0%	33.4%
윤대통령 부정 평가율(%)	57.0	64.7	64.0	62.6	57.0	61.1%
국민의힘 지지율(%)	31.0	34.1	35.1	35.2	35.0	34.1%
더불어민주당 지지율(%)	30.0	46.3	51.7	44.7	32.0	40.9%

이런 지지율 조사에 대한 표본의 크기는 대부분 1,000명 근처이며, 이때 표본오차(sampling error)는 ±3.1p이고, 여기서 p는 퍼센트포인트를 나타낸다. 표본오차는 모집단 전체를 조사하지 않고 표본만을 조사함으로써 발생되는 통계적인 불가피한 오차이다. 그러나 여론조사 결과의 신뢰성이 떨어지는 원인은 표본오차 외에 눈에 잘 안 보이는 비표본오차(non-sampling error)가 존재하기 때문이다. 비표본오차에 대해서는 뒤에 자세히 설명하기로 한다.

위 표의 여론조사 이후 약 9개월이 조금 지난 2024년 2월 중순에 한국갤럽이 실시한 〈그림 6.1〉의 여론조사 결과를 보면 대통령 직무수행평가의 지지율과 부정 평가율에는 큰 변동은 없으나 당 지지율에는 유의한 변동이 있어 보인다. 총선(4월 10일)을 50여 일 남겨 놓은 시기이므로 이 여론조사 결과에 각 당은 신경을 곤두세우고 있다. 최근 정당 지지율은 2월 첫째 주에 더불어민주당이 35%로 국민의힘의 34%를

앞서고 있었으나, 2월 셋째 주에는 국민의힘(37%)이 역전하여 더불어민주당(31%)을 앞서고 있다. 물론 이 차이(6%)는 표본오차의 범위 내에 있어 큰 의미는 없으나 숫자상으로 역전했다는 의미는 크다. 대통령 지지율도 2월 셋째 주에 33%로 조금 상승하고 있으며, 부정 평가율이 58%로 2월 첫째 주의 63%보다 크게 하락(5%p 하락)하고 있어 눈에 뜨인다. 그러나 이 정도의 차이도 표본오차 내에 있어 유의한(significant) 차이가 났다고 볼 수는 없다. 유의한 차이가 나는 기준은, 표준오차가 ±3.1p이므로, ±6.2p의 차이가 나야 유의한 차이가 있다고 말한다.

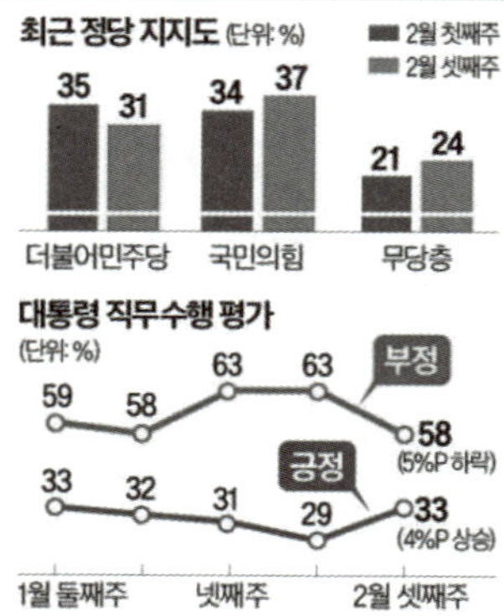

그림 6.1 최근 정당 지지율과 대통령 지지율 변화

자료: 한국갤럽

2) 여론조사 지지율의 통계학적 근거

여론조사에서 A 후보에 대하여 어떤 시점에서 실제 지지율 p를 추정해 발표할 때 보통 "95% 신뢰수준에서 표본오차는 몇 %이다"라고 발표하는 것을 볼 수 있다. 여기서 표본오차를 최대허용(maximum tolerance) 표본오차 혹은 오차한계(error limit)라고 부른다. 이 문장의 의미는

(표본에 의한 p의 추정 비율) ± (표본오차)

구간(이를 신뢰구간이라고 부름)이 실제 비율 p를 포함하고 있을 확률이 95%라는 뜻이다. 표본오차의 크기는 여론조사를 실시하는 표본의 크기를 n이라고 할 때, n의 제곱근에 역비례하는 것으로 통계학에서는 증명되어 있다. 95% 신뢰수준에서 실제 지지율 p에 대한 추정의 표본오차는 "1.96*{[$p(1-p)/n$]의 제곱근}"으로 구한다. 여기서 p의 값을 모르고 있으므로, 전혀 사전 지식이 없을 때는 0.5를 사용하고, 만약 어느 정도의 정보가 있을 때는 그 값을 대입할 수도 있다. 만약 0.5를 사용한다면 이 표본오차는 "1.96*{[0.25/n]의 제곱근}"이 된다.

예를 들어, 어떤 여론조사에서 p값에 대한 정보가 없고, 표본의 크기가 1,000이고, A 후보의 지지율이 21.3%가 나왔다면, 이 후보의 실제 지지율의 표본오차는

1.96*{[0.25/1,000]의 제곱근}=1.96*0.016=0.031

으로 3.1%가 되는 셈이다. 이 경우에는 A 후보의 지지율 p는 21.3%±3.1%로 (18.0, 24.4)% 안에 들어 있을 확률이 95%인 것이다. 표본오차의 크기는 표본의 크기가 커지면 점점 작아지며, 〈표 6.2〉와 같은 관계를 가진다.

표 6.2 표본크기와 표본오차와의 관계

표본의 크기	표본오차(%)
100	9.8
300	5.7
500	4.4
1,000	3.1
1,500	2.5
2,000	2.2
4,000	1.5
8,000	1.1

3) 여론조사에서 신뢰성을 떨어뜨리는 원인은 무엇인가?

〈표 6.1〉에서 보는 바와 같이 실제 여론조사에서는 참 지지율 p의 추정치가 여론조

사 기관마다 큰 차이가 날 수도 있고, 신뢰도가 상당히 떨어지는 경우가 흔하다. 왜 그럴까? 현재 중앙선거관리위원회(선관위) 여론조사심의위원회(여심위)에 등록되어 있는 여론조사 업체의 수는 2024년 2월 19일 현재 60개로 대단히 많고, 이들 기관 간의 과당경쟁으로 인하여, 일부 여론조사 기관들이 졸속으로 저렴하게 여론조사를 하다 보니 객관적으로 공정하게 여론조사를 하지 못하여 그 신뢰성이 떨어진 경우가 허다하다. 또한 염려스러운 것은 여론조사 기관이 어떤 정치적 편향성을 가지고 한쪽을 밀어주려는 의도에서 소위 '통계적 왜곡'을 감수하고 여론조사를 실시하는 경우도 있는 것으로 보인다.

60개의 여론조사업체 중에는 전문 인력이 몇 명밖에 안 되는 업체 등 전문성이 턱없이 부족한 업체도 다수 있다. 이들 업체는 응답률이 10% 미만인데도 그 결과를 공개하는 관행도 문제이다. 최근 응답률이 저조한 것은 사실이나 응답률이 최소 10%는 되어야 하고, 응답률이 낮은 경우에는 이를 보정해 주는 작업도 해야 한다. 그러나 전문성이 결여된 영세 업체들은 이런 활동을 제대로 못 해 신뢰성을 떨어뜨리고 있는 것도 현실이다.

여론조사는 표본조사로 행해지므로, 표본조사에는 불가피하게 통계적인 표본오차가 수반된다. 그런데 여론조사를 기획하거나 실시하는 과정에서 비표본오차가 발생하여 여론조사의 신뢰성을 떨어뜨릴 수 있다. 경우에 따라서는 비표본오차가 표본오차를 능가하여 도무지 믿을 수 없는 결과가 발생하기도 한다. 그러면 어떤 비표본오차의 유형들이 여론조사의 신뢰성을 떨어뜨리고 있는가? 대표적인 유형들로는 다음과 같은 것들이다.

① 표본추출방식이나 조사방식에서 오는 차이
② 질문지 작성의 편향성
③ 표본의 대표성 미흡 혹은 무응답 무시에서 오는 차이
④ 조사 단위의 누락이나 조사원의 부족한 자질과 정치적 편향성

첫 번째로, 표본추출방식과 조사방식에서의 오류를 들 수 있다. 대표적인 표본추출방법으로는 컴퓨터로 전화번호부에서 임의번호걸기(RDD)로 무작위 추출하는 방법과, 통신사로부터 휴대전화 번호를 제공받아 무작위 추출하는 방법이 있다. 조사방식으로는 전화 면접조사(CATI)가 있고, 전화 자동응답조사(ARS)가 있다. 일반적으로 무선전화는 젊은 층의 응답률이 높고, 유선전화는 가정주부나 장년층의 응답률이 높다. 이러한 표본추출방식과 조사방식의 차이가 지지율의 차이로 나타날 수 있으며, 편향된 여론조사 결과를 초래할 수도 있다.

구체적인 예를 들면, 〈표 6.1〉에서 한국리서치는 전화 면접을, 리얼미터는 자동응답조사 방식을 택하였다. 자동응답방식은 기계 녹음으로 질문하기 때문에 응답자가 거짓으로 답변하더라도 가려내기 힘들다. 반면 조사원이 직접 질문하는 전화 면접보다 솔직하게 답을 끌어내 '샤이(shy)층'의 민심까지 반영할 수 있다는 주장도 있다. 그러나 전화 면접조사는 자동응답방식 조사보다 높은 응답률을 가지지만 조사비용이 많이 드는 것이 흠이고, 질문자의 편향성이 개입될 수 있는 소지가 있다.

두 번째로, 질문지 작성의 편향성을 들어보자. 대표적 사례로, 문재인 정부 당시인 2019년 12월 27일 KBS는 메인 뉴스에서 "다가올 총선에서 정부의 실정(失政)보다 보수 야당을 심판해야 한다는 의견이 우세하다"라고 보도했다. 정부 실정 심판론 찬성자 비율은 36.4%(반대 54.3%)이고, 보수 야당 심판론에 찬성한다는 응답자가 전체의 58.8%(반대 31.8%)로 나타났다는 것이다. 즉, 보수 야당 심판론이 정부 실정 심판론보다 압도적으로 우세한 것이 국민의 뜻이라는 의미이다. 이 여론조사는 KBS의 의뢰로 여론조사 기관인 한국리서치가 실시한 것이다. 그런데 이 여론조사의 질문을 보면 보수 야당 심판론을 유도한 것으로 보여 공정하지 않은 조사였음을 알 수 있다.

이 여론조사의 질문지를 보면 "자기반성 없이 정부의 발목만 잡는 보수 야당에 표를 주지 말아야 한다는 주장에 대해 어떻게 생각하십니까?"라고 질문한 것이다. '자기반성 없이', '정부의 발목만 잡는 보수 야당'이라는 부정적 표현이 질문 자체에 포함되어 있어서 보수 야당을 심판하는 것이 옳은 것처럼 유도하고 있다. 반면, 여당 관련

조사에서는 “문재인 정부의 실정을 심판하기 위해 여당인 더불어민주당에 표를 주지 말아야 한다는 주장에 대해 어떻게 생각하십니까?”라고 질문했다. 이 질문에는 부정적 표현은 없고 객관적으로 의견을 물어본 것이다. 이 질문지를 객관적으로 공정하게 하려면, 보수 야당 관련 조사에서는 “문재인 정부의 실정을 심판하기 위해 보수 야당에 표를 주어야 한다는 주장에 대해 어떻게 생각하십니까?”라고 질문했어야 했다.

중앙선거관리위원회 산하의 중앙선거여론조사심의위원회(여심위)가 고시한 ‘선거여론조사 기준’ 제6조(질문지의 작성 등)에는 “누구든지 피조사자의 응답이 특정 정당 또는 후보자에게 편향될 수 있는 다음 각 호의 내용으로 질문지를 작성하거나 질문하여서는 아니 된다. ① 주관적 판단이나 편견이 개입된 어휘나 표현, ② 특정 정당 또는 후보자에 대하여 긍정적 또는 부정적 이미지를 유발할 수 있는 내용 등”으로 되어 있다. 이에 근거하여 여심위는 2020년 1월 16일 “KBS가 야권에 불리한 여론조사를 뉴스로 내보낸 것은 공직선거법 위반에 해당한다.”라고 밝혔다. 선관위가 이 여론조사를 ‘편향적 여론조사’라고 판단한 것이다.

세 번째로, 표본의 대표성 미흡과 무응답 무시를 살펴보자. 표본이 조사하는 대상인 모집단을 대표하는 데 미흡하다면 대표성이 확보되지 못한 것이다. 예를 들면, 어떤 지역에서 정당 지지도 조사를 하는데, 그 지역 모집단의 연령대 인구 비율, 성별 비율, 지역 특수성 등을 고려하여 표본을 설계해야 하는데, 이런 비율이 제대로 반영되지 못한 표본이라면 표본의 대표성이 미흡한 것이다. 여심위에서 고시한 ‘선거여론조사 기준’에도 “누구든지 특정 정당 또는 특정 후보자에게 유리하거나 불리한 결과를 가져올 수 있는 표본을 사용하여서는 아니 된다”라고 되어 있다.

다음으로 무응답 무시에서 오는 차이다. 여론조사에서 응답자의 분포가 모집단과 차이가 많이 나면 표본의 대표성이 미흡하다고 볼 수 있다. 보통 여론조사 응답 비율이 10% 정도이므로, 응답자 1,000명을 얻기 위해서는 초기 표본(이를 표본추출틀이라고 부름)을 1만 명 이상 구해야 한다. 표본추출틀이 연령별, 성별, 지역별 등으로 잘 설계되어 있다고 하더라도, 응답한 사람 대부분이 어떤 정치적인 이념으로 편중되어 있고, 응답하지 않은 사람들은 다른 정치적인 이념으로 편중되어 있다면, 응답자만 가지고 분석한 결과는 전혀 모집단을 대표할 수 없는 결과를 얻게 된다. 즉, 응답자 분포가 당초의 표본설계와 맞지 않은 경우가 발생한 것이고 이런 경우는 허다하다. 이런 경우에는 가중치를 사용하여 보정하여 주거나, 무응답자를 무시하지 말고 무응답자가 어떤 성향을 가진 것인지 별도로 조사하여 반영해 주어야 한다.

네 번째 마지막으로 편향된 여론조사 결과를 주는 다른 원인으로, 조사 단위의 누락이나 조사원의 미숙 등이다. 여론조사 기관이 시간에 쫓기다 보니 표본추출틀에 모두 질문하지 않고, 늘 대답을 잘 해주는 '일부 응답자'들에게만 질문하는 경우이다. 이런 경우는 일부 응답자가 편향되어 있다면 당연히 결과도 잘못된다. 또 다른 원인으로는 질문자의 부족한 자질과 정치적 편향성이다. 질문자가 충분한 교육을 받지 않고 여론조사를 하다 보면 응답자의 기분을 상하게 할 수도 있고, 질문자가 스스로 대답을 유도할 수도 있다. 이런 질문자로 인하여 여론조사의 결과가 신뢰성과 공정성을 잃는 것이다.

여론조사 결과가 국민의 신뢰성을 얻으려면 여론조사 기관들은 위의 네 가지 비표본오차가 생기는 원인을 줄여나가야 한다. 이렇게 해야만 여론조사 선진국이 될 수 있으며, 그 결과가 정치와 사회에 올바르게 반영되어 국가를 진정한 선진국으로 이끌 수 있을 것이다.

4) "우리나라는 행복한 국가인가"에 대한 최근 여론조사

우리나라 국민은 자신이 스스로 행복한 국가에 살고 있다고 생각하고 있을까? 이를 알아보기 위해 정세균 국회의장실이 세계 행복의 날(3월 20일)을 맞아 설문조사를 실시하였다. 국민 10명 가운데 4명(40.6%)이 우리나라를 '행복한 국가'라고 생각한다고 응답했다. 또 응답자의 47.4%는 '보통 수준'이라고 답했으며, 12.0%는 '행복하지 않은 국가'라고 답했다.

이번 조사는 국회의장실과 한국경제신문이 공동으로 한국갤럽에 의뢰해 2017년

12월 18일부터 2018년 1월 17일까지 성인남녀 1,245명을 대상으로 1대 1 방식의 사회가치관 면접조사를 실시하였다. 이 조사는 95% 신뢰수준에 표본오차 ± 2.8% 포인트이다. 〈그림 6.2〉에 그 결과가 나와 있다. 연령대로 보면 20대 이하가 33.7%로 가장 낮고, 40대가 44.2%로 가장 높으며, 그다음 높은 연령대는 60대 이상이다. 40대 이상이 행복한 국가에 살고 있다는 비율이 40대 미만보다 높음을 알 수 있다.

청년 체감실업률이 2017년에 22.7%에 이를 정도로 심각한 청년 실업이 '행복한 국가'라고 생각하는 응답률을 끌어내린 것으로 분석된다. 20~30대에서 우리나라를 '헬조선(지옥 같은 한국 사회)'이라고 부르는 요즘 분위기와 일맥상통하는 것이 있다. '행복한 국가'라는 인식에서 여성(43.0%)이 남성(38.3%)보다 높아서 우리나라에서 삶에 대한 여성의 만족도가 남성보다 좀 높은 것으로 보인다.

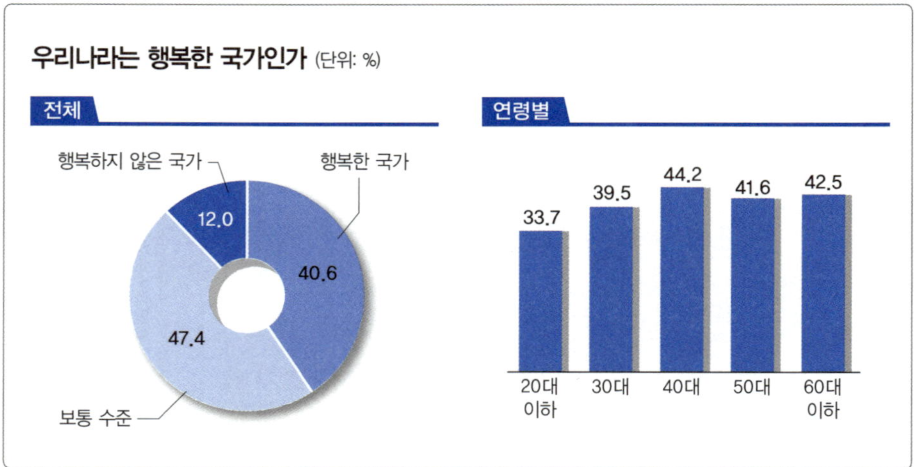

그림 6.2 사회가치관 설문조사 결과

자료: 한국갤럽

'행복한 국가에서 살고 있는가?'라는 조사 이외에 '당신은 행복합니까?'라는 개인행복조사에서는 전체의 66.3%가 '행복한 편'이라고 응답했고, 27.8%는 '보통', 5.9%

는 '행복하지 않은 편'이라고 답했다. 이 역시 20대 이하 청년층과 저소득층, 중졸 이하의 행복도가 낮았다. 20대 이하에서 행복한 편이라는 응답은 60.6%에 그쳤다.

행복한 편이라고 응답한 비율은, 소득수준별에서도 월 가구 소득 200만 원 미만은 55.2%이고, 200만 원대에서는 56.4%로, 전체 평균 66.3%보다 많이 낮은 편이다. 교육 수준에서는 중졸 이하가 57.9%였으며, 고졸은 61.9%, 대졸 이상은 72.4%로 교육 수준이 높으면 행복한 편이라고 답한 비율이 높았다.

혼인 여부에 따라 행복한 편이라고 대답한 비율은, 기혼이 69.3%로 미혼의 60.6%보다 높아서 가정을 꾸린 사람의 행복 수준이 높았다. 가족 구성원 수에서는 1명(혼자 사는 사람)이 51.7%로 가장 낮은 반면, 3명이 69.7%로 가장 높았다. 직업별로는 고용주가 행복한 편이란 응답 비중이 84.7%로 가장 많았으며, 정규직은 71.6%, 비정규직은 60.5%였다. 국내 내수경기 침체와 최저임금 인상 등으로 고통받고 있는 자영업자는 56.5%로 가장 낮았다.

6.2 통계적 검정과 추정의 비밀

1장에서 통계학(統計學, Statistics)이란 학문을 "사회, 자연, 공업 및 인간생활의 온갖 현상을 연구하기 위해 불확실성(uncertainty)이 내포된 데이터(data)의 수집, 분석, 추정 및 검정을 통해 의사 결정(decision-making)에 필요한 정보(information)의 획득과 처리 방법을 연구하는 학문"으로 정의하였다. 우리는 일상생활에서 미래의 현상이나 미지의 값을 가능한 한 정확하게 추측하기를 원하는 경우가 많다. 예를 들어, 내일의 주식시세를 예측하거나, 어느 특정 정치 현안에 대한 국민 의사를 조사하는 문제는 흔히 볼 수 있는 예들이다. 주식전문가들은 오늘의 주식 장세를 분석하고 기업의 재무구조와 경영 방향 등 많은 요인을 분석하여 앞으로의 주식시세를 예측하려고 한다. 또한, 정치 현안에 대한 국민의 여론을 조사하기 위해서는 일부의 여론조사를 통하여 전체의 의사를 추측하게 된다.

우리나라 전체 유권자를 대상으로 조사를 하는 경우에는 유권자 전체가 모집단(population)이 되고, 여기서 조사의 대상으로 추출하는 집단이 표본(sample)이 된다. 일반적으로 모집단의 정보를 나타내는 수치들을 모수(parameter)라고 부른다. 여론조사의 경우에는 모비율이 중요한 정보가 된다.

이와 같이 우리가 흔히 관심이 있는 모수들은 한 모집단의 평균, 분산, 표준편차, 비율 등이다. 두 모집단에 대해서는 상관계수가 가장 관심이 있는 모수가 된다. 이와 같은 모수에 대한 어떤 판단을 내리기 위하여, 모집단에서 표본을 추출하여 데이터를 얻고 이 데이터를 기초로 하여 통계이론에 의한 결론을 내리게 된다. 이와 같은 추론의 과정을 통계적 추론(statistical inference)이라 한다.

통계적 추론은 크게 두 분야로 분류된다. 즉, 통계적 추론에서 가장 많이 다루는 문제는 추정(estimation)과 가설검정(hypothesis testing)이다. 먼저 추정의 원리를 살펴본 후에 검정의 원리를 살펴보기로 보자.

1) 추정

모수를 추정하는 방법에는 두 가지가 있다. 하나는 모수를 한 개의 값으로 추정하는 점추정(point estimation)이며, 다른 하나는 모수가 포함되리라 기대되는 구간으로 추정하는 구간추정(interval estimation)이다.

4장에서 살펴본 A, B 두 회사에서 자동차 타이어의 비교 문제를 다시 살펴보자. A, B회사의 자동차 타이어 수명을 조사하기 위해서는 전체 타이어에 대한 수명을 조사해야 하는데 이는 실제로 불가능한 작업이다. 따라서 일부 타이어를 랜덤으로 뽑은 표본으로부터 타이어의 수명을 조사하게 된다. 각 회사로부터 생산한 100개씩의 타이어를 조사한 수명이 〈그림 6.4〉처럼 정규분포에 따른다고 가정해 보자. 이 경우에 A사의 경우 타이어의 표본 평균 수명이 40,000 km이고 B사의 경우에는 평균 수명 42,000 km로 나타났다. 이런 경우에 우리가 관심있는 모수는 타이어의 수명을 나타내는 모평균값이 되고 100개의 표본으로부터 구한 표본평균값이 모평균의 점추정값이 된다. 이와 같이 모수의 추정에 사용되는 통계량을 추정량(estimator)이라 하며, 추정량에 표본 관측값을 대입하여 얻은 추정량의 값은 추정값(estimate)이라 한다.

그러나 이와 같은 점추정에서는 오차의 개념이 없기 때문에 점추정값이 얼마나 정확한 추정값인지 판단할 수가 없다. 따라서 표준편차와 같이 산포를 사용한 개념이 필요하다. 타이어 예제에서 A사의 경우 타이어의 표본 평균 수명은 40,000 km, 표준편차는 2,000 km이고, B사의 경우에는 평균 수명 42,000 km, 표준편차는 6,000 km이다. 이런 경우 여러분들은 어느 회사에서 만든 타이어를 살 것인가? B사의 타이어 수명이 평균적으로 더 길어 B사 타이어를 살 것인가? 앞서 살펴본 것처럼 이것은 잘못된 판단이다.

이러한 점추정의 단점을 보완하기 위한 것이 구간추정이다. 구간추정을 설명하기 위하여 먼저 표준정규분포에서 $100(1-\alpha)\%$ 백분위수에 해당되는 기호를 소개하기로 한다. 즉, 표준정규분포에서 오른쪽 꼬리의 넓이가 α인 점을 기호 z_α로 나타내기로 한다. 즉, z_α는

$$P(Z \geq z_\alpha) = \alpha$$

를 만족하는 점이며, 이를 그림으로 나타내면 〈그림 6.3〉과 같다.

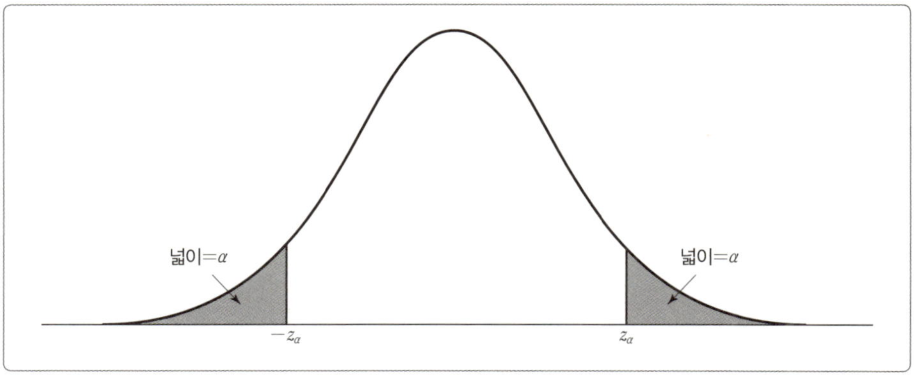

그림 6.3 기호 z_α의 의미

앞으로 흔히 사용하는 z_α 값들은

$$z_{0.005}=2.576;\quad z_{0.01}=2.326;\quad z_{0.025}=1.96;$$
$$z_{0.05}=1.645;\quad z_{0.10}=1.282$$

등이 있다. 추정량과 표준오차의 개념을 합한 것이 구간추정의 개념이다. 일반적으로 모수에 대해 두 통계량 L과 U가 있어서 모수가 L과 U 사이에 값을 취할 확률이 $1-\alpha$일 때, 구간(L, U)의 관측값 (l, u)를 θ의 $100(1-\alpha)\%$ 신뢰구간(confidence interval)이라고 하며, l과 u를 각각 신뢰구간의 하한과 상한이라 한다. 그리고 $1-\alpha$를 신뢰수준(confidence level)이라고 한다. 보통 많이 쓰는 신뢰수준은 90%, 95%, 99% 등이 있다.

다시 타이어의 예제를 살펴보자. A사와 B사 타이어에 대한 95% 신뢰구간을 구하면 B사는 A사보다 표준편차가 크므로, B사의 95% 신뢰구간이 A사보다 훨씬 넓게 퍼지게 된다. 즉, A사는 평균수명은 좀 적으나 산포가 적어 95% 신뢰구간이 평균 수명 40,000 km를 중심으로 좁은 구간이 추정되나 B사는 평균수명은 크나 산포도 크기 95% 신뢰구간이 평균 수명 42,000 km를 중심으로 아주 넓은 구간이 추정된다. 따라서 실제로 구입한 B사의 타이어의 수명이 A사의 경우보다 더 적게 되는 경우가 흔히 발생할 수 있는 위험이 존재하게 된다.

이제 신뢰구간의 의미를 생각해 보자. 예를 들어 모평균의 95% 신뢰구간은 관측을 반복할 때마다 표본평균값이 변하므로 신뢰구간의 위치가 달라진다. 이와 같이 신뢰구간을 반복해서 구할 때 전체 신뢰구간의 95%는 미지의 모평균을 포함하리라 기대할 수 있다는 뜻이다. 이를 그림으로 나타내면 〈그림 6.4〉와 같다.

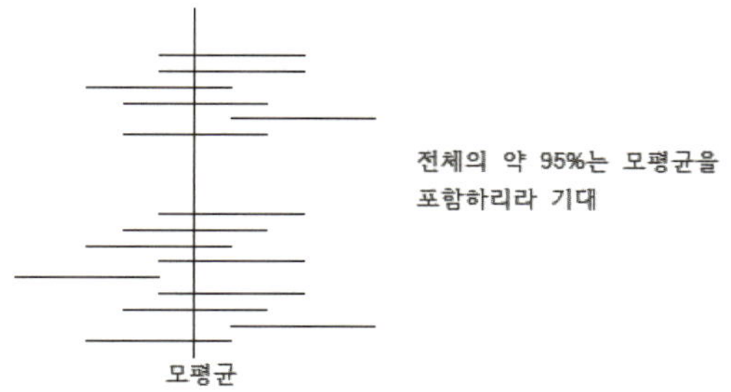

그림 6.4 모평균의 95% 신뢰구간의 의미

2) 가설검정

가설검정의 원리를 살펴보기 위해 어느 전구의 제조공정에서는 평균수명이 1,500(시간)이고 표준편차가 100(시간)이 되도록 품질관리를 하고 있다고 가정해 보자. 품질을 개선하기 위하여 어느 공정팀에서는 새로운 공법을 개발하였으며, 새 공법에 의하면 평균수명이 증가한다고 주장한다. (다만, 새 공법의 특성은 기존의 공법과 같아서 표준편차가 동일하게 100으로 가정할 수 있으며, 생산비용도 같다고 가정한다.)

이를 확인하기 위해 25개의 전구를 시험 생산하여 시험한 결과 표본평균값 1,550(시간)을 얻었다고 하자. 이 표본평균값을 이용하여 모평균에 대한 점추정과 구간추정을 할 수 있다. 그러나 "이들 자료로부터 새 공법에 의한 평균수명이 기존의 공법에 의한 평균수명보다 길어졌다"라고 주장할 수 있는가? 이와 같은 선전이나 주장에 얼마나 신빙성이 있을까? 이러한 주장은 통계적으로 입증이 가능한가? 많은 경우에 우리는 어떤 주장의 타당성을 통계적으로 입증할 수 있다. 즉, 모집단에서 표본을 뽑아 데이터를 얻고, 이 데이터에서 얻은 정보를 기초로 하여 어떤 주장에 대한 타당성 여부를 결정하게 된다.

일반적으로, 모집단의 분포 모양이나 모수 등에 대한 가설을 세우고, 모집단에서 추출한 표본에 기초하여 가설의 채택이나 기각을 결정하는 통계적 기법을 가설검정(hypothesis testing, 假說檢定)이라 한다.

전구의 사례에서는 "새로운 공법이 전구의 평균수명이 증가시킨다"라고 주장했을 때 이와 같은 주장은 가설이 된다. 이 가설을 검정하기 위하여 25개의 전구를 시험 생산하여 이를 분석하여 가설의 채택이나 기각을 결정하는 것이 통계적 가설검정에 의한 문제해결 방법이다. 또 다른 예를 들어보자. 서울의 대기오염에 대한 발표에서 아황산가스의 오염값은 0.05 ppm 이하라고 주장했을 때 이와 같은 주장은 가설이 된다. 이 가설을 검정하기 위해 서울에서 랜덤하게 추출된 여러 곳에서 아황산가스를 측정하고 이를 분석하여 가설의 채택이나 기각을 결정하게 된다.

이제 검정의 원리를 살펴보자. 일반적으로 어떤 가설이 옳다는 것을 증명하는 것보다 틀렸다는 것을 증명하기가 쉽다. 왜냐하면 옳다는 가설을 증명하기 위해서는 모든 가능한 경우에 대해서 그 가설이 항상 성립하는 것을 보여야 하지만, 이에 비해서 어떤 가설이 틀렸다는 것을 증명하기 위해서는 틀린 한 사례만 제시하거나, 모순이 있는 것을 보여주면 되기 때문이다. 이러한 아이디어는 수학 문제를 풀 때 흔히 사용된다. 즉, 처음에 주장하고 싶은 가설과 반대되는 가설을 세워놓고 그 가설하에서 주어진 식을 풀어나가면서 최종 단계에서 모순이 생기는 것을 보임으로써 맨 처음에 가정한 가설이 틀렸고, 따라서 그 반대되는 원래 가설이 옳다는 것을 보이는 방법이다.

통계학의 가설검정에서 이와 동일한 아이디어를 사용하고 있다. 즉, 전구의 예제에서 새 공법에 의한 평균이 기존의 공법에 의한 평균보다 더 큰가를 보이기 위한 가설은 평균수명이 1500보다 크고, 이와 반대되는 가설은 1500이하가 된다. 이와 같이 새로이 주장하고 싶은 가설을 H_1로 나타내고 대립가설(alternative hypothesis)이라고 하며, 새로운 주장이 옳지 않다고 하는 가설은 H_0으로 나타내며 귀무가설(null hypothesis)이라고 한다. 가설 검정은 자료로부터 H_0과 H_1 가운데 하나를 채택하는 과정이다.

자료를 분석한 후에 우리가 내리는 결정은 H_0 또는 H_1을 채택하는 것이다. 만약 귀무가설 H_0이 참일 때 H_1을 채택하면 오류를 범하게 된다. 이와 같은 오류를 제1종의 오류(type I error)라고 한다. 이에 대해 반대로 H_1이 참일 때 H_0을 채택하는 오류를 제2종의 오류(type Ⅱ error)라고 한다. 좋은 검정법은 제1종의 오류의 확률과 제2종 오류의 확률을 최소로 만드는 검정법이다. 그러나 이 두 오류의 확률을 동시에 최소화시키는 최적의 검정법을 찾기가 어렵기 때문에 제1종의 오류 확률값의 최대허용한계를 정해 놓고 이를 만족하는 검정법들 중에서 제2종 오류의 확률값을 최소로 만드는 검정법을 사용한다. 제1종의 오류 확률값의 최대허용한계를 유의수준(significance level)이라고 부른다.

실제현상 / 검정결과	H_0 참	H_1 참
H_0 채택	옳은 결정	제2종의 오류
H_1 채택	제1종의 오류	옳은 결정

귀무가설 H_0과 대립가설 H_1 중에서 어느 것을 선택할 것인가를 판단하는 기준은 표본평균값에 의존하는 것이 당연하다. 즉, 표본평균의 값이 충분히 크면 대립가설 H_1을 채택하여 새 공법을 선택하는 결정을 내린다. 그러나 표본평균값이 얼마나 클 때, 충분히 크다고 할 수 있는지를 결정해야 한다. 객관적으로 이러한 결정을 내리기 위해 통계학 분포 이론을 이용한다. 이를 위해 표본평균를 표준화시킨 Z-통계량을 생각해 보자. Z-통계량값은 표본평균값에서 귀무가설하에서의 모평균값을 뺀 값을 표본평균의 표준오차로 나눠준 값으로, 귀무가설 H_0이 참일 때 근사적으로 표준정규분포를 따른다. 이제 표본평균의 값이 충분히 커서

$$Z \geq z_{0.05} = 1.645$$

일 때 H_0을 기각하고 H_1을 채택하게 된다.

위의 Z-통계량과 같이 귀무가설과 대립가설 중에서 하나를 선택하는 데 사용하는

통계량을 검정통계량(test statistic)이라고 한다. 또한, "$Z \geq 1.645$"와 같이 귀무가설 H_0을 기각시키는 검정통계량의 관측값 영역을 기각역(critical region)이라 하며, 기각역이 아닌 영역을 채택역(acceptance region)이라 한다. 검정통계량의 관측값이 기각역에 속하면 귀무가설 H_0을 기각하고 대립가설 H_1을 채택하는 결정을 내린다(그림 6.5).

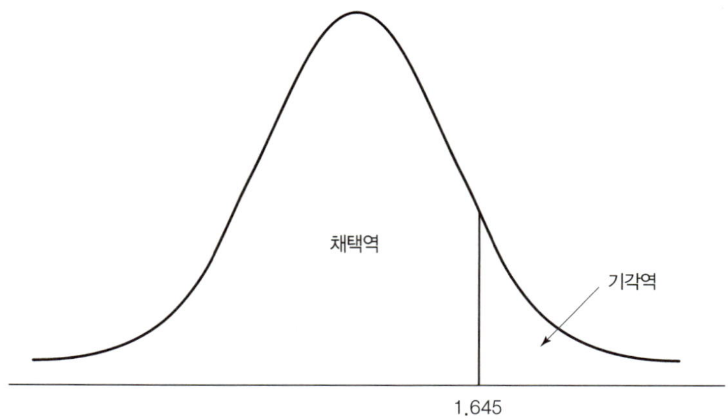

그림 6.5 모평균의 95% 신뢰구간의 의미

기각역은 유의수준값에 따라서 달라진다. 흔히 사용하는 유의수준은 5% ($\alpha=0.05$), 1%($\alpha=0.01$), 10%($\alpha=0.1$) 등으로 10%를 넘는 경우는 드물다. 따라서 기각역은 좁고 채택역은 넓게 되며, 검정 결과에서 귀무가설 H_0이 기각되어야 대립가설 H_1이 참이라는 확실한 근거가 있다는 뜻이다. 귀무가설을 기각시키지 않으면 아무런 확신을 할 수 없다는 것이 검정 결과의 올바른 해석법이다.

앞의 전구 수명에 대한 가설검정에서는 유의수준 5%에서 귀무가설이 기각되고 대립가설이 채택된다. 이 예에서 표본평균값이 1,550(시간)으로 기각이 된 경우와 2,000(시간)인 경우에 모두 다 기각역에 포함되지만 기각의 정도는 차이가 난다. 이와 같은 개념을 나타낸 것이 유의확률(significance probability) 또는 p-값(p-value)이며, 즉 귀무가설 H_0하에서(즉, H_0이 참일 때) 현재 관찰된 검정통계량의 값보다 더 대립가설을 지지하는 관측값을 얻게 될 확률로 정의된다. 즉, 표본평균값이 1,550(시간)인 경우에는 유의확률 값이 0.04이지만 2,000(시간)인 경우는 훨씬 작은 유의확률 값이 구해진다. 작은 유의확률 값은 어떻게 해석해야 할까? 즉, 귀무가설 하에서는 관찰 가능성이 아주 희박한 검정통계량 값이 관찰되었다는 의미로 귀무가설에 모순이 있다는 것으로 해석할 수 있다. 따라서 귀무가설이 틀렸고 대립가설이 옳다는 것으로 결론을 내릴 수 있다.

실제로 유의확률은 주어진 유의수준에서의 검정 결과보다 많은 정보를 제공하는 셈이다. 즉, 유의확률이 낮을수록 대립가설 H_1이 참이라는 근거가 자료에 있다는 뜻이며, 유의확률이 커질수록 H_1이 참이라는 근거가 약해진다는 뜻이다. 가장 흔히 사용하는 유의수준은 5%이므로, 흔히 유의확률이 5%(0.05) 이하이면 '유의성이 있다'라고 판정을 내리며, 5%(0.05) 이상이면 '유의성이 없다'라고 판정을 내린다.

6.3 통계로 인과관계를 규명하는 매력

통계분석을 이용하여 여러 변수들 사이의 연관성 및 인과관계를 조사할 수 있다. 예를 들어, 학생들의 학업성적에서 국어와 영어의 성적을 생각해 보자. 일반적으로 학습 능력이 뛰어나면 두 과목의 성적이 모두 높을 것으로 예상되고, 학습 능력이 떨어지면 두 과목의 성적이 모두 낮을 것으로 예상된다. 이 경우에는 국어성적과 영어성적 사이에 강한 연관성이 있음을 뜻한다. 한편, 수학성적과 음악성적 사이의 연관성은 그렇게 강하지 않을 것으로 예상된다. 다른 예로 학생들의 키와 몸무게 사이의 관계에서도 강한 연관성이 있을 것으로 예상된다. 키가 크면 반드시 몸무게도 더 나가는 것은 아니지만 일반적으로 키가 크면 몸무게도 더 나가는 경향이 있다. 이와 같이 두 변수 사이의 연관성에 대한 추론문제를 다루는 통계적 방법을 상관분석(correlation analysis)이라 한다.

상관분석에서는 두 변수들 간의 인과관계(causal relationship)을 밝히지는 않는다. 예를 들어, 국어성적에 의해 영어성적을 결정하는 것이 아니며, 키의 크기가 원인이고 몸무게가 결과인 관계는 아니다. 즉, 두 변수가 원인과 결과의 관계보다는 서로 연관성이 있으면서 대등한 관계에 있다.

그러나 변수 사이의 관계가 함수관계인 경우도 있다. 예를 들어, 흡연량과 폐암 발생률의 관계를 분석할 때는 흔히 흡연량이 폐암 발생률에 영향을 준다고 생각한다. 따라서 이 경우에는 폐암 발생률을 흡연량의 함수로 취급하는 모형을 생각할 수 있다. 이와 같이 한 변수의 값에 따라 다른 변수의 값을 예측하기 위해 두 변수 사이의 관계를 함수관계의 모형으로 간주하고, 모형 및 예측에 대해 추론하는 통계적 방법을 회귀분석(regression analysis)이라 한다.

1) 상관분석

두 변수 (x, y)에 대한 관측값이 (x_1, y_1), $\cdots$, (x_n, y_n)으로 주어질 때, 표본상관계수(sample correlation coefficient)는 다음과 같이 주어진다.

$$r=\frac{\sum_{i=1}^{n}(x_i-\overline{x})(y_i-\overline{y})}{\sqrt{\sum_{i=1}^{n}(x_i-\overline{x})^2 \sum_{i=1}^{n}(y_i-\overline{y})^2}}$$

여기서 $\overline{x}$는 모든 x들의 평균값이고 $\overline{y}$는 y들의 평균값을 나타낸다. 이 표본상관계수는 피어슨(Pearson)의 상관계수라고도 부른다. 표본상관계수의 성질은 다음과 같다. ① $-1 \le r \le 1$, ② $|r|$의 값이 1에 가까울수록 강한 상관관계, $|r|$의 값이 0에 가까울수록 약한 상관관계, ③ r이 양수이면 양$(+)$의 상관관계, r이 음수이면 음$(-)$의 상관관계를 나타낸다.

〈그림 6.6〉은 여러 가지 관측값의 산점도와 상관계수값을 나타낸 것이다. 일반적

으로 양의 상관관계가 있을 때는 왼쪽에서 오른쪽으로 증가하는 추세가 있으며, 음의 상관관계가 있을 때는 감소하는 추세가 있다. 또한 점들이 직선에 밀집해 있을수록 강한 상관관계, 넓게 퍼져 있을수록 약한 상관관계가 있음을 뜻한다. 첫 번째는 이러한 경향을 보여준다. 표본상관계수값을 해석할 때 주의해야 할 점은 첫째로 표본상관계수값과 선형관계의 기울기값은 다르다는 점이다. 〈그림 6.6〉의 두 번째 줄의 산점도는 동일하게 표본상관계수값이 1인 세 경우와 −1인 세 경우를 보여준다. 산점도의 기울기는 서로 다르지만 선형관계의 정도는 동일하게 나타나는 경우이다. 둘째로 표본상관계수값이 0이라는 것은 두 변수 간에 선형관계가 없다는 것이지 함수관계가 없다는 것을 나타내지는 않는다는 점이다. 〈그림 6.6〉의 세 번째 줄의 산점도는 특정한 패턴을 보이지만 표본상관계수값이 모두 0인 경우를 보여준다.

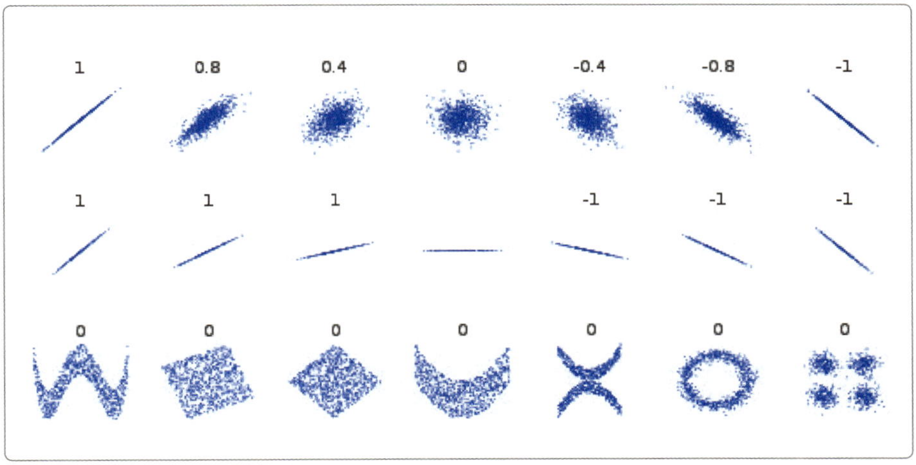

그림 6.6 산점도와 상관계수값

자료: Wikipedia

이제 표본상관계수를 이용하여 6.2절에서 살펴본 가설검정을 수행해 보자. 표본상관계수는 모집단의 상관계수를 추정하기 위한 추정량이다. 예를 들어 10명의 사람들로부터 키(x)와 몸무게(y)의 산점도가 〈그림 6-7〉과 같이 나타난 경우에는 표본상관계수값이 0.819로 추정된다. 즉, 두 변수는 선형관계에 가깝고, x가 증가하면 y도 증가하여 양의 상관관계를 가짐을 짐작할 수 있다. 그러나 정말 두 변수 사이에 유의한 선형관계가 있는지를 살펴보기 위해서는 6.2절에서 살펴본 가설검정을 수행해야 한다. 이 경우에는 유의확률값이 0.05보다 작게 나오므로 유의수준 5%에서 H_0을 기각한다. 따라서 양의 상관관계가 통계적으로 유의하다고 결론을 내릴 수 있다.

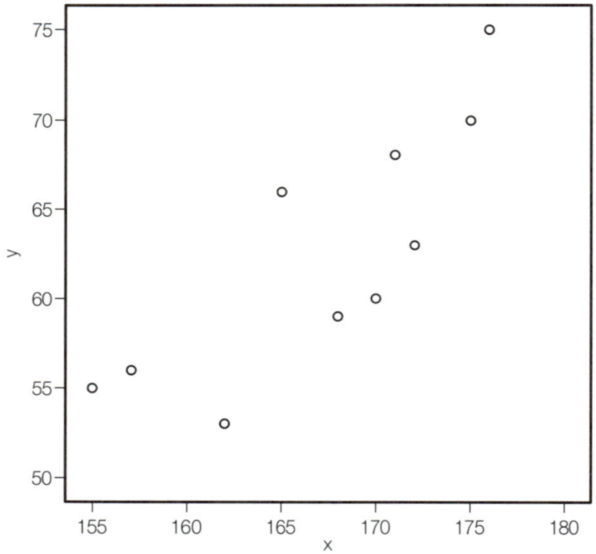

그림 6.7 키와 몸무게의 산점도

2) 회귀분석

두 변수 사이의 선형관계를 분석하는 것이 상관분석이다. 이에 대해 두 개 이상의 변수들 사이의 함수관계를 규명하는 분야가 회귀분석(regression analysis)이다. 예를 들어, 가정에서 월수입(x)과 저축액(y), 농작물 재배에서 비료의 양(x)과 수확량(y), 전자제품 대리점별로 광고료(x)와 총판매액(y) 등은 x의 값에 따라 y의 값이 영향을 받는 함수관계가 있다.

일반적으로 x와 y 사이에 $y=f(x)$의 함수관계가 있을 때, x를 설명변수(explanatory variable) 또는 독립변수(independent variable)라고 하며, y를 반응변수(response variable) 또는 종속변수(dependent variable)라고 한다. 회귀모형에서 설명변수는 2개 이상이 될 수 있다. 설명변수가 1개인 회귀모형을 단순회귀모형(simple regression)이라 하며, 2개 이상인 모형을 중회귀모형(multiple regression)이라 한다. 단순회귀모형에서 특히 설명변수와 반응변수 사이에 직선관계(선형관계)가 있는 모형을 단순선형회귀모형(simple linear regression) 또는 직선회귀모형이라 한다.

다음과 같은 예를 생각해 보자. 각 가구당 저축액을 월수입으로 설명하는 함수관계를 찾기 위해 도시 가구 가운데 10가구를 랜덤하게 추출하여 조사하였으며, 월소득(x)과 저축액(y)의 산점도는 〈그림 6.8〉과 같다. 그림에서 x와 y는 직선관계에 가까운 것으로 보이며, 따라서 직선의 함수관계를 찾는 것을 시도할 수 있다.

표본상관계수를 계산하여 월소득과 저축액은 선형관계의 유의성을 검정할 수 있다. 그런데 만약 우리가 특정한 가구의 월소득값을 알 때, 그 가구의 저축액을 예측하고 싶은 경우에 상관분석은 더 이상 유용하지 않다. 이 경우에 회귀분석을 이용하면 다음과 같은 회귀직선을 쉽게 구할 수 있다.

$$\hat{y} = -0.592 + 0.205x$$

여기서 -0.592는 절편(intercept), 0.205는 기울기(slope)라고 부른다. 기울기값이 0.205이므로 월소득이 10만 원(x의 1단위) 증가하면 저축액은 2만 5백 원 증가함을 뜻한다. 〈그림 6.8〉에 있는 실선이 추정된 회귀직선을 나타낸다. 회귀직선에서 기울기가 0일 때는 x와 y 사이에 직선관계가 없으며, x값과 관계 없이 y값이 결정된다. 따라서 직선관계 또는 회귀모형의 유의성을 나타내는 가설은 기울기값이 0인 가설이다.

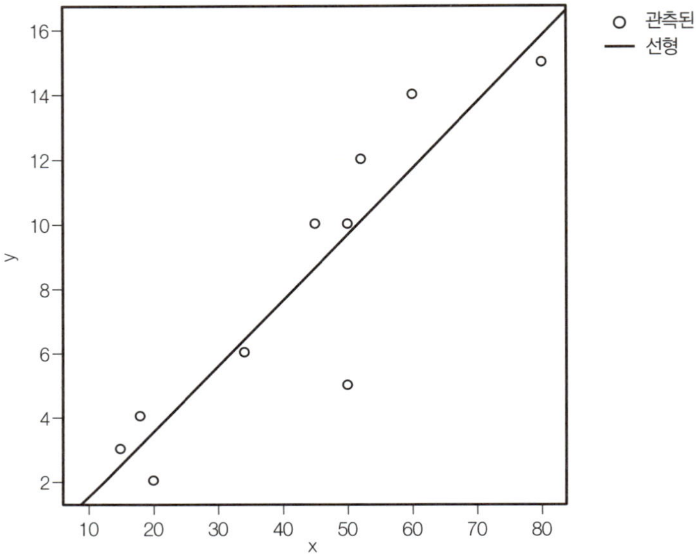

그림 6.8 적합된 회귀직선

추정된 회귀직선을 이용하면 x와 y의 함수관계에 대한 추정 및 검정 이외에도 특정한 x값에 대해 y값을 예측할 수 있다. 즉, 월수입과 저축액의 관계를 분석하는 사례에서 특정한 가구의 월수입을 알 때, 그 가구의 저축액을 쉽게 예측할 수 있다.

〈그림 6.9〉는 최근 몇 년간의 코스피 지수 추세를 나타낸다. y축은 코스피 지수이고 x축은 연도를 나타낸다. 이러한 추세를 설명하기 위해서는 지금까지 살펴본 선형식 이외에 보다 복잡한 함수 형태의 모형식이 필요하다. 또한 코스피 지수에 영향을 주는 요인들은 많기 때문에 이러한 요인들을 제대로 잘 찾아서 모형으로 만드는 작업이 필요하다.

이와 같이 회귀분석을 통해서 변수 간의 함수관계를 찾아낼 수 있으며, 유의성에 대한 검정 및 예측이 가능하게 된다. 그러나 회귀분석의 결과에 대해서 주의 깊게 해석해야 할 때도 종종 있다. 〈그림 6.10〉은 네 경우의 x와 y의 산점도와 적합된 회귀직선을 보여준다. 어떤 경우가 가장 회귀모형이 잘 적합된 경우인지 쉽게 선택할 수 있겠는가? 이 네 경우 중에서 맨 처음 경우를 제외하고 나머지 세 경우는 회귀직선이 자료를 잘 설명하는 것처럼 보이지는 않는다. 두 번째 경우는 선형식이 아니라 비선형식이 더 적절한 것처럼 보이고, 세 번째의 경우는 한 관측값이 특이한 값을 갖고 있어서 검토가 필요한 것처럼 보이고, 마지막 경우도 한 관측값이 선형식의 기울기값을 완전하게 결정하기 때문에 문제가 있어 보인다. 이 네 경우의 자료에 대해서는 모두 다 동일한 회귀직선

$$\hat{y} = 3.0 + 0.5x$$

이 추정된다. 즉, 추정된 회귀선만으로 x와 y의 관계에 대해서 결론을 내리거나 예측을 섣불리 하는 것은 피해야 한다. 가장 간단하게 x와 y의 관계를 살펴볼 수 있는 방법은 산점도를 그려봐서 전체적인 관계를 살펴본 후에 그 관계를 제대로 설명하는 회귀분석을 수행하는 것이 바람직하다.

그림 6.9 연도별 코스피 지수 추세

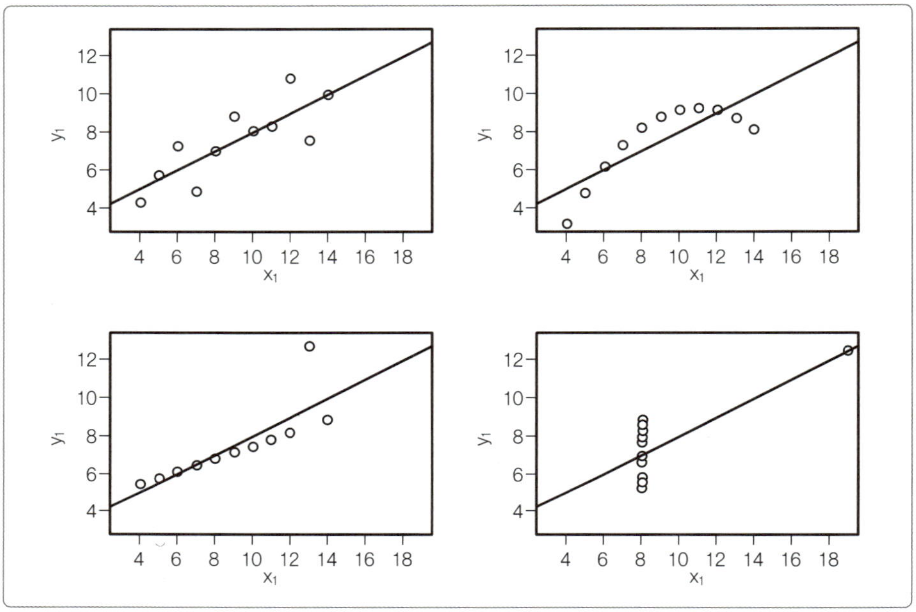

그림 6.10 동일한 회귀직선이 적용되는 사례들

6.4 성경 속에 나오는 통계 숫자와 인공지능의 비밀

1) 성경 속 숫자의 비밀

성경 속에는 많은 숫자가 나오며, 이들은 모두 의미심장한 뜻을 가지고 있다. 오늘날 데이터 시대를 맞이하면서 성경 속의 통계 숫자(데이터)가 갖는 비밀스러운 의미를 조명해 보자. 필자들은 성경과 같이 체계적이고 과학적인 책이 없다고 생각한다. 여기서 정리하는 내용은 기본적으로 [Johnston 1990]과 [박성현 2011]에서 발췌한 것이다.

1은 다른 숫자로부터 만들어질 수 없고, 모든 것으로부터 독립된 숫자이며, 모든 것의 근원이며, 모든 것의 시작이 되는 하나님의 수이다. 따라서 1은 나눌 수 없는 신적 숫자로, 신성의 단위체(divine unity)인 유일하신 하나님을 상징한다. 하나님은 "여호와는 오직 한 분이십니다(구약 신명기 6:4)"와 같이, 홀로 스스로 계시며 모든 피조물의 창조주이시다. 성격은 구약 창세기 1장 1절에서 "태초에 하나님이 천지를 창조하시니라(In the beginning, God created the heavens and the earth)"라고 시작하고 있다.

2는 비교 가능하고 서로 나눌 수 있는 상대적인 숫자를 의미하고, 서로 마주 보는 숫자이다. 밤과 낮이 있고, 빛과 어둠이 있고, 선과 악이 존재하고, 하늘과 땅이 있고, 남자와 여자가 있고, 생명나무와 선악과나무가 있는 것과 같이 상호 보완을 통한 완전성을 의미한다. 창세기 1장 3~4절에 보면 창조의 첫째 날에 하나님이 빛을 만드시고 "빛과 어둠을 나누사 (He separated the light from the darkness)"라는 구절이 두 가지를 대비(숫자 2의 의미)시키는 일의 시작이다. 하나님의 말씀에도 구약과 신약이 있는 것은 인간에 대한 하나님의 말씀을 간증하는 상호 보완적인 두 가지 종류가 있다는 뜻이다.

3은 하나님의 전 인격적인 사랑의 수로 성부, 성자, 성신의 삼위일체를 상징하는 것이며, 완성(completeness)을 의미한다. 하나님 창조의 최고 걸작품인 인간은 영혼육(spirit, soul, body)의 3개 요소로 구성되어 있고, 시간은 과거, 현재, 미래의 3개 요소로 완성되며, 예수 그리스도가 죽은 지 3일 만에 부활하시는 것도 구속의 완성을 의미한다.

4는 3+1로, 하나님이 창조하신 사람을 비롯한 피조물의 숫자(땅의 사방(동서남북), 4계절 등)를 의미한다. 4는 이 세상 고난의 숫자이기도 하다. 타락계에 빠진 세상 사람들을 위해 이 땅에 오셨던 세상의 구주를 기록한 복음서가 4권인 이유도 여기에 있다.

5는 4+1로, 인간의 책임을 나타내는 숫자이다. 피조물인 인간(숫자 4)에 은혜인 하나님(숫자 1)이 더해질 때 사람은 책임을 감당해야 한다는 것을 뜻하고, 책임을 감당함으로써 하나님으로부터 은혜를 입는 것을 상징한다. 인간은 5개의 발가락, 5개의 손가락, 5개의 감각기관을 가지고 있고, 머리와 두 팔, 두 다리를 합치면 5개이다. 하나님께서 창조해 주신 이 5개의 기관을 가지고 인간은 하나님에 대한 책임을 다하고 있는 것이다. 신약 마태복음 14장의 떡 다섯 개로 5,000명을 먹이고, 25장의 다섯 처녀의 기름 준비 등은 인간의 책임과 인간이 받는 은혜를 나타내고 있다.

6은 창조의 숫자이며, 특히 6일째 창조된 사람을 상징하는 숫자이다. 가나 혼인 잔치에서 예수님은 6통의 물 항아리로 포도주를 만드는 기적을 보이셨다. 하나님은 7일 동안 천지를 창조하시면서, 6일째 되는 날에 인간을 창조하시고, 마지막 날에는 안식하셨다. 6은 7－1로, 7이 완전함(perfection)을 나타내는 숫자이고, 7에서 1이 모자라는 숫자가 6이므로, 6은 완전하지 못한 사람을 상징하고, 그리스도가 없는 불완전한 인간을 나타낸다.

7은 3＋4로 이루어진 숫자로, 하나님과 사람을 총망라한 온 천지의 완전수(perfect number)로, 행복의 수(lucky number)라고도 한다. 또한 3+4는 하나님과 피조물을 합해 완전하게 된다는 의미도 있다. 요한계시록에 일곱 교회, 일곱 금 촛대, 일곱 천사, 일곱 나팔 등에 7이라는 숫자가 사용되었다. 하나님이 천지를 창조하실 때 7일간 창조하셨다. 또한 여호와의 일곱 눈(스가랴 4:10), 지혜의 일곱 기둥(잠언 9:1), 노아 홍수 7일째 비둘기 내보냄(창 8:11) 등에 7이 사용되었다.

8은 부활을 상징하는 숫자이다. 8은 7＋1로, 7이 완전함을 나타내고 1이 시작을 나타냄으로 8은 새로운 질서의 탄생인 부활을 의미한다. 대홍수가 그친 후에 노아의 방주에서 나온 사람의 수도 8명으로 이들이 새 세상을 시작했으며, 이스라엘에서는 사내아이들에게 탄생 후 8일째 할례를 행하게 했다. 이는 육신의 죄를 끊어 버리고 새사람이 되라는 의미를 가지고 있다.

9는 3*3으로, 부활 안에 계신 삼일 하나님, 신성의 완전함(divine completeness), 신성함의 결정체를 의미하는 숫자로, 완성(숫자 3)을 곱으로 더 완전하게 한다는 뜻이 들어 있다. 성령의 열매는 9가지(갈라디아서 5장)로 사랑, 희락, 화평, 오래 참음, 자비, 양선, 충성, 온유, 절제라고 말한다. 또한 성령이 주는 9가지(고린도전서 12장)

선물은 지혜의 말씀, 지식의 말씀, 믿음, 병을 고치는 은사, 능력 행함, 예언함, 영 분별함, 방언 말함, 방언 통역이라 말하고 있다.

10은 2*5로, 하나님의 간증을 위한 땅에 있는 사람의 두 배의 책임을 의미하며, 10계명이 대표적인 사례로 하나님에 대한 사람의 책임의 완전수를 나타낸다. 창세기 1장에는 “하나님이 가라사대”라는 문구가 10번 등장한다. 이는 하나님에 대한 인간의 책임을 강조하는 내용이다. 멜기세덱에 바친 십의 일조(창세기 14:20), 십분의 일의 성스러움(레위기 27:28) 등도 사람의 책임을 상징한다.

11은 10과 12 사이에 있는 불완전한 숫자로, 세상 정부나 조직의 무질서, 불완전, 미완성, 죄악 등을 나타낸다. 인간의 죄악을 상징하는 바벨탑 건축(창세기 11장)이나, 야곱의 11 아들(창세기 32:22)이 나오는데, 이는 당시 야곱 가족의 무질서와 불완전을 상징하는 것이다.

12는 성경적인 수로 3*4에서 얻어지며, 하나님(3)과 사람(4)이 연합해 더 이상 나눌 수 없는 영원한 완전을 상징하며, 이상적인 통치 조직을 의미하기도 한다. 성경에서 12지파, 열두 제자에 사용되고, 새 예루살렘에는 열두 문, 열두 기둥이 나오고, 성벽은 144 규빗(12*12)으로 영원히 존재한다. 또한 12는 하늘과 땅을 하나로 묶어 하늘은 머리요, 땅은 몸체인 유일하신 하나님과 그의 백성을 상징한다. 요한계시록 7장에는 144,000명이 구원받는 성도의 수로 적혀 있다. 이 숫자는 12*12*10*10*10에서 얻어지며, 이는 영원한 완전 수 12에 12지파를 곱하고, 땅에 있는 사람의 완전 수인 10을 하나님의 수인 3으로 세 번 곱한 것을 나타낸다.

13은 12+1로, 이상적인 통치 조직 12에 지도자 1이 더해져 완벽한 왕국 내지는 집단이 형성되는 것을 의미한다. 신약시대에는 예수님을 지도자로 삼아 열두 제자가 따랐으므로 총 13명이 된다. 이스라엘의 솔로몬 왕은 13년 동안 자신의 집을 건축(열왕기상 7장 1절)하여 완성한 예가 있다.

14는 이스라엘 역사의 완전수로 7*2에서 얻어지며, 아브라함에서 다윗까지 14대요, 다윗부터 바벨론 포로 때까지 14대요, 바벨론으로부터 예수 그리스도까지 14대가 된다는 것에 나타난다.

15는 5*3에서 얻어지는 숫자로, 인간이 책임을 충실히 하면(숫자 5) 하나님의 은혜(숫자 3)로 영적인 성숙에 이룬다는 것을 상징하는 숫자이다. 구약에서 히스기아 왕이 죽을병에 걸려 하나님께 기도하자 하나님이 그의 수명을 15년 연장(이사야 38장 5절)해 주었다.

21은 3*7로, 금식 후 21일에 하나님의 이상을 본(다니엘 10장) 것을 나타내는 숫자로, 하나님(숫자 3)의 완전함(숫자 7)을 상징한다.

40은 사람의 수 4에 땅의 완전수인 10을 곱한 것으로, 땅에서 사람이 완전히 성숙되는 기간을 나타낸다. 모세는 40년간 광야에서 훈련받았으며, 예수님도 인간으로 오셔서 공생애를 시작하면서 40일간 광야에서 금식하셨다. 이스라엘 백성은 출애굽하여 가나안에 들어가기 전에 40년간 사막에서 훈련받았고, 다윗왕과 솔로몬왕은 각각 40년 집권함으로써 이스라엘 최고의 완전한 왕국을 건설하였다. 즉, 40이란 숫자는 사람을 완전히 변화시키는 기간을 의미한다.

70은 완벽한 통치의 수, 인생의 수를 의미한다. 모세가 70명의 장로들을 세워 이스라엘 민족을 다스렸고, 예수님도 열두 제자 외에 70명을 세워 파송하였다. 이스라엘 민족이 이집트에 내려간 총수가 70명이고, 또한 바빌론에 포로로 잡혀간 기간이 70년이었다.

666이란 숫자가 요한계시록 13장에 등장한다. 6은 천지의 완전수인 7에서 하나 모자라는 불완전수이며, 6을 세 번 겹친 것은 완전을 가장한 위선이며, 마귀의 삼위일체를 나타낸다고 해석할 수 있다. 따라서 666은 말세에 나타날 적그리스도의 세력을 의미한 것으로 해석한다. 또 다른 해석으로는 라틴어로 네로 황제를 'NERON'이라고 하고, 히브리 음이 의미하는 숫자로 N=50, E=6, R=500, O=60, N=50으로 보고, 이를 합하면 666이 된다. 따라서 그리스도인들을 심하게 박해한 네로 황제를 의미한다고 해석하는 견해도 있다.

1,000년이란 숫자(천년 왕국)가 요한계시록 20장에 나온다. 이것은 1,000년 동안

마귀와 사탄이 만국을 미혹하지 못하도록 하는 시기가 온다는 뜻이다. 여기서 1,000년은 땅의 완전수인 10을 하나님의 수인 3으로 제곱한 것으로, 땅을 하나님께서 완전히 다스리시는 긴 기간을 뜻한다.

2) 성경 속 인구조사의 비밀

우리나라는 5년마다 모든 국민을 대상으로 인구와 주택에 관한 인구주택총조사(census)를 실시한다. 여기서 얻어지는 기초자료는 국가 운영에 필요한 소중한 기초통계 자료가 된다. 세계 역사에도 모든 나라가 어떤 형태의 인구조사를 한 것을 알 수 있다. 기원전(B.C.) 시절의 인구조사에 관한 기록이 별로 남아있지 않으나, 구약 성경에는 이스라엘 백성에 대한 인구조사가 여러 번 행해진 기록이 있다. 〈표 6.3〉에서 보는 바와 같이 이들 인구조사를 소개하고, 이 조사에 숨어있는 비밀을 밝혀보기로 한다.

〈표 6.3〉에서 순번 1, 2, 3번째의 인구조사는 모세의 광야 시대(B.C. 1446~1406)에 행해진 것으로, 여호와의 명에 의해 행해졌다. 그러나 다윗왕 시절(B.C. 1010~970) 실시된 4, 5번째의 인구조사는 여호와의 명에 의해 행해진 것이 아니라, 다윗왕이 여호와를 의지하지 않고 군대의 힘에 의지해 나라를 다스리려는 교만함에서 행해진 것이었다. 6번째 이방 사람에 대한 인구조사는 솔로몬왕 시절(B.C. 970~930)에 행해진 것으로, 이방 사람들에게 직업을 주기 위해 조사되었고, 이는 여호와가 기뻐하시는 인구조사였다. 마지막으로 7번째 인구조사는 바사왕 고레스 원년(B.C. 539)에 행해진 것으로, 바벨론에 사로잡혀 갔던 이스라엘 포로가 귀환하면서 조사된 것이다. 이 조사도 여호와의 뜻 안에서 행해진 것이다.

다윗 왕 시절에 행해진 두 번의 인구조사(순번 5번)는 다윗의 교만함에 대해 여호와께서 진노하시고 3일간 온역의 재앙을 내리셨다. 그 결과 동일하게 각각 7만 명의 백성이 죽게 된다. 인구조사 자체는 죄가 아니다. 그러나 구약시대에는 하나님이 기뻐하시는 일을 위한 것이냐 아니냐에 따라서 선악이 판가름 나는 것이다. 다윗은 하나님이 예비하신 뜻을 헤아리지 않고 자신의 판단에 따라 인구조사를 실시했다. 이는 하나님을 불신하는 죄악이었다. 군대의 힘을 의지해 자신의 세력을 과시하면서 국가를 통치하고자 했던 인본주의 사고에서 비롯된 행동이었기 때문이다. 오늘날 우리나라에서 행해지는 인구주택총조사도 정치인들이 국민을 위한 정치를 펴는 데 선하게 사용되기를 바란다.

표 6.3 구약 성경에 나오는 일곱 번의 인구조사

순번	인구조사가 인용된 곳	인구조사의 목적	하나님이 기뻐했는가?	인구(20세 이상 50세 이하 남자)
1	출애굽기 30:12~16	회막 건립을 위한 세금 징수	○	기록 없음
2	민수기 1:2~46	전쟁에 대비하기 위한 군인 계수	○	603,550
3	민수기 26:1~64	(상동)	○	601,730
4	사무엘하 24:1~9	전쟁에 동원 가능한 장정의 수 계수	×	300,000
5	역대상 21:1~6	(상동)	×	1,570,000
6	역대하 1:17~18	이방 사람의 수를 조사	○	153,600
7	에스라 2:1~70	바벨론 귀환 포로의 수를 조사	○	42,360

6.5 정치에 사용되는 통계의 왜곡과 오용

현대사회에서 데이터의 유용성이 날이 갈수록 더욱 중요해져, 생성된 데이터에서 정보를 찾아내는 통계분석이 사용되는 분야는 상상할 수 없을 만큼 광범위해졌고, 또

한 그만큼 통계가 차지하는 역할도 커졌다. 이제는 매일 접하는 인터넷, 유튜브, 방송, 신문, 잡지 등을 통해 대통령 지지도가 얼마 증감했다든가, 부동산 시세가 어떻게 될 것이라는 예측, 출산율이 어떻게 변화되어 몇 년 후 노인과 청소년의 인구 구성비가 어떻게 될 것이라든가, 임상 실험 결과 특정 질병에 새로 개발된 신약이 얼마나 치료율을 높일지에 대해 도표나 그래프로 표현된 통계자료와 지표들이 쏟아지고 있다. 선거철이면 오차범위 얼마에서 특정 후보가 다른 후보를 앞서게 될 것이라는 예측을 매일 보고 들으며 사는 시대가 되었다. 최근에는 어떤 유명 한국 여화가가 그린 그림이 진품인지를 두고도, 예술가들의 의견이 아니라, 통계에 의한 과학적 분석으로 진품여부를 가리기도 한다. 그뿐만 아니라, 경찰 증거자료의 신빙성을 통계로 분석 검정하여, 죄의 유무를 가리는 시대가 되었다. 그러므로 이제는 과학적 통계분석이 더 이상 수학자나 통계학자들의 전유물이 아니라 우리 모두 알고 살아야 하는 시대가 되었다.

통계란 글자가 통치를 위한 계측이라는 뜻에서 출발한 만큼, 정치에서 통계는 매우 중요하며, 옛날 분들도 통계를 올바로 이용하지 않고는 참다운 정치를 할 수 없다고 생각하였다. 개발도상국에서는 통계관련 부서가 경제 부처 아래에 있으나, 일정 수준 이상의 경제 규모를 가진 선진국이 되면 국민복지, 교육, 국방, 산업관련 여러 주요한 목표들을 다루어야 하므로 독립된 기관으로 존재하며, 산하 통계연구소 등에 세계적인 학자를 앉혀, 관료들이 국가 통계지수 등에 영향을 함부로 못 미치게 한다. 또한 행정 부서뿐 아니라, 각 정당과 대통령에 대한 지지도 조사, 특정 정치 현안에 대한 여론 등은 언론 보도에 자주 등장하고, 언론이 제시하는 여론조사 결과가 통계자료를 통해 제시되어 국민 여론 형성에 커다란 영향을 주므로, 정치인들이 통계를 이용하여 여론을 왜곡하고, 자신들의 이해를 위해 사용하고자 할 수 있으므로, 국민들이 언론에 발표되는 통계들에 대하여 깨어 있어야 하겠다.

통계 자체는 정직하나, 통계를 사용하는 사람들이 자신들의 이익을 위해 왜곡하여 국민을 잘못된 여론으로 유도하므로, 사람들은 통계를 거짓말보다 더한 새빨간 거짓

말이라고도 한다. 정치과정에서의 통계적 오용의 대표적인 예로는 정치적 목적을 내포한 통계 지표 및 수치의 왜곡이 있다. 정부는 부동산 가격 상승률과 실업률 비정규직 수치 등을 낮추어 발표하고, 고용률, 정규직 고용수치 등은 높게 발표하여, 자기들이 수행한 정책들은 성공적이었다고 홍보하고 싶어 한다. 이제 어떻게 자신들에게 유리하게 통계를 왜곡하는지, 아니면 어떻게 표현을 왜곡함으로써 국민을 현혹시킬 수 있는지 살펴보자.

1) 실업률 3%의 비밀

일례로 실업률에 대하여 살펴봄으로써 어떻게 통계를 왜곡할 수 있는지 보자. 2012년 한국 실업률이 3%라고 발표한 적이 있다. 실업률은 실업자를 경제활동인구로 나눈 비율이다. 많은 선진국들의 실업률이 10%대인데 비해 국내 실업률이 3%라는 발표가 어떻게 나오게 된 것일까? 이는 정부의 실업자에 대한 규정이 선진국과 달라 비롯된 결과였다고 밝혀졌다. '생산 가능 인구'에서 '노동력을 제공할 의사나 능력이 있는 사람'을 '경제활동인구'로 구분하고, '경제활동인구' 중에서도 '구직활동을 계속함으로써 취업할 의사가 있지만 일을 구하지 못한 사람'이 실업자로 구분된다. 여기서 '경제활동인구'를 구분하면서 '비경제활동인구'가 몽땅 빠진다. 다시 말해 '현재 일을 하고 있지 않으면서 직장을 구할 의사가 없거나 일할 능력이 안 되는 사람'은 실업자로 잡히지 않는다. 또한 학생 · 노인 · 장애인을 비롯해 일을 할 의지와 능력은 있지만 마땅한 일자리가 없어서 일정 기간 구직활동을 하지 않은 '구직 단념자', 복직을 못 한 전업주부까지 모두 실업률 통계에서 제외된다. 그러므로 국가마다 실업률의 정의가 달라 국가 간 단순 비교는 조심해야 한다. 독일의 경우, 정당마다 실업률을 다르게 정의하며 상대 정당의 경제 정책을 비판하는 데 사용하였었다(기거랜치 외, 통계의 함정, 2014).

공공부문 고용률도 이와 비슷한 경우이다. 국제노동기구나 국제 경제협력개발기구가 '취업자'를 기준으로 고용률을 파악하는 것과 달리 우리는 '일자리'를 기준으로 삼는다. 그러니 한국에서는 해마다 일자리 창출 목표와 효과를 선전하나, 일반 국민은 일자리 창출의 효과를 체감하지 못한다(정창수, 2016). 매년 청년 일자리를 위해 얼마나 많은 예산을 쓰고 있는가?

2) 여론조사의 함정

국민의 뜻을 반영하기 위해 여론조사를 한다. 그러나 조사 때 사용하는 문구들이 조사 결과를 왜곡시킬 수 있다. 원전 사고에 따른 심각한 환경오염에 대해 설명하고 나서 앞으로 새 원전을 세워야 하는지 묻는다면 당연히 반대가 많을 것이다. 이와 달리 싼 전기료로 인한 수출경쟁력 확보 등의 경제적 이익을 언급한 후 똑같은 질문을 하면 해야 한다는 대답이 많을 것이다. 한 예로 언젠가 "우리나라 정치가들은 정직한가요?"라고 질문하였더니 대부분 "아니요"라고 대답하였다. 그런데 "우리나라 정치가 중에서도 정직한 사람들이 있을까요?"라고 질문을 바꾸었더니 대부분 "그래요" 했었다고 한다. 이렇게 조사된 조사 결과를 국민여론이라고 발표하는 것은 문제가 많다. 질문을 어떻게 하느냐에 따라 다른 조사 결과가 나올 수 있으므로 조사를 할 때 조심해야 한다. 여론조사를 어떻게 수행했는지 국민이 알아야 한다.

여론조사 시행 시 조사로 뽑힌 표본이 여론조사의 목표 대상들을 잘 대변해야 한다. 오래전 미국 대통령 선거 때 나이, 성별, 지역을 기초로 2,000여 명을 표본으로 조사한 예측 결과와 200만여 명 전화가입자를 대상으로 한 예측 결과를 비교한 결과, 숫자가 적어도 투표자들을 잘 대변하도록 표본을 뽑은 전자가 훨씬 정확한 결과를 예측하였다.

2001년 일본과 대게 어획량에 대해 양국 정부가 쿼터를 협의한 적이 있다. 어민들의 생계를 위한 쿼터를 정하기 위해, 정부에서는 어민들에게 얼마나 대게를 잡는지 알아보았다. 어민들은 보고한 어획량에 따라 정부에서 세금을 많이 매길 것을 우려, 어획량을 축소 응답하였고 이를 근거로 일본과 어획량을 책정한 정부는 어부들의 보고 보다 훨씬 많이 책정받았으나, 어부들로부터 너무 적게 배정받아 생계를 유지할 수 없게 되었다는 비난을 받았었다. 물론 축소 응답한 어민들의 책임도 있지만, 정부는 세금 때문에 축소보고 하지 않도록 하는 배려를 하지 못한 것은 대단히 큰 실책이다. 이와 같이 통계조사 시에는 여러 예측 못 한 상황들이 가능하므로 정확한 통계를 얻기 위해서는 많은 경험을 가진 전문 통계 조사원들이 필요하다.

3) 정책 홍보 속의 함정

70년대 말 멕시코 정부는 왕복 4차선 고속도로의 수용 능력을 향상시키려고 했지만, 예산이 충분치 않아 고속도로를 확장하는 대신에 기발한 아이디어로 문제를 해결하였다. 페인트칠로 4차선 고속도로를 6차선으로 확장한 것이다. 그 결과 수용 능력이 100에서 150으로 50% 증가하였다. 하지만 도로 폭이 좁아짐에 따라 대형 사고가 늘어나, 정부는 다시 4차선으로 돌려놓았다. 그 결과 수용 능력이 150에서 100으로 33% 감소하여 원위치로 돌아왔다.

그러나 멕시코 정부는 실책을 인정하기보다는 그동안 수용 능력이 50% 증가했다가 33% 감소했으므로 고속도로 수용 능력이 17% 개선되었다고 발표하였다. 즉, 수용 능력이 50% 증가했다 50% 감소하게 되어 다시 원점으로 돌아왔다고 하지 않고, 상대 비율을 이용 및 왜곡하여 17% 증가라는 기상천외한 발표를 하였다. 이는 통계 해석을 자의적으로 함으로써 국민을 우롱한 것이다. 그러므로 통계가 거짓말하는 것이 아니라 사람들이 통계를 그들의 이익을 대변하고자 의도적으로 왜곡하여 사용하는 경우가 있다. 따라서 언론에서 발표하는 통계에 대하여 옳은지 아닌지 바르게 이해하는 통계적 지식과 전문가들의 설명이 필요하다.

4) 정치 목적으로 사용되는 통계의 오용

대부분의 정치인은 통계에 대한 전문지식이 없다. 그런데 간혹 자기들의 정치적인 목적 달성을 위해 통계를 오용하거나 남용하는 경우가 있다. 대표적인 사례를 들어보자. 2017년 6월 19일 고리 원전 1호기 영구 정지 기념식에서 문재인 대통령은 소위

'탈원전 정책'을 발표하면서 "2011년 후쿠시마 원전 사고로 5년간 1,368명이 사망했다"라고 발표하면서 원전의 위험성을 강조하였다. 그러나 이에 대해 일본 정부는 주일 한국 대사관을 통하여 "정확한 이해 없이 발언한 내용이라 매우 유감으로 생각한다"라는 뜻을 전하였다. 그 자세한 내막을 살펴보면, 2011년 후쿠시마 원전 사고로 인해 사고 지역에서 피난한 17만여 명 중에서 2016년까지 죽은 사람(고령 사망자, 교통사고 사망자, 지병악화 사망자, 우울증 자살자 등)의 수를 도쿄신문에서 1,368명이라고 발표하였다. 이 숫자를 인용하여 문 대통령은 후쿠시마 원전 사고로 1,368명이 방사능 등의 직접 피해를 입어 사망한 것처럼 얘기한 것이다. 사실 유엔방사능조사기구(UNSCEAR)는 2013년 보고서에서 "후쿠시마 원전 사고에서 방사성 물질 누출로 인한 심각한 건강 피해나 사망자는 한 명도 확인되지 않았다"라고 결론지은 바 있다.

이처럼 정치 목적을 위해 정치인들이 간혹 통계를 오용하거나 남용하는 경우가 흔한데, 이를 막을 수 있는 것은 정치인들이 스스로 양심적으로 발언하거나, 아니면 국민들이 통계에 대한 지식을 가지고 이런 통계 오용과 남용을 동조하지 말아야 한다.

6.6 일상생활에서 발견되는 통계의 함정과 부작용

1) 범죄의 도시 바티칸?

세계에서 범죄율이 제일 높은 도시는 어디일까? 대부에 나오는 뉴욕일까? 알 카포네의 동네 시카고일까? 영화 엽문이 등장하는 홍콩 아니면 상하이일까? 범죄의 소굴로 우리는 모두 대도시를 잡으나, 전 세계에서 범죄율이 제일 높은 도시는 바티칸이다. 도시의 범죄율을 해당 도시에서 1년 동안 일어난 각종 범죄 건수를 그 도시 인구수로 나누어 계산하는데, 바티칸은 연간 1,800만 명의 순례자와 관광객이 찾는 곳으로 발생한 각종 범죄 수를 바티칸 시민 수인 약 500명으로 나누면, 명실상부하게 세계 최고의 범죄 도시가 된다. 뉴욕이나 상하이 등 큰 도시는 인구가 많아 방문객들에 의해 도시 범죄율이 크게 좌우되지 않으나 바티칸같이 인구가 특히 적은 곳에서는 영향이 크다.

우리나라에서 폐암이 가장 많이 발생하는 곳이나 가장 적게 발생하는 곳을 살펴보면 서울 등 큰 도시가 아니라 대개 인구가 별로 없는 곳이 된다. 이는 조그만 고장에서는 몇 명의 환자가 그해 더 발생하거나 덜 발생해도 통계에 영향을 많이 미쳐 이 같은 현상이 일어난다. 조그만 고장이 폐암 발병률이 제일 낮다고, 그곳이 특별히 공기가 좋다거나, 어떤 특정한 음식을 먹는데 이것이 폐암 예방 효과가 있다는 연구는 대개 믿을 바가 못 된다. 장수촌의 경우에도 인구가 적은 고장이면, 특별하게 의미를 주지 않아도 될 것 같다. 한때 혈액형이 성격이나 직업에 영향을 준다는 생각이 유행한 적이 있다. 각종 통계자료를 증거로 제시하여 믿지 않던 사람들도 자료를 보고 그런가 하는 경우도 적지 않다. 역대 대통령의 혈액형 등 표본 집단이 적은 경우 우연히 특정 혈액형 대통령이 많은 것처럼 보이지만, 표본 집단이 많아지면 직업별 혈액형 분포가 일반적인 혈액형 분포와 일치하는 것으로 알려지고 있다.

2) 열병 예방을 위해 이를 가지자?

19세기 초 유럽의 어느 도시에서 전염병이 창궐, 많은 사람들이 원인 모를 고열에 시달리다가 사망한 적이 있다. 조사반이 유가족들의 옷가지와 잠자리를 조사한 결과 유가족들의 옷과 침대에는 이가 많았지만, 사망자의 몸과 침대에서는 발견되지 않았다. 그래서 이가 열병 예방에 도움이 된다고 이를 가지라는 예방 대책을 내었다. 그러나 이 대책은 전혀 쓸모가 없었고, 후에 이가 열을 싫어하는 것을 알게 되었다. 즉, 열병에 걸린 환자들의 고열이 환자 몸에 있던 이들을 다른 곳으로 이동하게 한 것이다. 지난 2세기 동안 지구 온난화로 해수면의 온도가 올랐다. 몇 해 전 한국 선박이 소말리아에서 해적들에 의해 납치된 적이 있으나 세계적으로 전체 해적 수는 감소하였다. 그러므로 열병을 막기 위해 이를 몸에 키우라든가 해수면의 온도를 올려 해적을 줄이자는 대책들은 통계를 남용하는 것이다.

3) 왜곡된 결론의 가능성

80년대 초 미국에서는 많은 여성들이 직장에서 임금 등으로 차별받고 있다고, 주 정부에 소송을 내었었다. 미국 오리건주의 어느 대학 여교수가 낸 소송을 예시하기 위해 자료를 만들어 보았다. 이 대학은 크게 경영대와 교육대가 있다. 그리고 경영대 교수들의 봉급이 두 배 많다.

표 6.4 오리건주 어느 대학의 남녀 교수 봉급

대학	남교수	여교수
경영대	90명, 1억 원	10명, 1억500만 원
교육대	10명, 5천만 원	90명, 5천500만 원

위 표를 이용하면, 이 대학 남교수들의 평균 봉급은

$$(90*1억+10*5천만)/100 = 9천500만(원)$$

이고, 여교수들의 평균 봉급은

$$(90*5천500만+10*1억500만)/100 = 6천만(원)$$

이다. 여교수들이 무려 9천500만−6천만=3천500만(원)이나 적게 받는다는 것이다. 따라서 이러한 평균 봉급의 차이는 여성 차별이 확실하다는 것이라고 판단되어 성차별 소송을 제기하였다. 그러나 미국 대학에서는 전공별로 봉급이 달라 봉급 차이가 발생하였는데, 전공까지 고려하면 여교수들이 남교수들보다 500만 원 더 받는 것 같다고, 대학 측에서 주장하였다. 이와 같이 상반된 결론이 나오는 이유는 경영대에서는 남교수가 교육대에서는 여교수가 많아서이다.

여성 운동가들은 봉급이 적은 직업에 여자들이 많다는 것이 사회구조적 여성 차별

이라고 주장한다. 사회 조사로 어떤 결론을 도출하려는 경우, 위의 경우와 같이 전공별로 남녀선호도가 달라 생기는 교란이 일어나면 함부로 결론을 내리기가 어렵다.

최근 유럽에 많은 난민이 유입되었다. 독일 난민 수용을 반대하는 정당에서 난민들의 범죄율이 자국민들의 범죄율보다 높아서 치안을 위태롭게 한다는 발표를 하였다. 추후 면밀한 조사한 결과, 청장년 남자들의 범죄율이 높았는데 이는 난민 구성이 청장년 남자들이 많았기 때문이었다. 그러므로 나이와 성별을 세분하여 통계를 구한 결과 난민들이 자국민들보다 범죄율이 높다는 것은 잘못된 발표인 것으로 판명되었다.

또 다른 예로, 어떤 암 환자가 의사를 찾아가 치료 가능성을 물었더니, 의사가 답하기를 치료율이 10%밖에 안 되지만, 현재 자기가 치료한 환자 9명이 모두 죽었으므로 치료율이 정말로 10%가 되려면 당신은 꼭 살아야 한다는 농담과 같이, 통계에 대한 무지와 통계를 만드는 사람이 자신의 이해관계 때문에 통계를 왜곡하지 않도록 항상 의문을 품고 주의 깊게 살펴보아야 한다.

4) 잘못된 통계가 사람들의 삶을 바꿀 수 있다

미국 유수 의과 대학의 어떤 의대 교수에 대한 특집에서 그 의사가 얼마나 많은 여성을 유방암에서 구했는지에 대해 다음과 같은 표를 제시하였다.

표 6.5 유방암 여부에 따른 검사 결과

	양성반응	음성반응
유방암 환자	100	0
일반 여성	900	9000

유방암 환자의 경우 검사 결과가 양성일 확률은 (100/100)*100=100%이다. 그러나 양성검사가 나왔을 때 유방암 환자일 확률은 (100/(900+100))*100=10%이다. 문제의 의사는 유방암 검사 결과가 양성인 100여 명의 여성 환자들에게 유방절제술을 시술하여 목숨을 구한 것으로 발표하였다. 그러나 표를 통해 살펴본 것 같이 수술

한 환자 100여 명 중 90명 정도의 여성이 유방암 환자가 아니므로, 유방암에 걸리지 않은 보통 여자들이 필요하지 않은 유방절제술을 받은 것으로 판명되었다. 이 여성들은 전문가의 잘못된 확률 이해로 고통스러운 암 절개수술을 받고, 이제 유방 없이 남은 생애를 살아야 하게 되었다.

영국에서 1999년 11월 샐리 클라크라는 여인이 두 아들을 살해했다는 혐의로 유죄 판결을 받았다. 첫째 아들은 생후 11주 만에 둘째 아들은 생후 8주 만에 돌연사하였다. 건강하게 태어난 아이가 이와 같이 돌연사할 확률은 매우 적다. 그러므로 두 명이나 갑자기 죽었다는 것은 의도적 살인이 아니라면 도저히 일어날 수 없는 일인 것 같다는 전문가의 증언이 이 여인의 유죄판결의 결정적 증거이었다. 그러나 이후에 유아의 돌연사가 유전적 요인으로 발생할 수 있고, 형제나 자매 중 한 아이가 돌연사로 사망한 경우 다른 아이가 사망할 확률이 높다는 의학적 발견이 있어서 이 여인은 추후 무죄 판결을 받았다. 그러나 샐리 클라크는 다시 정상적인 생활로 돌아가지 못했고, 몇 년 후 알코올 중독으로 사망했다. 잘못된 통계 이해가 한 여인을 죽음으로 이끈 것이다.

5) 통계 발표 시 유의점

2013년 3월 11일 일본의 어떤 방송사는 방사선의 위험을 지적하기 위해 다음과 같은 보도를 하였다. "오늘 일본에서는 2년 전 끔찍한 지진과 쓰나미로 희생된 사람들을 추모했습니다. 당시 진도 9의 강력한 지진이 일본 북동부를 뒤흔들었고 20m가 넘는 쓰나미가 덮쳤습니다. 이로 인한 후쿠시마 원전 원자로에서 사고가 발생했고, 약 1만 6천 명이 목숨을 잃었으며 수천 명은 여전히 실종 상태에 있습니다." 이 보도는 마치 원자로 사고로 1만 6천여 명이 죽은 듯 암시하였으나, 실제로 원자로 사고로 사망한 사람은 2명뿐이었다. 이 두 명도 원전 직원으로 경내에서 사고를 당했으나 그마저도 지진이나 쓰나미에 희생된 것이다. 이러한 오류들은 발표하는 사람들이 실제 상황을 제대로 인지하지 못하거나, 이 경우는 방사선의 피해를 과장하기 위해 발생한다. 양계 닭들의 항생제 투여 퍼센트의 경우 담당자들도 비육 목적의 가축과 사육장을 혼동하고, 특정 사육 기간만 투여할 경우도 많아 이런 종류의 발표 때는 전문가와 상의하여 발표 때 매우 신중히 해야 한다(Gigerenzer et. al, 2017).

3부

데이터 과학의 발전과 데이터로 예측하는 미래 사회

제 7 장

데이터 과학

7.1 데이터 과학이란?

1) 데이터 과학의 정의와 데이터 과학 프로세스

4차 산업혁명의 근간에는 다량의 데이터를 소프트웨어와 연계하여 신속 정확하게 정보를 창출하고 활용하는 과학이 중요성을 띠고 있다. 이런 학문을 데이터 과학(data science) 혹은 데이터 사이언스라고 부른다. 데이터 사이언스는 데이터의 수집과 저장에 필요한 데이터 프로세싱 기술과 데이터 분석에 관한 지식(통계학, 데이터 마이닝, 머신러닝 등)을 기반으로 다량의 데이터로부터 패턴을 찾아내고, 통계적 추정, 예측 모델링 등을 통해 필요한 정보를 창출하여 이를 실제로 활용하는 것을 연구하는 융합과학(convergence science)이다. 21세기가 시작되고 오래 지나지 않았지만, 어쩌면 21세기 사회발전에 가장 기여도가 큰 학문은 데이터 과학이 될 것으로 예측된다.

데이터 과학이란 용어는 [Naur 1974] 교수의 저서 「Concise Survey of Computer Methods」에서 처음으로 등장하였다고 한다. 그 후 1996년에 국제분류학회연합(IFCS)에서 공식적으로 이 용어가 사용되었고, 2002년에는 학회지로 〈Data Science Journal〉이 발행되면서 보편화되기 시작하였다. Wikipedia 사전은 데이터 과학 프로세스로 〈그림 7.1〉을 제시하였다. 이 그림에서 보면 원시데이터를 먼저 수집(raw data collected)하고, 이를 프로세싱하여(data is processed) 정리하고 저장해야 한다. 다음으로 잘못된 데이터를 제거하여 깨끗한 데이터(clean dataset)를 만드는 작업을 수행해야 한다. 여기까지는 주로 전산과학(computational science)의 연구 영역이다. 다음 단계는 탐색적 데이터 분석(exploratory data analysis)과 모델링(models & algorithms)으로 이는 통계학의 연구 영역이다. 그 다음 단계로는 소통하고 시각화하여 보고서(communicate, visualize and report)를 작성하고 의사결정에 중요한 정보를 제공하는 것이다. 이는 전문 학문 영역(예로, 경영학, 산업공학, 보건학 등)의 영역이라고 볼 수 있다. 데이터 결과물(data product)은 현실을 정확히 반영해야 하며, 이는 다음 단계의 원시데이터 수집에 가이드라인 역할을 하는 것이다. 즉, 데이터 과학은 전산과학, 통계학, 전문 학문(경영학, 산업공학, 보건학 등) 등의 융합 학문이라고 볼 수 있다.

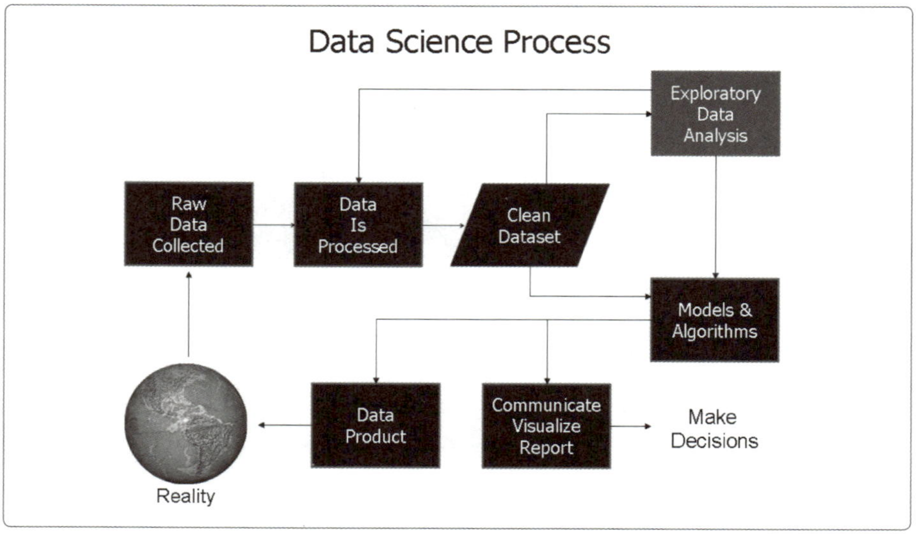

그림 7.1 데이터 과학 프로세스 흐름도

자료: Wikipedia

2) 데이터 과학의 전체 조감도

넓은 의미의 데이터 과학은 〈그림 7.2〉에서 보는 바와 같이 데이터로부터 빅데이터와 AI 기술을 통해 통찰력(insight) 있는 정보를 만들어 내는 21세기에 태어난 새로운 학문이다. 좁은 의미의 데이터 과학은 데이터로부터 통계학의 탐색적 데이터 분석(exploratory data analysis), 통계적 추론(statistical inference), 데이터 마이닝(data mining) 등을 통하여 빅데이터 기술을 활용함으로 정보를 창출하는 학문이다. 그러나 최근에는 넓은 의미의 데이터 과학이 더 많이 통용되는 추세라고 볼 수 있다.

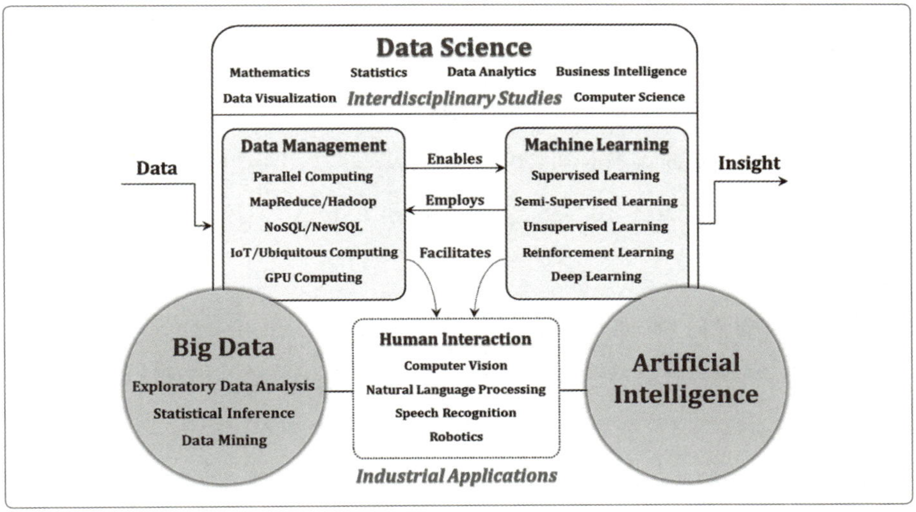

그림 7.2 데이터 과학의 전체 조감도

자료: 한국과학기술한림원(2019)

데이터 과학의 밑바탕이 되는 기존의 학문들은 수학, 통계학, 컴퓨터과학, 데이터 분석학(analytics), 데이터 시각화(data visualization), 비즈니스 인텔리전스(business intelligence) 등으로, 데이터 과학은 명실공히 다학제간 연구 학문이다.

데이터 과학은 빅데이터를 처리, 분석, 저장할 수 있도록 물리적 환경을 조성해 주는 데이터 관리(data management) 분야와 데이터로부터 모델을 만들어 AI로 구현할 수 있도록 해주는 기계학습(machine learning) 분야로 나누어진다. 데이터 관리에 사용되는 기본적인 도구는 병렬 컴퓨팅과 맵리듀스(MapReduce)와 하둡(Hadoop), 그래픽 처리장치(Graphic Processing Unit, GPU) 컴퓨팅 기술 등을 포함한다. 기계학습은 학습하는 방법과 분석 모델의 특성에 따라 지도학습(supervised learning), 비지도학습(unsupervised learning), 준지도학습(semi-supervised learning), 강화학습(reinforcement learning), 심층학습(deep learning) 등이 있다. 위에서 사용된 주요 용어에 대해서 그 정의를 간단히 설명하면 다음과 같다.

① **빅데이터(big data)**는 기존 데이터베이스의 데이터 수집 · 저장 · 관리 · 분석의 역량을 넘어서는 구조적 및 비구조적 데이터를 포함하는 대용량의 데이터로, 의사결정에 필요한 정보와 지식을 만들어 내는 관리 · 분석 기술로써, 대용량(volume), 다양성(variety), 빠른 속도(velocity)로 얻어지는 '3V' 특징을 가지고 있다(박성현 외, 2018).

② **인공지능(artificial intelligence, AI)**은 인간의 인식, 판단, 추론, 문제 해결, 그 결과로서의 언어나 행동 지령, 더 나아가서는 학습 기능과 같은 인간의 두뇌 작용을 이해하는 것을 연구하는 학문 분야이다(정보통신 용어사전).

③ **데이터 마이닝(data mining, DM)**은 대규모의 저장된 데이터 속에서 체계적이고 자동으로 통계적 규칙이나 패턴을 사용하여 정보를 추출해 내는 것으로, 데이터베이스에서는 지식을 발견한다는 의미로 KDD(knowledge-discovery in databases)라고도 한다(박성현 외, 2018).

④ **기계학습(machine learning, ML)**은 인공지능의 한 분야로, 컴퓨터가 데이터를 이용하여 학습한 내용을 기반으로 새로운 데이터에 대한 적절한 작업을 수행할 수 있도록 하는 알고리즘과 기술을 개발하는 분야를 말한다(정보통신 용어사전).

⑤ **심층학습**(deep learning, DL)은 컴퓨터가 많은 데이터를 이용하여 마치 사람처럼 스스로 학습할 수 있게 인공신경망을 기반으로 하는 기계학습의 한 기술이다(정보통신 용어사전).

⑥ **인공신경망**(artificial neural network, ANN)은 인간 두뇌의 정보 처리 과정을 모방해서 만든 알고리즘을 말한다.

〈그림 7.2〉의 데이터 과학의 체계도에서 모든 단계에서 사람이 개입하여 조절, 통제하는 인간과의 상호작용(human interaction)이 역할을 하며, 이때 사용되는 기술로는 컴퓨터 비전, 자연어 처리(natural language processing), 음성인식(speech recognition), 로보틱스(robotics) 등이 활용된다. 데이터 과학의 궁극적인 활용 범위는 다양한 산업에 적용(industrial applications)되어 새로운 제품 및 서비스를 창출함으로써 인간의 삶을 풍요롭게 해주는 것이다.

7.2 데이터 과학 교육

1) 데이터 과학 프로그램

앞에서 다룬 데이터 과학은 데이터 기술(DT)과는 차이가 있다. DT는 주로 통계학을 이용하여 데이터를 다루는 기술이라면, 데이터 과학은 DT를 포함하는 넓은 의미의 과학으로, 데이터와 관련된 모든 것을 다루는 학문이다. 데이터 과학은 신학문으로 어떤 과목을 공부하여야 할지 정확히 명시된 기준은 없다. 그러나 미국에서 데이터 과학 석사학위를 개설한 50여 개 대학들의 과목들을 살펴보면 다음과 같이 세 분야의 과목들이 주로 다루어지고 있다.

① **전산과학 분야 과목:** 프로그래밍, 데이터 저장 및 정보검색, 데이터베이스(DB) 관

리, 기계학습(machine learning), 빅데이터 관련 기술(Hadoop, 텍스트 마이닝, 오피니언 마이닝 등), 알고리즘(algorithms) 등

② **통계학 분야 과목:** 탐색적 데이터 분석(exploratory data analysis), 선형통계분석, 다변량통계분석, 데이터 마이닝(data mining), 동적 그래픽스(dynamic graphics), 데이터 시각화 방법(data visualization methods), 통계 예측 모델링(statistical prediction modelling), 통계 소프트웨어(R, SAS, SPSS, Minitab 등) 등

③ **경영학(산업공학) 등 기타 전문 영역 과목:** 소셜 네트워크 분석(SNS), 커뮤니케이션 스킬(communication skill), 운영연구(OR), 고객만족 품질경영, 연구방법론(research methods), 경영최적화와 시뮬레이션, 빅데이터 프로젝트 등

물론 위의 과목들을 석사과정 2년 간에 학생이 다 수강할 수 없으므로, 학교의 특성에 따라 필수과목과 선택과목 등으로 구분하여 과정을 운영하고 있다. 우리나라에서도 2014년부터 데이터 과학 석사과정을 설립하기 시작하였으며, 국민대, 단국대, 성균관대, 건국대, 서울과학기술대, 세종대 등 19개 대학에서 대학원 과정을 운영하고 있다.

2) 국내에서의 데이터 과학과 AI 교육 현황

우리나라의 데이터 과학과 AI 대학 교육 현황을 살펴보자. 2012년 3월에 전국 최초로 미래창조과학부(현재는 과학기술정보통신부) 사업의 지원으로 충북대학교에 빅데이터 전문가 석사과정(계약학과의 형태)으로 비즈니스데이터융합학과를 개설했다. 그 후 2013년에 국민대학교에 대학원 석사과정과 학부 과정의 데이터 과학 교육이 시작되어 최근에 많은 대학에서 데이터 과학 학사, 석사, 박사과정을 운영하고 있다.

2020년에 들어서면서 데이터 과학과 AI 분야에 서울대에서는 데이터사이언스대학원, 8개 대학(KAIST, 고려대, 성균관대, GIST, POSTECH, 연세대, 한양대,

UNIST)에서는 정부의 지원으로 AI 대학원이 설립 등 활발한 교육 조직이 설립되었다. 이들 대학원에서는 데이터 과학과 AI를 동시에 강의하고 있으며, 데이터 · AI 전문가를 양성하고 있다. 더 많은 대학원에 AI나 데이터 과학 관련 대학이나 학과가 설립되는 것이 바람직하다. 사회의 수요가 그만큼 크기 때문이다. 이외에도 기존의 통계학과, 컴퓨터공학과, 정보과학과, 산업공학과, 경영학과 등에서도 데이터 · AI 전문가 양성에 관심을 갖고 더 많은 교과 과정 시간을 데이터 과학이나 AI에 할애하는 것이 바람직하다.

2023년 6월 현재 우리나라에서 데이터 사이언스와 AI 관련 학사, 석사, 박사학위 과정을 운영하고 있는 대학을 '대입정보포털어디가(http://adiga.kr)'와 '대학알리미(https://www.academyinfo.go.kr)'에서 정보를 취합하여 리스트하면 다음과 같다.

- 데이터 과학 관련 학과 대학원 석/박사과정 개설: 총 19개 대학(단, 8개 대학은 석사과정만 운영)
- 데이터 과학 관련 학과 대학 학사과정 개설: 총 31개 대학
- AI 관련 학과 대학원 석/박사과정 개설: 총 91개 대학(단, 40개 대학은 석사과정만 운영)
- AI 관련 학과 대학교 학사과정 개설: 총 148개 대학

따라서 최소 148개 대학에서 데이터 과학이나 AI 학과를 운영하고 있는 것이다. 여기서 온라인이나 사이버 교육 프로그램은 제외하였다. 즉, 우리나라 대부분의 주요 대학에서 데이터 과학이나 AI를 교육하기 시작하고 있는 것이다. 종래에 AI는 컴퓨터공학(혹은 과학)과에서 교육되고 있으나 우리나라 대부분의 대학이 컴퓨터공학과를 가지고 있으므로, 컴퓨터공학과는 리스트에서 제외하였다. 또한 데이터 과학은 통계학과에서도 일부 교육되고 있는데, 통계학과도 리스트에서 제외하였다.

많은 대학에서 데이터 과학과 혹은 AI 학과가 개설되어 있지만, 모든 대학생이 기초 교양 학문으로 데이터 과학과 AI를 알고 있는 것은 아니다. 대학에서 인공지능과 데이터 과학 교육이 더 심도 있게 확산되어야 한다. 대학 교육을 받은 21세기 지식인은 대학에서 전공에 불문하고 데이터 과학 소양 교육을 받아야 한다. 왜냐하면 21세기는 '데이터 · AI 경제 시대'이므로, 대학에서 '데이터 과학 입문(혹은 빅데이터/인공지능 개론)'을 필수교양 과목으로 지정하여 모든 학생이 수강하게 하고, 기본적인 ABC(A: AI, B: Big Data, C: Computing) 교육을 시켜야 한다.

7.3 데이터 과학자와 통계학자는 얼마나 인기가 있나?

1) 데이터 과학자의 인기

데이터 과학을 전공한 인재를 데이터 과학자(data scientist) 혹은 데이터 분석가(data analyst)라고 부른다. 직업 알선과 직장연봉 비교 사이트로 유명한 글래스도어(Glassdoor.com)는 2022년에 일과 삶의 균형(work-life balance; WLB) 측면에서 가장 좋은 직업 상위 9개를 공개한 바 있다. 일과 삶의 균형은 재택근무, 출퇴근 시간 자유, 만족도, 연봉 등을 종합하여 판단하는 것이며, 높은 연봉이라고 해서 반드시 좋은 직업은 아니다. 또한 일과 삶의 균형은 회사(일)와 가정(개인 생활)을 적절하게 분리하여 균형을 유지할 수 있는 것에 초점을 맞추고 있다. 〈표 7.1〉에 공개한 리스트에서 데이터 과학자는 1위에 올라 있다. 즉, 데이터 과학자는 이미 최고 인기 직종군으로 부상하고 있다.

여기서 주목할 점은 29개 업종 중에서 반 이상이 IT와 데이터 관련 기술 분야 직종이라는 것이다. 4차 산업혁명 시대에는 확실히 고유 기술을 가진 전문가가 사회로부터 대접을 받는 것이다. 데이터 분석가는 20위로 되어 있는데, 데이터 분석가는 기업에서 생산되고 수집되는 각종 데이터를 분석하고 결과를 보고서로 작성하는 기존의 통계분석가를 의미한다. 데이터 과학자는 분석, 결과를 넘어 산업연관분석과 미래 지향적인 시사점을 도출하여 기업의 생존전략에 필요한 비법을 제시하는 것을 주요 업무로 한다. 따라서 데이터 과학자는 통계분석가를 넘어 사회, 경제, 경영 등 여러 학문이 융합하여 시너지를 낼 수 있는 인재를 말한다.

표 7.1 일과 삶의 균형 측면에서 최고의 직업 WLB(일과 삶의 균형) 순위

순위	직업	연봉 (base pay+additional compensation)
1	Data analyst(data scientist)	92,776
2	User experience(UX) designer/User interface(UI) designer	UX: 101,111 UI: 104,152
3	Real estate agent	137,408
4	Statistician	97,365
5	Web developer	104,971
6	Financial advisor	169,809
7	Corporate recruiter	90,901
8	Project manager	92,186
9	Social media manager	73,766

* 연봉은 중앙값이고 단위는 천불
자료: Glassdoor.com, 2016

2) 통계학과 컴퓨터과학 전문가의 인기

대학생들이 대학원에 진학할 때 '어떤 전공이 나에게 맞고, 미래 성장 가능성이 있을까?'에 대해 궁금해 하는 경우가 흔하다. 하고 싶은 전공 분야가 연봉도 높고 직업 만족도까지 충족된다면 금상첨화이다. 조금 오래된 통계이지만 그 경향을 알 수 있어서 미국 포춘지(Fortune)가 2016년에 발표한 최고의 15개 전공학위 분야를 〈표 7.2〉와 같이 발표한 것을 소개한다. 포춘지의 조사에서는 데이터 과학은 빠져 있는

데, 이는 아직도 데이터 과학 전공 분야가 시작된 지 오래되지 않아 학위 배출자가 적어 넣을 수 없어서 제외된 것이다. 그러나 데이터 과학과 깊은 관련이 있는 통계학, 컴퓨터 과학 등이 1~6 순위 안에 다수 들어 있는 것을 알 수 있다.

표 7.2 2016년 직업에 대한 최고의 15개 전공학위 분야 순위

순위	전공학위	연봉(천불)	직업 성장 가능성(%)	직업 만족도 (%)
1	**생물통계학 석사**	106	23.0	85
2	**통계학 석사**	114	16.4	75
3	컴퓨터과학 박사	147	12.0	77
4	경제학 박사	126	11.3	88
5	응용수학 석사	125	12.7	71
6	컴퓨터과학 석사	126	11.9	69
7	약학 박사	126	13.8	81
8	수학 박사	107	13.7	72
9	물리학 박사	138	9.1	82
10	소프트웨어공학 석사	119	11.9	66
11	물리화학 박사	135	8.8	81
12	정보시스템 석사	116	11.2	71
13	의료지원연구 석사	104	16.7	77
14	경영정보시스템 MBA	118	10.3	81
15	정치학 박사	117	9.9	78

자료: Fortune.com,「Best graduate degrees for jobs in 2016」

이 순위는 단순 설문조사가 아니라 연봉(salary), 2024년까지의 장래 직업 성장 가능성(projected growth in jobs by 2024), 직업 만족도(highly satisfied) 등을 종합하여 심층적으로 분석한 후 순위를 낸 것이라 신뢰성이 높다. 보통 높은 연

봉을 받으면 좋은 직장이라고 말하지만, 삶의 질(quality of life)이 중요해지고 있는 현재에는 연봉만 높다고 우수한 직업을 가졌다고 말하기 힘든 시대로 변해버렸다. 포춘지는 생물통계학(biostatistics) 석사가 장래 직업 성장 가능성이 23.0%, 연봉 $106,000, 직업 만족도 85%로 높아서 1위로 선정했고, 2위로 통계학(statistics) 석사가 장래 직업 성장 가능성 16.4%, 연봉 $114,000, 직업 만족도 75%로 높다고 평가했다.

이런 결과는 빅데이터 시대 도래에 따라 데이터 분석, 정보추출, 미래 예측에 대한 수요가 급증하고 있기 때문이다.

7.4 데이터 마인드가 중요하다

1) 데이터 마인드란

4차 산업혁명은 데이터 기반의 지능 디지털 혁명이라고 흔히 부르고, 데이터가 매우 중요하다고 말한다. 그러면 '데이터'하면 무엇이 떠오를까? 많은 사람들은 데이터는 내가 만들 수 있는 것이 아니고, 어떤 전문가들이 만들어 놓은 엄청난 숫자들의 조합, 그림, 표 등을 생각한다. 그러나 데이터는 보통 사람들도 주위에서 쉽게 만들 수 있는 것이며, 거기에서 가치를 찾을 수 있는 것이다. 세상을 데이터의 관점에서 바라보고, 이를 통해 세상의 흐름을 읽으려고 하는 '데이터 마인드(data mind)'가 필요하다. 그러면 데이터 마인드란 무엇인가? 데이터 마인드란 다음의 과정을 거치는 마인드를 의미한다.

① 자연이나 사회의 현상을 이해하기 위해서 관련된 데이터 수집 계획을 세우고(plan),
② 계획에 따라 데이터를 수집하여 정리하고(do),
③ 데이터의 적절한 분석을 통해 현상을 이해하고(understand),

④ 자연이나 사회의 현상을 개선하려는 마인드이다(improve).

다시 말하면, 데이터 마인드는 데이터라는 렌즈를 통해 복잡한 현상에 대하여 객관적이고 바른 정확한 지식을 얻고, 이를 바탕으로 주어진 문제를 해결하려는 사고방식이다. 이런 마인드를 기르는 것은 데이터 기반의 4차 산업혁명 시대에 잘 적응하기 위한 매우 중요한 삶의 자세라고 하겠다.

2) 데이터 마인드 활용 사례

19세기 유럽 전역을 공포에 떨게 했던 콜레라의 원인을 밝혀낸 사람은 데이터 마인드가 투철했던 존 스노우(John Snow, 1813~1858)라는 의사였다. 스노우는 런던에 콜레라가 유행하던 1853~1854년에 콜레라 사망자의 발생 장소를 〈그림 7.3〉과 같이 지도상에 표시하였다.

스노우가 만든 지도에는 검은색 막대가 사망자 수를 표시하고, 검은색 막대는 브로드 스트리드(Broad Street)에 집중되어 있는 것을 발견하였다. 브로드 스트리트에 살고 있는 사람들은 모두 한 우물의 물을 먹는다는 사실에 착안하여 이 우물을 조사한 결과, 이 우물이 오물로 오염되어 있었고 콜레라에 걸리는 원인을 제공한 것을 알게 되었다. 이러한 발견 이후, 스노우의 주장으로 이 우물은 폐쇄되어 더 이상의 콜레라 감염 확산을 막을 수 있었다.

이러한 업적 등으로 스노우를 역학(疫學)의 아버지라고 불리고 있다. 스노우의 조사는 데이터 마인드를 그대로 따른 좋은 사례라고 말할 수 있다. 그는 콜레라 발생 환자를 지역별로 조사할 계획(plan)을 세우고, 계획에 따라 데이터를 수집하여 지도에 그려 보았으며(do), 그림으로부터 콜레라 환자 집중 발생 지역을 알아내었으며(understand), 그리고 원인을 제공한 우물을 폐쇄하여 콜레라 환자의 발생을 막는(improve) 활동을 한 것이다. 지금도 우리 주위에는 이러한 데이터 수집 및 분석이

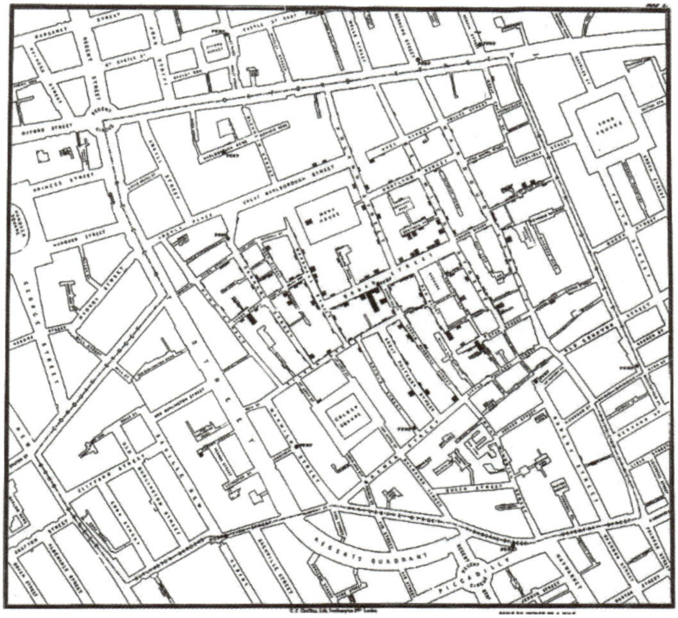

그림 7.3 스노우가 만든 지도.. 검은색 막대로 사망자의 수를 표시

자료: Wikipedia

가능한 경우가 수없이 많으며, 데이터 마인드를 가지면 데이터와 친해질 수 있다고 말할 수 있을 것이다.

7.5 통계학과 데이터 과학의 미래

1) 통계학 연구의 발전 과정

앞의 3장에서 17세기에 영국의 정치산술학, 독일의 국세학 등의 영향으로 초기 통계학이 발전하기 시작하였으며, 이때는 주로 국가를 운영하기 위해 필요한 데이터(인구, 가구수, 세금, 국내총생산, 국토 등)의 산출을 염두에 두고 연구되었다. 18세기에 들어서면서 수학 분야에서 확률론 연구가 심화되었고, 각종의 확률분포, 게임 이론, 중심극한정리 등이 연구되면서 초기의 통계학은 확률론과 접목되어 수리통계학의 개념이 발전되었다. 19세기에 들어서면서 확률론에 근거한 통계학을 과학으로서의 학문으로 체계화하면서 수리통계학이 정립되게 된다. 18세기 후반과 19세기 초반에 영국을 중심으로 일어난 산업혁명은 영국은 물론 유럽 여러 나라들의 산업화를 촉진시켰고, 산업화에 의한 국부의 창출로 각종의 사회현상을 통계적으로 규명하려는 노력이 생겨나게 되었다. 사회현상에 관하여 관측된 데이터로부터 사회현상을 규명하려는 데이터 분석은 사회통계학과 기술통계학의 발전도 가져왔다.

20세기에 접어들면서 피어슨(Pearson)에 의해 생물통계학의 전문학술지 BIOMETRICA가 창간되고, 피셔에 의한 소표본 이론과 이에 근거한 추론과 실험계획법 등이 연구되면서 현대통계학이 정립되기 시작하였다. 오늘날 피어슨과 피셔를 현대통계학의 아버지라고 부르는 이유도 여기에 있다. 20세기 중반에 미국이 세계의 중심이 되기 시작하면서 네이만과 박스와 같이 영국에서 연구한 통계학자들이 미국으로 건너와 활동하기 시작하였고, 또한 미국의 대학과 연구소에서 연구한 쉐페, 켄달, 슈하트, 왈드 등에 의해 통계학 이론과 응용 방법들이 다수 발표되면서 현대통계학이 미국을 중심으로 확고히 자리 잡기 시작하였다. 오늘날까지도 미국이 통계학 연구의 본산이라고 볼 수 있다. 그러나 최근에는 독일, 일본, 한국, 중국 등에서도 통계학 연구가 활발하여 통계학 연구가 상당히 다변화되어 가는 양상을 보이고 있다.

1946년에 출현한 컴퓨터는 통계학의 발전에도 지대한 영향을 끼쳤다. 소표본에 의한 통계분석만을 해오던 과거와는 달리 컴퓨터의 발전으로 대표본의 처리가 가능하여지게 된 것이다. 특히 1970년대 고밀도집적회로의 발전으로 컴퓨터의 계산 속도가 빨라지고 대용량 취급이 가능해지면서 과거에는 엄두도 내지 못하던 많은 변수를 가지고 있는 대용량 데이터의 분석이 가능해졌다. 이를 통해 통계적 방법 연구도 많은 변수를 가진 다변량 통계분석, 중회귀분석, 다변량 시계열분석 등이 발전하게 되었다. 또한 데이터 마이닝, 오피니언 마이닝, 군집분석, 동적 그래픽스, 데이터 시각화

기법 등이 발전하고 있다. 이는 현대통계학의 엄청난 영역확장을 초래하는 것을 의미한다. 이에 따라 현대통계학의 초점도 점점 다량의 데이터로부터 유용한 정보를 창출하는 쪽으로 맞추어지면서 정보통계학이 발전되었다.

우리나라에는 1960년대에 경제통계학 위주로 대학에 학과가 설립되어 계량경제학에 도움을 주는 수준이었으나, 1970년대 들어서면서 자연과학 분야의 학문으로 대학에 통계학과가 설립되면서 통계학 연구가 발전하기 시작하였다. 지금은 미국, 유럽 등에서 공부한 많은 통계학자들이 국내에서 연구하고, 국내 대학들에서도 통계학자들을 많이 배출함에 따라 우리나라의 통계학 연구도 제자리를 잡아가고 있다. 국내에서도 박성현 등(2001a, 2001b, 2008, 2010)에 의하여 제기된 데이터 기술(DT)의 개념은 오늘날 빅데이터의 개념과 유사하며, 통계학의 응용 측면에서 기여한 바가 크다.

2) 데이터 과학의 출현과 통계학의 미래

소프트웨어와 데이터 기반의 4차 산업혁명 시대가 도래하면서 빅데이터 기술의 중요성이 강조되고 있고, 빅데이터를 다룰 수 있는 학문으로 데이터 과학(data science), 그리고 그 전문 인력으로 데이터 과학자(data scientist)가 주목받고 있다. 데이터 과학은 데이터의 수집, 보관, 통계분석, 정보 창출, 실무 적용을 다루는 학문으로, 기존의 학문으로는 전산과학과 통계학, 그리고 실무 적용을 주로 하는 경영학, 산업공학 등의 일부를 포함하는 학문이다. 데이터 과학은 연구 영역이 광범위하므로 아직은 초기 발전 단계라고 할 수 있으나, 앞으로 하나의 학문영역으로 자리잡을 것이다. 데이터 과학으로 양성된 인재는 데이터 과학자로 현재로는 가장 인기 있는 직종에 속한다. 국내에서도 4차 산업혁명을 주도할 인력으로 데이터 과학자의 중요성이 인식되고 있으며, 이미 데이터 과학 관련 교육은 31개 대학에서, 그리고 AI 교육은 148개 대학에서 관련 학과를 개설하고 있어 좋은 현상이라고 하겠다.

장기적인 안목으로 볼 때 데이터 과학이 새 학문으로 자리를 잡아가리라 생각한다. 그러면 데이터 과학의 중요 부분인 통계학은 어떤 영향을 받고, 어떻게 발전해 나갈 것인가? 데이터 과학은 통계적 방법을 적용하여 정보 창출에 초점을 두고 있으므로, 통계적 방법에 대한 이론개발보다는 실무 적용에 필요한 방법론 연구에 초점을 맞추어 발전해 나갈 것이다. 반면, 통계학은 수리통계학, 추측통계학, 정보통계학 등의 개념을 동시에 가지면서 이론개발에 계속 치중하여 연구해 나갈 것이다. 따라서 통계학은 학문으로서 고유의 영역을 지켜나갈 것이며, 계속 발전되어 갈 것이다. 통계학의 발전은 분명히 데이터 과학에도 긍정적인 영향을 주며, 통계학에서 새로이 개발된 통계적 방법들이 데이터 과학에서 적용되고 검증되면서 보완될 것이다. 결국 통계학과 데이터 과학은 상생의 공존 관계를 유지하면서 서로 발전해 나갈 것으로 생각된다.

제 8 장

인공지능 시대를 위한 미래형 창의적 인재

8.1 우리나라의 글로벌 교육 경쟁력은?

세계에서 우리나라가 어느 정도의 글로벌 교육 경쟁력을 가지고 있는가를 객관적으로 평가하기는 쉬운 일이 아니다. 국제적으로 저명한 기관들이 여러 분야에 대하여 국가 간 평가를 하고 있으며, 디지털 전환기인 지금 대표적인 국가 경쟁력은 디지털 경쟁력과 글로벌 AI 경쟁력이다. 이들 경쟁력 안에는 교육과 인재 양성에 대한 경쟁력 평가도 들어 있다. 디지털 경쟁력과 글로벌 AI 경쟁력을 살펴보자.

1) IMD 세계 디지털 경쟁력 평가

4차 산업혁명 시대인 지금은 디지털 전환(digital transformation) 시대라고 볼 수 있으며, 디지털 경쟁력은 4차 산업혁명 시대의 경쟁력이라고 볼 수 있다. 우리나라의 세계 디지털 경쟁력을 살펴보자. 국가 간에 빅데이터, 인공지능, 사물인터넷 기술 등의 신기술 적응도를 포함하는 디지털 경쟁력을 평가하는 기준으로 스위스 국제경영개발대학원(IMD)이 매년 발표하는 'IMD 세계 디지털 경쟁력 순위(IMD World Digital Competitiveness Ranking)'가 있다. 이 평가는 기술변화에 대한 한 국가의 적응력, 대응력, 기술개발 능력 등을 평가하며, 3대 분야(지식, 기술, 미래

준비도), 9개 부문, 52개 세부 지표로 구성되어 있다. 9개 부문 속에는 교육 훈련도 하나의 평가 기준으로 들어 있다.

2022년 9월에 발표한 IMD의 '2022년 세계 디지털 경쟁력 평가' 결과를 보면, 우리나라는 64개 평가대상 국가 중에서 8위를 차지하여 이 평가가 시작된 2015년부터 2022년 사이에 연차적으로 18위 → 17위 → 19위 → 14위 → 10위 → 8위 → 12위 → 8위로, 2017년에 잠시 19위로 밀렸으나, 곧이어 상승하다가 현재 8위를 유지하고 있는 양상이다. 평가 결과는 9개 부문별로, 52개 세부 지표별로는 큰 차이가 있어 한국이 취약한 부분도 상당히 많이 있다. 3대 분야, 9개 부문별로 우리나라의 평가 순위와, 각 부문별로 특별히 유의할 특징적인 세부 지표를 적어보면 〈표 8.1〉과 같다.

표 8.1 한국의 2022년 세계 디지털 경쟁력 평가 결과

3대 분야	9개 부문	특징적인 일부 세부 지표
지식(knowledge)(16위)	인재(talent)(33위)	– 디지털 기술 능력 (46위) – 외국인 숙련직 직원 (49위) – 국제 학생의 순 유입 (38위)
	교육훈련(training & education) (16위)	– 고등교육 성취도 (4위) – 대학 이상 전문교육 학생:교수 비율 (30위) – 여성 학위 소지자 (20위)
	과학기술(scientific concentration) (3위)	– R&D 총액 (2위) – 1인당 총연구개발 인력 (3위) – 여성 연구원 (53위)
기술(technology)(13위)	규제 여건(regulatory framework) (23위)	– 창업 (19위) – 지적 재산권 (37위) – 기술개발 및 적용 (48위)
	자본 여건(capital)(15위)	– IT & 미디어 주식시장 자본화 (4위) – 벤처 자본 (35위)
	기술 여건(technological framework) (7위)	– 인터넷 대역폭 속도 (12위) – 고도기술 수출비중(%) (6위) – 인터넷 사용자 (8위)

미래준비도 (future readiness) (2위)	신기술 적응도(adaptive attitudes) (1위)	– 전자 참여 지수 (1위) – 인터넷 소매업 매출액 (1위) – 스마트폰 보유율 (4위) – 세계화에 대한 태도 (11위)
	사업 능력(business agility) (2위)	– 로봇 활용도 (3위) – 기업의 실패 두려움(2위) – 빅데이터 및 분석 기술 활용 (34위) – 지식 전달 (30위)
	IT 통합(IT integration) (14위)	– 전자정부 (2위) – 사이버 보완 능력 (28위) – 소프트웨어 불법복제 (20위)

* 괄호 속은 우리나라의 순위

'지식'은 새로운 기술을 이해 · 발견 · 확장할 수 있는 역량을 측정하는 분야로, 우리나라의 경제력 규모(2021년 국내총생산(GDP) 기준으로 1조 8,068만 달러로 세계 10위)보다 좀 떨어진 16위이다. 특히 '인재' 부문에서 뒤처지는데, 이는 주로 디지털 기술 능력(46위)이 아직도 불충분하고, 외국인 숙련직 직원(49위)이 모자라고, 국제 학생의 순 유입(38위)이 떨어지기 때문이다. 인재 부문에서 더 적극적인 국제화가 필요하다고 하겠다. 또한 '교육훈련' 부문에서 대학에서의 학생: 교수 비율(30위)이 낮은 수준이고, 여성 학위 소지자(20위)가 충분하지 못하기 때문이다. '과학기술' 부문이 3위로 우수한데, 이는 R&D 총액(2위)과 1인당 총연구개발 인력(3위)이 많기 때문이다.

우리나라는 디지털 경쟁력을 강화하기 위해서는 결국 규제 여건, 자본 여건, 인재 부문 등에서의 경쟁력을 높이는 것이 우선적인 과제이다. 한국(8위)보다 디지털 경쟁력 높은 국가들은 1위에서 7위까지 덴마크, 미국, 스웨덴, 싱가포르, 스위스, 네덜란드, 핀란드의 순이며, 기타 주요 국가들은 영국(16위), 중국(17위), 독일(19위), 일본(29위) 등이다.

2) 글로벌 AI 경쟁력 평가

영국의 저명한 데이터 분석업체인 토터스 인텔리전스는 최근(2023년 6월 28일)에 제4차 '글로벌 AI 지수(The Global AI Index)'를 발표했다. 이 지수에 따르면 2023년도에 한국은 62개국 중 종합 AI 경쟁력은 6위를 기록해 2022년보다 한 단계 상승했다. 2022년까지는 7개 부문만 평가하였으나, 2023년부터는 두 개의 부문인 규모(scale)와 강도(intensity)를 추가하여 평가하였다. 규모는 한 국가의 전반적인 절대 AI 능력(absolute AI capacity)을 말하고, 강도는 한 국가의 인구와 경제의 크기에 비교한 AI 능력(AI capacity relative to the size of a country's population and economy)을 말한다. 규모로 보면 큰 나라인 미국이나 중국이 유리하고, 강도로 보면 작은 나라인 싱가포르나 이스라엘 같은 나라가 좋은 평가를 받는다.

2023년부터 실시된 9개 부문에 대한 평가에 의한 글로벌 AI 지수 순위는 〈표 8.2〉와 같다. 미국과 중국이 2022년과 2023년에서 모두 압도적인 1위와 2위를 차지하였는데, 9개 부문 중에서 6개 부문인 인프라, 연구, 개발 능력, 상용화, 규모에서 1위와 2위를 차지했다. 앞으로 상당 기간 이 두 나라는 AI 순위에서 높은 경쟁력을 가질 것으로 평가된다.

표 8.2 2023년 '글로벌 AI 지수' 순위(국가별, 부문별 순위)

국가	부문									종합 순위
	인재	인프라	운영 환경	연구	개발 능력	정부전략	상용화	규모	강도	
미국	1	1	28	1	1	8	1	1	5	1
중국	20	2	3	2	2	3	2	2	21	2
싱가포르	4	3	22	3	5	16	4	10	1	3
영국	5	24	40	5	8	10	5	4	10	4

캐나다	6	23	8	7	11	5	7	7	7	5
한국	**12**	**7**	**11**	**12**	**3**	**6**	**18**	**8**	**6**	**6**
이스라엘	7	28	23	11	7	47	3	17	2	7
독일	3	12	13	8	9	2	11	3	15	8
스위스	9	13	30	4	4	56	9	16	3	9
필란드	13	8	4	9	14	15	12	13	4	10

한국은 종합순위 6위로 우수하다. 그러나 9개 평가 부문에서 비교적 떨어진 부문이 인재(12위), 연구(12위), 상용화(18위)로 교육 경쟁력과 깊은 관계가 있는 인재, 연구 등에서 더욱 경쟁력을 확보해야 글로벌 AI 경쟁력이 상승할 수 있다.

앞의 두 개의 평가에서 보면 디지털 경쟁력에서 인재 부문(33위), 교육훈련(16위), 그리고 글로벌 AI 경쟁력에서 인재(12위)이다. 따라서 우리나라의 교육 경쟁력은 대략 12~33위 수준으로, 장기적인 안목에서 교육 경쟁력이 10위 안에 들어가도록 국가적인 노력이 필요하다고 하겠다.

8.2 미래형 인재의 주요 능력

2018년 1월에 예문아카이브에서 출판된 저서 「4차 산업혁명 시대 미래형 인재를 만드는 최고의 교육」에서는 4차 산업혁명 시대의 교육으로 '6C'를 제창하고 있다. 이 책은 미국의 저명한 두 명의 교육과학자, 로베르타 골린코프(Roberta M. Golinkoff)와 캐시 허시 파섹(Kathy Hirsh-Pasek)이 공동 집필한 책으로, 원 저서의 제목은 「Becoming Brilliant」이다. 여기서 얘기하는 6C는 협력(collaboration), 의사소통(communication), 콘텐츠(contents), 비판적 사고(critical thinking), 창의적 혁신(creative innovation), 자신감(confidence)이다. 이 책의 저자들은 4

차 산업혁명 시대에는 무형적인 역량인 '소프트 스킬(soft skill)'을 가르치는 교육을 해야 한다고 강조하고 있다. 이 소프트 스킬이란 타인과 협력하는 능력, 문제 해결력, 감정을 조절하는 자기 제어성, 의사소통 능력, 리더십, 회복 탄력성 등을 말한다. 이 6C는 2016년 다보스포럼에서 제시한 교육목표(1장에서 설명됨)와 일맥상통하는 측면이 있다고 하겠다. 우리나라의 교육도 이런 목표를 참고삼아 우리의 교육목표와 방법을 재설정할 필요가 있겠다.

6C를 주창하는 저자들은 학생들이 재미있도록 놀이를 통한 학습을 권장하고 있다. 예를 들어, 필라델피아 외곽에 있는 프렌즈센트럴스쿨(Friends' Central School) 학생들은 실제 열대우림처럼 만들어진 공간에서 열대우림에 관해 배우는 경우를 소개하고 있다. 이곳에선 동물 인형들이 초록 잎이 달린 종이 나무를 기어오르고, 바닥에 깔린 쪼글쪼글한 종이들이 흐르는 시냇물을 대신한다. 선생님은 보물섬을 찾아가는 항해를 떠나기 위해 아이들과 보트를 만든다. 보트 제작 과정에서 서로 의견을 나누고, 작업하면서 아이들은 협력을 배운다. 보물섬에 도착하면 무엇을 찾을지를 묘사하면서 의사소통 기술을 습득한다. 측량과 숲을 둘러싼 지리를 자연스레 익히고, 각자의 계획을 평가하면서 비판적 사고를 실천한다. 상호 협력을 통해 새로운 계획을 짜는 아이들에게는 자신감이 넘친다. 저자들은 "어떤 환경에 놓이고 어떤 변화를 겪더라도 창조적으로 적응할 수 있는 능력을 키워줘야 한다"라고 강조하고 있다.

현재 우리나라에서 진행되고 있는 암기 위주의 주입식 교육은 창조적 미래형 인재를 양성할 수 없다. 우리 교육은 대학입시부터 학교의 내신 평가에 이르기까지 객관식 선다형(multiple choice) 평가 방식에 크게 의존해 왔다. 대학입시에서 거의 모든 학생이 보는 수학능력시험(수능)은 전적으로 선다형 평가에 의존하고 있으므로, 창조적 문제해결 능력을 키우는 데 장애 요인이 되고 있다. 4차 산업혁명 시대에는 현재의 수능시험은 적절치 않으므로 이를 대폭 개혁하여, 좀 더 창조적인 미래형 인재를 양성하는 방안이 강구되어야 한다.

8.3 창의적 인재를 양성하지 못하는 교육 정책

1) '교육 평준화' 이후 사교육비의 급격한 증가

교육부와 통계청에서 공동으로 실시한 '2022년 초 · 중 · 고등학교 사교육비 조사'(교육부 · 통계청, 2023) 결과를 2023년 3월 7일 교육부에서 발표했다. 조사는 표본 추출 방식으로 약 3,000개 학교의 약 74,000명이었다. 사교육비란 초중고 학생들이 학교의 정규 교육과정 이외에 사적인 필요에 의해서 학교 밖에서 받는 보충 교육을 위해 개인이 부담하는 비용으로 학원, 개인과외, 그룹과외, 방문학습지, 인터넷 및 통신강좌 등의 수강료 지출 비용을 의미한다. 단, 방과후 학교, EBS 교재비, 어학 연수비 등은 사교육비 범위에 포함되지 않으며 별도 항목으로 조사하였다. 조사 기간은 2022년 3~5월 및 7~9월간 월별 사교육비를 조사한 것으로, 초중고 교육비 조사 홈페이지(모바일 웹)에 접속하여 직접 학부모가 입력하는 인터넷(모바일) 조사(필요시 종이 조사 병행)를 한 것이다.

〈그림 8.1〉에서 보는 바와 같이 2022년 초 · 중 · 고등학교 전체 사교육비는 약 26조 원, 사교육 참여율은 78.3%, 주당 참여 시간은 7.2시간으로, 2021년의 사교육비 약 23.4조 원, 참여율 75.5%, 참여 시간 6.7시간보다 각각 10.8%, 2.8% 포인트, 0.5시간 증가하였다. 학생 1인당 월평균 사교육비도 2022년에 전체 학생 평균은 41.0만 원으로 2021년(36.7만 원)에 비해 11.8% 증가하였고, 참여 학생으로 한정할 경우에는 2022년에 참여 학생 평균은 52.4만 원으로 2021년(48.5만 원)보다 7.9% 증가한 것이다. 사교육의 가파른 증가는 공교육의 부실이 큰 원인이며, 이로 인해 재정적으로 사교육을 받기 어려운 계층에게는 상대적으로 사회와 국가에 대한 반발심과 박탈감을 주고 있는 것도 사실이다.

〈그림 8.1〉에서는 2021년과 2022년만 비교하였는데, 2018년부터 사교육비 증가 추세를 보면 〈그림 8.2〉를 얻을 수 있다. 2018년에 19조 4,852억 원이었으나 2022

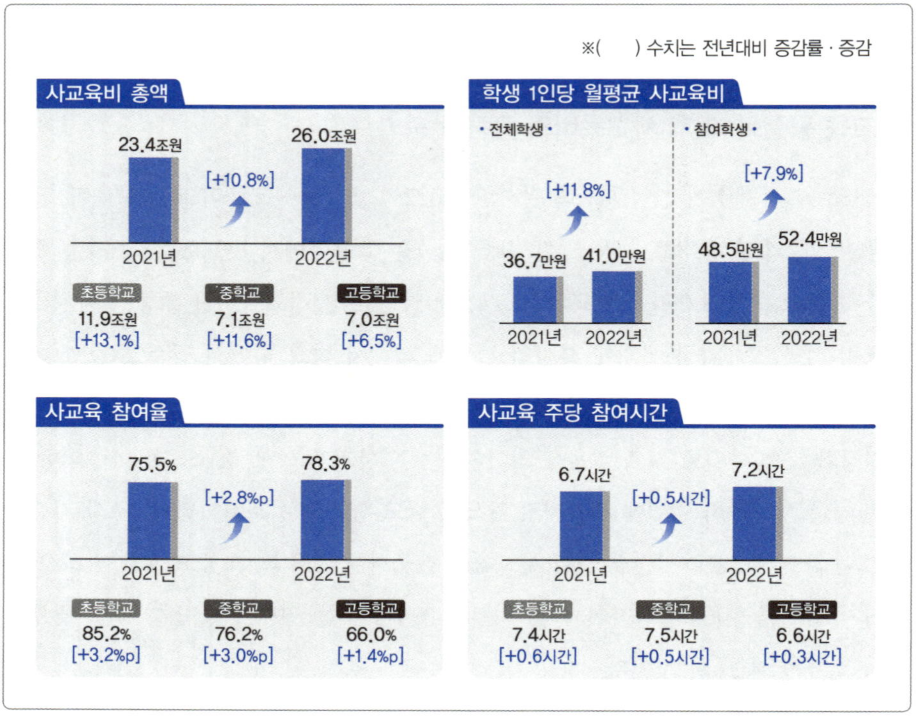

그림 8.1 2022년 초중고 사교육비 조사 결과(2021년과 2022년 비교)

자료: 교육부 · 통계청(2023)

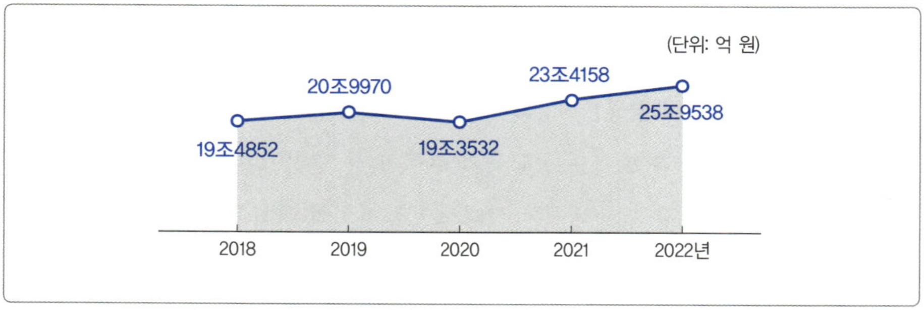

그림 8.2 늘어나는 사교육비

자료: KOSIS 국가통계포털

년에 25조 9,538억 원이 되었으니, 4년 사이에 33.2%의 폭증인 셈이다. 2020년에 잠시 증가가 주춤한 것은 코로나 사태로 학원이 정상 가동되지 않았기 때문이다.

사교육비 조사 결과를 보면 〈그림 8.3〉과 같이 2022년에 가구 소득수준별 1인당 월평균 사교육비에서 고소득층(월소득 800만 원 이상)과 저소득층(월소득 300만 원 미만)의 학생 1인당 사교육비 지출이 약 3.6배 차이가 나는 것으로 나타났다. 고소득층의 사교육비는 1인당 64.8만 원인 반면, 저소득층은 17.8만 원이다. 참여율에서도 고소득층은 88.1%이고, 저소득층은 57.2%에 지나지 않는다. 공교육이 제구실을 못하는 현실에서는 소위 '개천에서 용 나기'가 점점 어려워져 가고 있는 것도 현실이다. 이는 중고등학교에서의 공교육이 내실화되지 못하는 상황에서 저소득층 자녀들이 사교육조차 제대로 못 받기 때문에 기초학력 미달자가 증가하는 것으로 보인다.

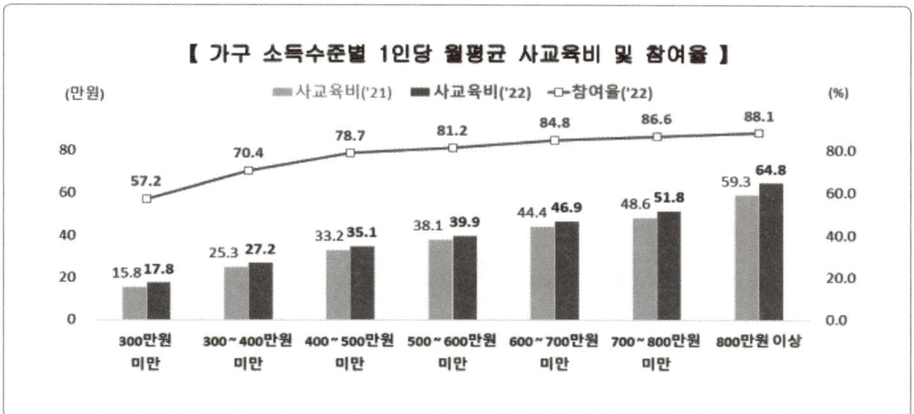

그림 8.3 2021년과 2022년 소득 계층별 사교육비 현황

자료: 교육부 · 통계청(2023)

지역별로 사교육비의 조사 결과를 보면 〈그림 8.4〉에서 보는 바와 같이 2022년에 전체 학생의 지역별 1인당 월평균 사교육비는 서울(59.6만 원), 중소도시(40.1만 원), 광역시(39.5만 원), 읍면지역(28.2만 원)의 순으로 나타나, 서울이 읍면지역의 2배 이

상의 사교육비를 사용하고 있다. 참여 학생인 경우에도 서울, 중소도시, 광역시, 읍면지역의 순으로 나타나고 있다. 사교육비의 지역별 격차는 읍면지역의 발전에도 장애 요인으로 작용하고 있는 것도 사실이다.

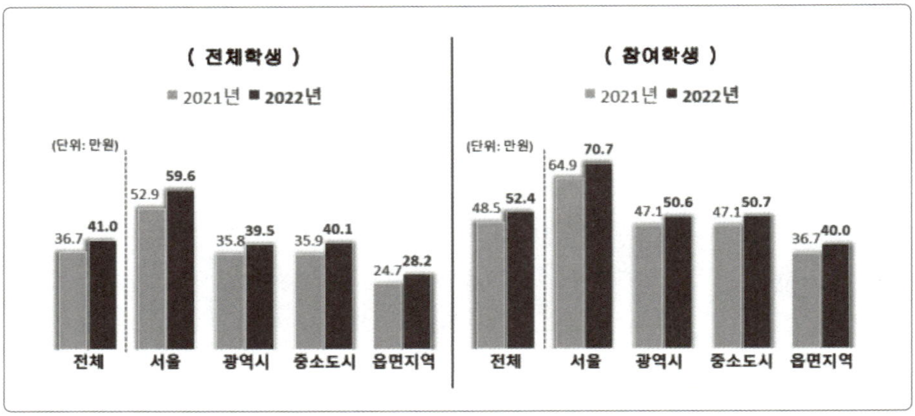

그림 8.4 지역별 학생 1인당 월평균 사교육비

자료: 교육부 · 통계청(2023)

‘한강의 기적’을 이룬 고속 성장의 핵심 비결 중의 하나는 공교육을 통한 교육입국이었다. 하지만 지금은 상황이 많이 달라졌다. 교육 시스템이 ‘고비용 · 저효율’로 바뀌면서 소득수준이 낮은 가구의 자녀가 좋은 고등교육 기관에서 교육받기가 점차 어려워지고 있다. 공교육이 제 기능을 못 하면서 사교육이 학생들의 실력을 가르고, 결국 부모들의 소득격차가 자녀들의 교육격차로 이어지는 부작용이 점점 커지고 있는 것이다. 이런 현상은 교육을 통한 계층 간 이동을 무너뜨리는 원인을 제공할 것이며, 계층 대물림으로 이어질 가능성 크다고 하겠고, 결국에는 큰 사회갈등 원인을 제공할 것이다.

2) 사교육은 창의력을 떨어뜨린다.

사교육을 많이 할수록 아이들의 창의성이 떨어진다는 국책연구기관의 연구 결과가 나와 관심을 끌고 있다(조선일보, 2017.3.18., A11면). 정해진 답을 찾는 사교육을 많이 받을수록 새로운 것을 생각하는 능력은 떨어질 수 있다는 것이다. 국무총리 산하 국책연구기관인 육아정책연구소는 5세 유아, 초등 2학년과 5학년 등 총 270명을 대상으로 그림을 통한 창의성 검사와 지능검사를 실시하고, 학부모를 설문조사하여 이런 연구 결과를 얻었다고 밝혔다.

육아정책연구소의 '아동의 창의성 증진을 위한 양육 환경과 뇌 발달 연구'에 따르면 사교육을 1주일에 1회 더 받을수록 창의성 점수가 0.563점씩 감소했다. 연구진은 "조사 대상 270명의 창의성 점수 평균이 16.43점인데, 사교육을 1회 더 받을 때 창의성 점수가 0.563점씩 감소한 것은 사교육 횟수가 창의성에 미치는 영향력이 상당하다는 점을 보여주는 것"이라고 말했다. 또한 연구진은 창의성에 긍정적인 영향을 주는 요소로는 다음과 같은 것들이라고 언급하였다. 충분히 참고할 만한 가치가 있다고 믿는다.

- 아이의 독립심 · 자율심을 키워준다.
- 가족 간 친밀한 상호작용과 유대감을 갖게 한다.
- 아이를 지원하고 격려한다.
- 책 읽기, 그리기, 악기 다루기 등 다양한 경험을 하게 한다.
- 새로운 시도를 하게 하고, 훌륭한 어른을 많이 만나게 해준다.

3) 수능시험의 심각한 부작용

현재 시행되고 있는 대학수학능력시험(수능)은 1993년부터 도입된 시험제도로, 그 이전에 있던 제도인 대입 학력고사가 암기만을 강요한다는 단점을 극복하고, 대학수학능력을 위한 통합적 사고를 평가할 목적으로 시작되었다. 그러나 수능 시험을 위한 사교육이 극성을 부리면서 교육부는 2010년에 "올해부터 치르는 수능은 EBS 교재와 수업에서 70% 나온다"라는 정책을 펴면서 사교육비 감소 대책을 실시하였다. 그러나 이 정책은 학생들을 암기왕으로 키우는 엉뚱한 결과를 초래하였다. EBS 교재에 나오는 문제와 지문을 통째로 외우고, 영어 지문을 번역본으로 공부하는 편법이 생기게 되었다. 수업 시간에는 EBS 교재 풀이만을 반복하면서 대다수 학생이 문제 푸는 기계가 되어 간다는 것이다.

고등학교 교육이 대학입시라는 큰 장벽 앞에서 '오지 선다형 수능'의 암기식 교육의 틀 안에 갇혀 있는 셈이다. [교수신문 2015]에서 지적한 바와 같이 수능은 우리나라 학생들의 문제 푸는 능력을 시험 보는 것이 아니라, 빠른 시간에 정답을 골라내는 능력을 시험보는 것이라는 비판이 높아지고 있다.

수학 문제는 '50분에 25문항 풀기' 같은 속도 경쟁이 수십 년 이어지다 보니, 학생들이 수학 문제에 대해 진지하게 고민하고 질문하는 학생은 소위 좋은 대학에 가기 어려운 것이 현실이다. 오래전 60년대에는 대학 입학시험을 볼 때 대학에 본고사가 있었고, 수학 문제가 주관식으로 몇 문제가 출제되어 수험생들이 시험을 보면서 한 문제에 매달려 10분 이상을 고민하게 하였다. 어쩌면 그 당시의 시험방식이 지금의 수능보다 창의력을 평가하는 데 더 좋을 수가 있다고 생각된다.

최근 일부 학교에서 정부가 도입한 자유학기제로 인해 토론 수업, 프로젝트 수업을 도입하고 있다고 한다. 매우 좋은 시도이고 방향이다. 그러나 이런 시도도 입시제도라는 큰 산 앞에서는 무력한 모습을 보이고 있다. 객관식, 주입식, 암기식 위주의 수능이 버티고 있는 한 자유학기제의 참신한 시도도 물거품이 된다. 창의력이 요구되는 4차 산업혁명 시대의 인재를 양성하기 위해서는 수능시험이 혁파되어야 하고, 대학에서 신입생을 선발하는 방식에 큰 변화가 있어야 할 것이다. 학생 선발에서 대학에 상당한 자율권을 주는 방식으로 개편하는 것이 옳은 방향이다.

8.4 미래형 교육의 핵심적 사고와 추진 방안

지금은 4차 산업혁명에 대응할 미래형 인재를 양성할 신교육시스템을 구축할 시점이 되었다. 신교육시스템은 어떤 점에 착안하여 구축되어야 할 것인가?

1) 컴퓨팅적 사고와 통계적 사고를 위한 교육

STEM(과학, 기술, 공학, 수학) 교육이나 인문사회과학과 예술 등을 융합하는 융복합 교육은 컴퓨팅적 사고(computational thinking)를 키워주는 방향으로 대폭 강화할 필요가 있다. 컴퓨팅적 사고란 해결하고자 하는 문제를 명확히 구성하고 사람이나 컴퓨터가 효과적으로 그 문제를 풀어서 답을 내놓게 하는 프로세스적 사고력이다. 4차 산업혁명에 적절히 대응하기 위해서는 초중고등학교 교과 체제에서 STEM 분야를 중심으로 컴퓨팅적 사고력을 강화하기 위한 교육 전략 및 실행 방안이 필요하며, 교사 양성 및 재교육 등이 마련되어야 한다.

컴퓨팅적 사고를 함양하기 위해서는 초중고에서의 정보교육은 무엇보다 중요하다. 정부는 지난 2022년 9월 28일에 광주 김대중 컨벤션센터에서 제8차 비상경제민생회의를 열었고, 윤석열 대통령은 “디지털을 기반으로 다시 도약하는 대한민국을 만들겠다”라며 ‘대한민국 디지털 전략’을 발표했다. 이 전략은 국가 디지털 정책을 이끌 핵심 방안을 제시한 것으로 구체적인 중요한 방침은 다음과 같다.

① 2027년까지 IMD 디지털 경쟁력 지수를 3위로 끌어 올림

② 2027년까지 글로벌 AI 경쟁력 지수를 3위로 끌어 올림

③ 디지털 인재를 양성하기 위해 정보 · 컴퓨터 교육 수업시수를 현재보다 2배가량 늘려 초등학교 34시간(현재 17시간), 중학교 68시간 이상(현재 34시간 이상) 교육을 받을 수 있도록 함

④ 디지털 6대 분야(AI, AI 반도체, 데이터, 사이버보안, 메타버스, 개인정보보호

등)에 대한 소프트웨어 중심대학과 대학원을 확대해 디지털 인재 100만 명을 양성함. 2027년까지 데이터 시장(2021년 23조 원)을 두 배 이상인 50조 원 이상으로 확대 발전시킴.

선진국을 중심으로 요즘 전 세계 학생들은 AI와 SW를 '열공'하고 있다고 볼 수 있다. 미국, 영국뿐 아니라 중국, 인도 등 신흥국 학생도 국어, 영어, 수학에 맞먹을 만큼 AI · SW 교육을 받는다. 디지털 전환 속도가 빨라지면서 미래 인재 확보를 위해 각국이 앞다퉈 교육 시간을 대폭 늘렸기 때문이다. 반면, 한국 초등학생의 AI · SW 교육은 한 달 1시간 남짓에 불과하고, 정보교육 교사도 충분하지 않다. 일부 학부모와 학생들이 코딩학원을 찾지만, 그나마도 고등학교에 진학하면 대부분 그만둔다. 수학능력시험에 나오지 않기 때문이다.

이처럼 '디지털 선진국'으로 가는 우리나라의 AI · SW 교육 현실이다. 열악한 현실은 통계(그림 8.5)에서 뚜렷하게 나타난다. 소프트정책연구소(SPRi)에 따르면, 한국 초등학교 정보교육 시간은 17시간에 불과하지만 미국(캘리포니아 기준)은 100시간, 영국은 204시간, 호주는 256시간에 달한다. 중학교의 경우 한국은 34시간인데, 영국(102시간), 이스라엘(110시간), 미국(135시간) 등 한국의 3배가 넘는다. 지난

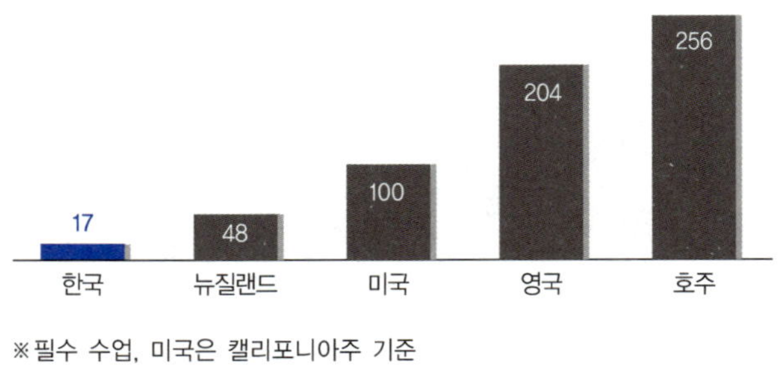

그림 8.5 국가별 초등학교 정보교육 필수 시간 비교

자료: 소프트정책연구소(SPRi)

2022년 8월에 교육부가 뒤늦게 2025년부터 정보 수업 시간을 초등학교와 중학교에서 현행보다 두 배로 늘리겠다고 발표했지만, 이조차 주요국에 비해 부족한 수준이다.

이번에 발표한 '대한민국 디지털 전략'으로 우리 국민의 디지털 리터러시(digital literacy)와 컴퓨팅적 사고력을 중심으로 하는 교육으로 발 빠르게 전환되고, 데이터 산업, 디지털 산업, AI 산업 등이 발전하여 진정한 '디지털 강국'으로 한국이 부상하기를 바란다. 이 길만이 4차 산업혁명 시대인 지금 대한민국이 강국으로 발전해 갈 수 있는 유일한 길이라고 생각한다.

다음으로 4차 산업혁명이 데이터 기반의 지능적 변환이라고 볼 수 있으므로, 통계적 사고(statistical thinking)를 함양하는 것도 중요하다. 특히 빅데이터에 의한 미래 예측, 사물인터넷(IoT), 스마트 공장 등의 운영에 유효하다. 통계적 사고란 일상생활에서 데이터를 바탕으로 한 확률과 통계를 이용하여 당면하고 있는 문제를 시스템적으로 생각하고, 해결책을 찾아가는 사고방식을 말한다. 통계적 사고를 함양하기 위해서는 수학, 통계, 과학 교육 등이 강화되어야 한다. 통계적 사고는 컴퓨팅적 사고와 같이 가야 하며, 이런 사고를 기반으로 빅데이터, 인공지능 기술 등의 발전이 심화될 수 있을 것이다.

2) 프로젝트 학습과 심층학습 중심의 교수(교사) 학습 방식

아직도 우리나라의 교육방식은 지나치게 주입식 교육과 선다형 평가에 의존해 왔고, 이는 4차 산업혁명에 필요한 창조형 인간, 컴퓨팅적 사고와 통계적 사고로 무장한 인재를 양성하지 못하였다. 이를 타개하기 위해서는 교수 학습 방식을 바꾸어야 한다. 여러 가지를 피상적으로 많이 아는 것만 추구하는 표층학습(surface learning)은 지양되어야 한다. 인터넷은 우리에게 피상적인 많은 지식을 전달해 주고 있으므로, 표층학습으로 지적 능력을 키우는 데는 한계가 있다. 이제는 넓게 알면서도 동시에 깊이 알고 새로운 결과물을 산출해 낼 수 있는 능력을 길러 주는 심층학습(deep learning)으로 전환되어야 한다.

프로젝트 학습(project learning)은 심층학습을 위한 대표적인 방법이다. 프로젝트 학습은 학생이 중심이 되어 과제의 해결책을 찾기 위하여 협동적인 그룹 활동으로 진행하는 학습이며, 학생이 스스로 공부하고 발표하고 토론하면서 심층적으로 학습하는 방법이다. 이 방법은 학생이 강의 시간을 주도하면서 과제의 답을 만들어 가는 수업이 되므로 학생의 창의적 문제해결 역량을 키우며, 협동적 그룹 활동으로 소통 능력도 증가시킬 수 있다. 교수(교사)도 좋은 과제를 정할 능력이 있어야 하고, 주어진 과제에 대하여 심층적으로 알고 있어야만 수업을 원만하게 진행할 수 있으므로, 교수(교사)의 사전학습도 매우 중요하다.

[이주호 2016]의 지적에 의하면 OECD의 TALIS(Teaching and Learning International Survey)에서 한국 중학교 교사의 프로젝트 학습 비중이 비교 조사된 33개국 중 최하위로 나타났다. 프로젝트 학습의 대표적인 해외 사례로는 첨단기업이 많은 미국 캘리포니아주를 중심으로 생겨나는 프로젝트 학습 모델 학교들이다. 샌프란시스코 부근 나파(Napa) 지역에 있는 신기술고등학교(New Technology High School)를 비롯한 157개 학교는 신기술네트워크(New Tech Network)를 구성하고 상호정보를 교환하면서 프로젝트 학습 교육을 실시하고 있다. 우리나라의 중고등학교에서도 이런 내용을 벤치마킹하여 실시해 보는 것도 좋은 대안이 될 수 있다.

3) 선다형 평가 방식의 혁신과 대학의 입학생 선발 방식 혁신

4차 산업혁명 시대에는 창의적이고 혁신적인 인재가 필요한데, 고등학교 교육에서 수능 위주의 객관식 선다형 평가 방식은 창의 · 혁신 · 도전 정신을 함양하는 방식과는 거리가 멀어 인재 양성에 적합하지 않다. 내신 평가에서도 선다형 평가보다는 주관식 평가 방식을 일부 도입할 필요가 있다. 대학의 입학생 선발 방식은 대학에 자율권을 주어 대학이 뽑고 싶은 유형의 학생을 다양하고 자유롭게 뽑을 수 있도록 완전히 풀어주어야 한다. 최근에 입학사정관제도가 생기면서 자율권이 확대되고 있으나, 아직도 타파되어야 할 3불 정책(고교등급제 불가, 본고사 불가, 기여 입학제 불가)은 그대로 고수되고 있다. 가능하면 교육기관에 모든 것을 일임하여 교육의 자율화, 교육의 수월성 제고, 교육의 국제화가 이루어지도록 유도하여야 한다.

수능시험의 대안으로 생각할 수 있는 것은 프랑스식 수능에 해당하는 바칼로레아(Baccalaureat)이다. 이 시험은 나폴레옹 때 만들어져 무려 200년간 전통을 유지해온 프랑스식 "생각을 쓰는 시험"으로 알려져 있고, 창의력과 비판력을 키우는 좋은 시험으로 보인다. 이 시험은 논술 및 철학을 필수로 하는 프랑스의 대학 입학 자격시험으로, 영국의 A-level, 미국의 SAT, 아일랜드의 Leaving Certificate, 호주의 Higher School Certificate, 독일의 Abitur 정도의 대학입시를 위한 중요한 시험이다.

바칼로레아에 합격하면 특수대학인 그랑제콜을 제외한 다른 모든 국공립대학에 입학할 수 있는 자격을 부여받는다. 이 시험에는 일반 · 공업 · 직업의 3종류가 있으며, 한국의 수능과 다른 점은 복잡한 지문이 없고, 짧은 한 문장으로 된 논설 · 철학 시험이라는 점이다. 질문은 총 3개가 제시되고, 수험생은 그중 하나를 골라 4시간 동안 답을 작성한다. 15개 과목 모두 주관식 시험이며, 일주일간 시험이 진행되며, 20점 만점에 10점 이상이면 시험에 통과하게 된다. 10점 이상 합격자는 수험생의 80% 정도라고 하며, 재수가 가능하다고 한다. 바칼로레아에 과거에 출제된 과학 문제를 예로 살펴보면, "무의식에 대한 과학은 가능한가?", "과학의 용도는 어디에 있는가?", "현실이 수학적 법칙에 따른다고 할 수 있는가?", "기술이 인간 조건을 바꿀 수 있는가?" 등이다.

또 다른 수능시험의 대안으로 생각할 수 있는 것은 우리와 형편이 매우 비슷한 일본에서 2014년 혁명적인 교육 개혁안을 발표하면서 입시 개혁을 시작한 아시아 최초의 IB (International Baccalaureate) 커리큘럼 제도이다. 스위스에 본부를 둔 비영리기관 IBO (International Baccalaureate Organization)가 개발 운영하는 IB 커리큘럼은 1968년 시작돼 전 세계 75개국 2,000여 개 대학이 인정하는 글로벌 프로그램이다. 일본은 문무과학성 주도로 IB 커리큘럼 전체를 일본어로 개발해, 우선 전국 200개 고등학교에 IB 커리큘럼을 이식하고, 이를 점차 확대해 나갈 계획이다. 일본 대학들이 IB 결과와 토론식 면접을 통해 대학 정원의 30%까지 선발할 계획이라고 한다. 이들 커리큘럼은 객관성과 신뢰성이 검증된 표준화 시험이면서도 객관식 정답 맞히기 형식의 시험이 아니라 학생들의 독창적인 사고와 비판적인 능력에 중점을 두고 평가하는 게 특징이다. 이는 고등학교 교육에서 지식암기보다는 사고력, 판단력을 중시해 학생을 선발하겠다는 일본의 선언이라고 볼 수 있다. 우리도 이 제도의 도입을 고민해 볼 만하다.

4) 초중고등학교 교육에서 공교육 역량의 강화

사교육을 줄이기 위한 근본적인 처방은 공교육 정상화이다. 각 초중고등학교 교육에 관한 자율권을 주어 학생들이 학원에 갈 필요 없이 학교에서 모든 필요한 공부를 할 수 있도록 초중고등학교의 교육역량을 강화하는 방법이다. 학교의 자율권 속에는 외부 강사에게 강의를 허용할 수도 있어야 하고, 학생 선발의 권한도 있어야 하고, 교과목 선정이나 시간 배정에도 상당한 자유가 있어야 하고, 소정의 경비를 학부모에게 청구할 수도 있어야 한다. 이와 연관하여 정부에서는 질 높은 인터넷 교육이나 방송교육을 실시하여 추가로 보완 교육을 시켜주는 것도 바람직한 방향이다. 물론 이러한 자율권은 반드시 평가를 동반하여야 하며, 평가를 통하여 제대로 교육역량을 증대시키지 못한 학교에 대해서는 정부의 지원책이 마련되어 학력 격차를 줄이는 대책이 있어야 할 것이다.

자율권에 근거한 공교육 역량 강화는 사교육을 줄이고, 공교육의 상향평준화에 기여할 것이며, 학력 격차도 줄일 수 있고, 궁극적으로는 4차 산업혁명에 필요한 인재양성의 중요한 인프라를 구축할 수 있을 것이다. 교육역량이 높은 과학고나 외국어고나 학생들은 학원에 갈 필요 없이 학교에서 모든 필요한 교육을 받고 있고, 또한 자율형 사립고(자사고) 학생들도 사교육보다는 학교의 공교육에 의존하면서도 대학에 더 수월하게 진학하고 있다는 사실에 유의할 필요가 있다. 또한 학부모와 학생들의 예체능 교육 수요에 맞춰 방과 후 학교 프로그램을 다양하게 운영해 공교육에서 예체능 사교육을 흡수해야 한다. 이를 위해서는 방과 후 학교 프로그램이 매우 중요한 역할을 할 수 있다.

5) 진로 · 기술 교육의 강화

고등학교에서의 진로 · 기술 교육(career and technical education)은 매우 중요하다. 이 교육은 최근 마이스터고(Meister School)와 진로진학상담교사 제도의 도입 등으로 활성화되고 있지만 더욱 발전시켜 나가야 한다. 마이스터고는 2017년 2월 현재 전국에 48개교가 있으며, 전문적인 직업교육의 발전을 위하여 산업계의 수요에 직접 연계된 맞춤형 교육과정을 운영하는 고등학교이다. 예를 들면, 뉴미디어콘텐츠를 교육하는 미림여자정보과학고, 로봇을 주로 교육하는 서울로봇고, SW 융합을 주로 교육하는 대구소프트웨어고 등이다. 진로진학상담교사는 중 · 고등학교에서 학생들의 학업, 진로 및 학교생활 전반에 관한 상담과 진로를 담당하는 교사를 말한다.

마이스터고교와 특성화 고교의 제도는 4차 산업혁명 시대에 인재 양성에 큰 도움이 되며, 더욱 활성화되어야 한다. 이를 위하여 미국의 진로 아카데미(Career Academy)와 같이 보건, IT, 금융 등과 같은 특정 분야의 수업을 학내외에서 들을 수 있게 하고, 파트 타임으로 산업현장에서 일할 수 있는 기회도 제공하는 것이 좋을 것이다.

6) 대학의 혁신

① 무크에 의한 수업방식의 변화

모든 분야의 혁신 활동에 있어서 대학이 제일 느리다는 평가가 있다. 대학은 변하는 데 많은 시간이 소요되며, 일반적으로 혁신에 저항 의식을 가지고 있다. 4차 산업혁명 시대에는 대학이 먼저 변화를 감지하고 이를 뒷받침하는 교육을 순발력 있게 실시하여 이 4차 산업혁명을 리드하는 것이 바람직하다. 대학에서도 교양교육에

STEM 교육을 강화하면서 컴퓨팅적 사고와 통계적 사고를 함양하도록 교육이 이루어져야 하며, 학습 방식도 프로젝트 학습과 심층학습 방식을 도입하여야 한다.

수업방식도 전통적인 교실 수업을 벗어나 무크(온라인공개수업(MOOC; Massive Open Online Course))을 장려할 필요가 있다. 무크는 원격교육이 진화한 형태로서 웹서비스를 기반으로 이루어지는 상호참여적인 거대규모의 교육으로, 인터넷 토론 게시판을 중심으로 학생과 교수, 그리고 조교들 사이의 커뮤니티를 만들어 수업을 진행하는 것이 특징이다. 초기 무크의 핵심은 평생학습, 열린 교육 그리고 상호유대였다. 그러나 오늘날에는 이러한 특징 중 일부만 가지고 있으면서 개방성을 지닌 수업이라면 무크라고 통칭한다.

대학에서 처음으로 무크 강좌를 개설한 곳은 미국의 스탠퍼드 대학으로 2011년 '인공지능 개론' 강좌를 온라인으로 열었는데, 무려 등록 수강생이 16만 명에 이르렀다고 한다. 그 후 미국에서는 많은 대학이 무크 강좌를 개설하고 있다. 미국에서 무크를 사업으로 하는 대표적인 기업은 Udacity, Coursera와 edX가 있다. 우리나라에서도 2015년부터 한국형 무크(K-MOOC)가 시작되었으며, 서울대, KAIST 등 10개 대학에서 총 27개 강좌를 시작하였다. 2016년부터는 140개 강좌 서비스를 시작하면서 참여 대학이 계속 늘어나고 있고, 한국형 무크는 교육부와 국가평생교육진흥원에서 주관하고 있다. 우리나라는 ICT 인프라 환경과 e-Learning 기술력이 우수하므로 한국형 무크가 글로벌 명품 브랜드로 탄생될 가능성이 있으며, 이는 4차 산업혁명과 관련된 인재 양성에도 큰 도움이 될 것이다.

② 대학을 혁신 생태계의 중심지로

대학은 연구와 교육의 본산지이므로 대학은 인재 양성, 벤처기업 창업, 민간 및 출연 연구소들과의 협동 연구 등으로 혁신을 선도하는 중심지 역할을 감당해야 한다. 대표적인 대학은 미국의 스탠퍼드 대학으로 실리콘 밸리라는 세계 최고의 기술혁신 클러스터에 인재 공급, 벤처기업 연결, 기초연구 결과 제공 등의 혁신 생태계의 리더 역할을 잘하고 있다.

우리나라에는 지역의 공단에서 산 · 학 · 연을 하나로 묶어 신기술을 개발하는 등 지역 경제를 발전시키기 위해 만든 연계체로 혁신클러스터(innovation cluster)가 있다. 이 혁신클러스터에서 그 지역의 대학 역할이 중요하며, 대학은 혁신 생태계의 중심지 역할을 해야 한다. 미국의 스탠퍼드 대학을 벤치마킹하여 대학을 발전시킨다면 4차 산업혁명에서 대학이 혁신의 리더가 될 수 있을 것이며, 이는 매우 바람직한 모델이 될 것이다.

8.5 교육 재창조를 위한 교육개혁의 추진 방향

앞에서 언급된 4차 산업혁명에 대비하는 여섯 가지 교육의 핵심적 사고에 기반한 교육개혁을 어떻게 추진하는 것이 좋은가? 세 가지만 제안하기로 한다.

1) 상향식 교육개혁

첫 번째로, 교육부를 중심으로 정부에서 일방적으로 계획하고 지시하는 하향식 교육개혁은 교육 현장의 다양성과 창의성을 살리는데 적합하지 않다. 따라서 정부는 교육 현장에 충분한 자율권을 주어 아래로부터의 다양한 변화들이 촉발되도록 현장을 지원하는 것이 바람직하다. 교장과 총장에게 재정지원과 함께 충분한 자율권을 주면 교장(총장)은 학교의 특성에 맞게 4차 산업혁명에 대응하는 다양한 교육을 기획하고 실천해 볼 것이다. 학교에 따라 시행착오도 있을 수 있으나 이런 실패는 성공을 위한 교훈이 될 것이다.

미국에서 최근 프로젝트 학습이 확산되는 과정을 보면 상향식 교육개혁의 파급력을 알 수 있다. 1990년대 후반 캘리포니아 나파 밸리에 있는 신기술고등학교(New Technology High School)에서 모든 수업을 적어도 두 과목을 융합한 형식으로 프로젝트 학습 중심으로 바꾼 새로운 형태의 수업이 시작되었다. 이런 수업 실험이 가능했던 이유는 게이트재단(Bill and Melinda Gates Foundation)에서 재정지원을 하였고, 벅교육연구소(Buck Institute of Education)에서 프로젝트 학습에 대한 연구와 연수를 맡아서 지원하였기 때문이다. 이 실험은 정부가 추진한 위로부터의 개혁과는 달리 아래로부터의 개혁을 촉진하는 데 큰 역할을 하였다. 이 실험의 성공 이후로 곧이어 미국 전역에서 170개가 넘는 학교들이 프로젝트 학습에 동참하였고, 연구와 연수는 신기술네트워크(New Tech Center)에서, 그리고 재정지원은 지방 교육청(School District)에서 이루어지는 양상으로 발전하여 정착되게 되었다.

우리나라에서도 현재 도입되고 있는 자유학기제도, 입학사정관제도, 마이스터고교, 특성화 고교 제도 등이 교육 시스템의 변화를 촉진시키고 있으나, 아직 아래로부터의 상향식 변화가 적극적으로 지원받지 못하고 있고, 정치권으로부터 일부 비판을 받고 있는 실정이라 현장 변화가 빠르게 일어나고 있지는 않다. 우리나라에서도 상향식 교육개혁이 들불처럼 일어나기를 기대한다.

2) 교사의 연수와 교육체계 구축

두 번째로, 중요한 것은 초중고등학교 교사들에게 프로젝트 학습과 이에 따른 수행평가(performance assessment)가 활성화될 수 있도록 교사들의 연수와 교육체계가 구축되어야 한다. 또한 프로젝트 학습과 수행평가를 지원할 정보 및 컨설팅 체제를 구축해야 한다. 이런 시스템은 시간이 요하므로 미리 계획을 세우고 단계적으로 실천해야 할 것이다.

교사들뿐만 아니라 교육 전문가들도 함께 참여하여 교과별로 양질의 프로젝트 수업과 수행평가에 필요한 다양한 정보를 담은 가이드라인과 온라인 컨설팅프로그램을 인터넷 웹 기반으로 제공할 필요가 있다. 이러한 제공은 민간 조직에서도 할 수 있고, 기존의 정부 기관인 한국교육개발원(KEDI)이나 한국학술정보원(KERIS)에서도 할 수 있을 것이다.

3) 정부 교육기관의 개혁

교육 정책을 담당하는 정부의 조직인 교육부와 교육청의 개혁도 필요하다. 4차 산업혁명 시대에는 정부의 조직도 수직적인 명령체제에 의존하지 말고 수평적으로 다른 공공조직, 기타 관련된 민간 조직들과 소통하고 협력하면서 일할 수 있는 정부 교육기관이 되어야 한다. 교육부의 근본적인 개혁은 유아 · 초 · 중 · 고의 교육과 대학의 교육을 분리할 필요가 있다. 교육부는 유아 · 초 · 중 · 고 교육과 평생교육만 담당하고, 대학은 교육부로부터 분리하여 R&D와 혁신을 관장하는 부서로 이양하는 것이 좋다. R&D와 혁신을 담당하는 부서는 가칭 '미래혁신부'로 하여 부총리급으로 장관을 두고, 정부 각 부서의 R&D를 총괄하도록 하는 것이 바람직하다.

지방정부의 교육기관인 교육청은 그 지배구조 개혁이 시급해 보인다. 최근 들어 교육 가버넌스의 심각한 문제가 부각되고 있어서 현재 실시되고 있는 교육감 직선제도 개혁이 되어야 한다. 현재 일반자치단체와 교육자치단체가 분리 운영됨에 따라 비효율이 발생하고, 교육감 직선제는 2007년 간선제에서 직선제로 바뀐 이후 정치적 선거로 변질되어 전문성과 중립성을 요하는 교육감을 선출하지 못하고 있다. 따라서 지방정부의 도지사 선거 시에 교육감을 러닝메이트로 하여 동시에 선거하는 방식을 택하거나, 아니면 임명제 혹은 적절한 간선제 방식을 도입하는 것이 적절해 보인다.

4차 산업혁명은 미국과 독일이 앞서가고 있는 만큼 이 나라들의 인재 양성 프로그램을 자세히 검토할 필요가 있으며, 우리도 순발력 있게 움직여야 할 것이다. 지금은 매우 중요한 시기로 한 순간의 방심이 국가의 백년대계를 놓쳐버릴 수 있음을 명심해야 할 것이다.

제 9 장 과거와 현재 데이터로부터 미래를 예측하기

9.1 저출산·고령화 사회의 모습과 미래 인구 추이

1) 출산율이 가장 낮은 우리나라

저출산 현상이란 태어나는 아이의 수가 감소하여 사회의 출산율이 낮아지는 현상을 말하고, 고령화 현상이란 전체 인구 가운데 만 65세 이상 노년 인구가 차지하는 비율이 높아지는 현상을 말한다. 출산율(혹은 합계출산율(total fertility rate))이란, 가임 여성(15~49세)이 평생 출산하는 자녀 수의 평균을 의미한다. 장기간으로 볼 때 인구가 줄지 않는 출산율은 2.1명으로, 이를 '인구 대체 수준 합계출산율'이라고 부른다.

한국은 인구지진을 맞이하고 있다. 2020년 출생자보다 사망자 수가 더 많은 인구 데드크로스(dead cross)를 거쳤다. 이러한 저출산과 고령화 추세가 이어진다면 한국의 인구는 2100년에는 반토막이 되고 2300년에는 거의 없어지게 될 것이다. 영국 Oxford 대학의 D. Coleman 명예교수가 지적한 대로 OECD 38개 국가 중에서 "인구소멸국가" 제1호로 지도에서 사라질 수 있다.

한국은 2021년 말 발간된 통계청의 〈장래인구추계: 2020~2070년〉에 의하면 2020년 5,184명으로 이미 정점을 찍었고 그 이후 계속 인구가 감소할 것으로 예측하고 있다. 출산율은 1965년 6.0, 1983년 2.08, 2003년 1.19, 2022년 0.78, 2023년에 0.72명으로 떨어져 있고, 〈그림 9.1〉에서 보는 바와 같이 2018년 이후 1.0 이하로 떨어져 계속 급감하고 있다.

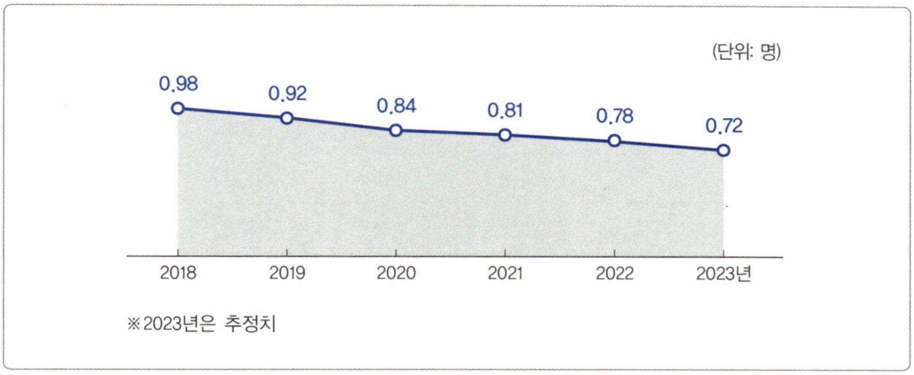

그림 9.1 2018년 이후 급감하는 한국의 합계출산율

자료: 통계청

OECD 38개 회원국의 합계출산율을 보면 2020년 기준 미국 1.64명, 일본 1.33명, 독일 1.53명, 프랑스 1.79명, 영국 1.56명 등이다. 한국의 0.72명 합계출산율은 전쟁이나 기아와 같은 재난 시기에나 나타나는 것으로 세계에서 가장 낮은 수치이다. 작금의 출산장려금으로는 결혼과 출산을 유도하기 힘들며 육아, 돌봄, 교육, 취업, 주거 등 가족복지의 확충이 이루어져야 할 것이다.

표 9.1 OECD 회원국의 합계출산율, 2020년(단위: 가임 여자 1명당 명)

국가	합계출산율	국가	합계출산율	국가	합계출산율
이스라엘	2.90	아일랜드	1.63	노르웨이	1.48
멕시코	2.08	칠레	1.61	스위스	1.46
프랑스	1.79	뉴질랜드	1.61	오스트리아	1.44

콜럼비아	1.77	슬로베니아	1.60	포르투갈	1.40
터키	1.76	호주	1.58	폴란드	1.38
라트비아	1.74	에스토니아	1.58	핀란드	1.37
코스타리카	1.72	영국	1.56	룩셈부르크	1.37
아이슬란드	1.72	벨기에	1.55	스페인	1.36
체코	1.71	네덜란드	1.55	일본	1.33
리투아니아	1.69	슬로바키아	1.53	그리스	1.28
덴마크	1.67	독일	1.53	이탈리아	1.24
스웨덴	1.66	헝가리	1.52	대한민국	0.84
미국	1.64	캐나다	1.50	OECD 평균	1.59

출처: 통계청, 〈2022년 인구동향조사〉; OECD, Family Database

2) 가장 빠르게 초고령사회로 진입하는 대한민국

한국인은 생활 수준의 향상, 의료기술의 발달, 영양 섭취의 개선으로 오래 산다. 평균 수명이 83.6세로 OECD 38개 국가 평균보다 2, 3년 길다. 일본 84.6세 다음으로 높은 수치다. 오래 사는 것이 좋으나 고령화 속도가 매우 빠르다.

국민 중에서 노년 인구(65세 이상)의 비중이 7% 이상인 사회를 고령화사회라고 부르고, 그 비중이 14% 이상이면 고령사회, 그리고 20% 이상이면 초고령사회라고 부른다. 〈그림 9.2〉와 같이 통계청에서 발표한 자료에 의하면 우리나라는 이미 2000년에 고령화사회로 진입하였으며, 2018년에 고령사회로 진입이 예상되고, 2026년에 초고령사회로 진입할 것이라고 한다.

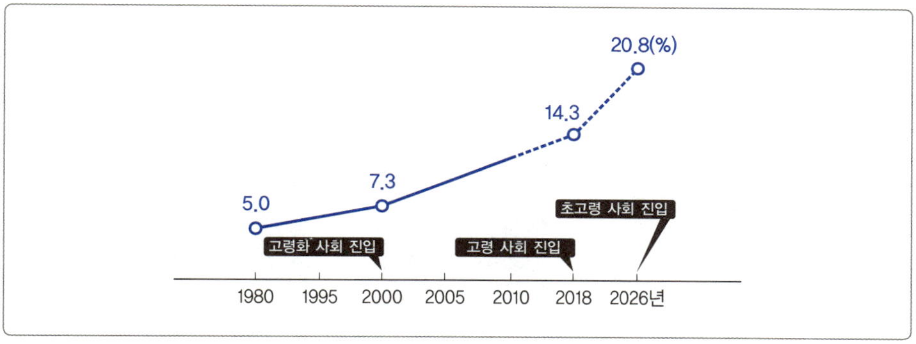

그림 9.2 급속히 진행되는 우리나라의 고령화 현상

자료: 통계청, 2010〉

일본이 고령화사회에서 고령사회로 넘어가는 데 24년이 걸린 것에 비해 한국은 불과 18년에 지나지 않았다. 독일은 77년, 미국은 88년, 프랑스는 115년이 걸렸다. 한국은 2026년 초고령사회에 도달할 것으로 예상된다. 이는 일본이 1971년 고령화사회, 1995년 고령사회, 2006년 초고령사회로 가는 데 걸린 35년을 뛰어넘는 것으로 세계기록이 될 것이다.

3) 생산가능 인구의 감소와 노년 인구 비율의 증가

생산가능 인구(15~64세)는 〈그림 9.3〉에서 보는 바와 같이 2020년까지는 증가하나 그 이후로는 계속 감소하여 2020년(3,712만 명) 대비 2060년(2,692만 명)에는 27.5%가 감소하는 현상을 보이고 있다. 이와 반면에 노년 인구 구성비는 2020년에는 15.7%나 2060년에는 40.1%로 구성비에 있어서 대략 2.6배가 증가한다. 생산가능 인구의 감소로 인한 노동력 부족과 노동 인구의 노령화로 노동 생산성이 낮아져 경제 성장이 둔화될 것으로 예상되며, 사회의 역동성이 그만큼 줄어드는 문제점을 안고 있다.

생산가능 인구의 감소와 노년 인구의 증가는 노인 부양에 대한 국민적 부담이 증가할 것이다. 즉, 노후 생계와 건강 유지를 위한 비용이 증가하여 노인 부양에 대한 젊

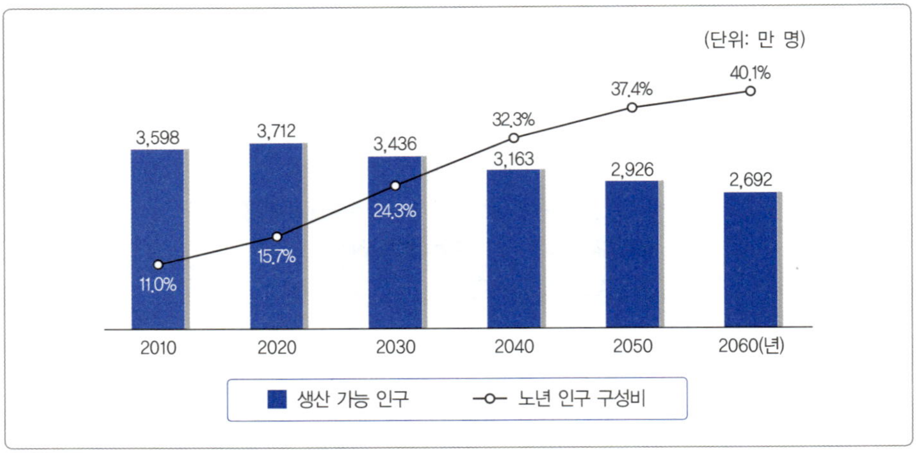

그림 9.3 생산가능 인구와 노년 인구의 변화 추이

자료: 통계청, 2011

은 세대와 국가 재정의 부담이 증가할 수밖에 없다. 〈그림 9.4〉와 같이 노년 부양 비율의 변화 추이를 보면, 2010년에는 '부양자 : 피부양자'의 비율이 1:7 정도였던 것이 2030년에는 1:3, 2060년에는 1:1이 될 정도로, 부양을 받는 부양자 수가 증가하여, 이 비율이 급격히 증가할 것으로 예상된다.

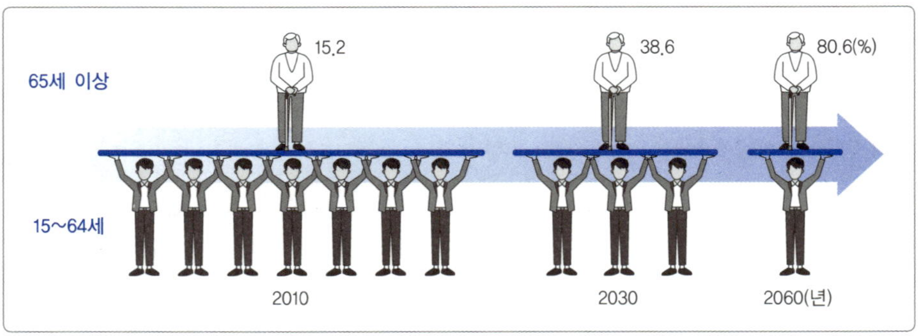

그림 9.4 노년 부양 비율 변화 추이

자료: 통계청, 2011

4) 1인 가구의 급증 현상

청년 세대의 결혼 기피에 따른 비혼(非婚) 현상으로 가족의 구성이 1인 세대 중심으로 바뀌고 있다. 2019년 1인 가구는 전체 세대의 30%를 넘었다. 20 · 40대와 60대 이상에서 1인 가구의 비율이 늘어나고 있다. 가족 해체의 와중에서 대도시의 인구 감소, 중소도시의 청년 유출, 농촌지역의 인구 공백을 가져오면서 지역의 소멸이 나타나고 있다.

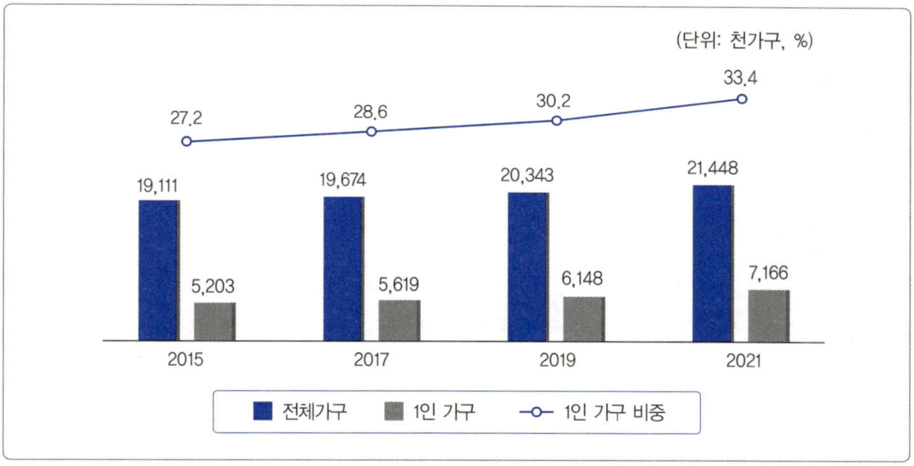

그림 9.5 1인 가구 추이

자료: 통계청, 〈2022 통계로 보는 1인 가구〉

〈그림 9.5〉를 보면 2021년에 1인 가구가 전체 가구의 33.4%에 달해 3가구 중 한 가구가 1인 가구이다. 1인 가구의 증가 추세를 계속될 것으로 보이며, 최근 통계청 발표 자료에 의하면 2022년의 1인 가구의 비중이 34.5%까지 증가하였다고 한다.

5) 저출산 · 고령화 현상의 대응 방안

저출산과 고령화 사회로 가는 우리나라의 현상을 데이터로 살펴보았는데, 그러면

이에 대한 대책은 무엇인가? 우선 저출산 현상을 타개하기 위한 최선의 방법은 출산율을 높이는 것이다. 이를 위하여 정부에서도 출산 · 양육 보조금 지급 제도, 육아 휴가 제도 등을 확대하여 출산과 양육에 대한 부담을 줄여주려고 애쓰고 있다. 중요한 것은 젊은 부부들이 아이를 가질 수 있는 환경을 만들어 주는 것이다. 이를 위하여 사교육비에 대한 두려움을 줄이기 위해 공교육에 대한 투자를 확대해야 하고, 직장 여성이 출산과 양육 때문에 불이익을 받지 않도록 양성평등 문화의 확립이 필요하다. 무엇보다도 출산과 양육을 행복으로 여기는 가치관이 확산되도록 사회적 문화가 조성되어야 하며, 출산과 육아를 사회가 함께 책임진다는 인식을 조성할 필요가 있다.

최근 우리나라는 결혼 연령이 높아지고 있고, 결혼을 아예 하지 않는 젊은이들이 급증하고 있다고 한다. 즉, 저출산 대책의 핵심은 결혼을 가로막는 문제를 찾아 해결해 줘야 한다. 주택 가격 상승 등 여러 이유가 있지만 가장 큰 원인은 일자리 부족일 것이다. 아동 수당, 무상 보육도 물론 중요하다. 하지만 결혼하고 싶은 환경을 조성하기 위해서는 경제를 살리고 새 비즈니스가 우후죽순으로 생겨나게 해야 한다. 젊은이들 일자리를 늘려야만 절벽에서 추락하는 듯한 저출산 문제의 실마리를 찾을 수 있을 것이다.

고령화 현상에 대응하는 방안은 노인들이 건강하고 행복하게 사는 여건을 만드는 것이다. 노인 복지 정책 및 제도를 강화하고, 연금 제도를 노인에게 유리하도록 개선하고, 노인 장기 요양 보험이 실효성 있게 실시되어야 할 것이다. 노년층의 경제 활동을 장려하여, 평생 교육 및 재취업 기회를 제공하고, 일자리 나누기와 임금 피크 제도 등을 통해 노년층의 경제 활동을 장려하는 것이 바람직하다. 또한 노인들의 삶의 질 향상을 위해 의료 · 복지 시설을 확대하고, 실버산업을 육성할 필요가 있다. 무엇보다도 사회 구성원 스스로가 젊을 때부터 미리 노후에 대비하는 노력을 기울이는 것이 좋을 것이다.

9.2 2030년의 기대수명, 한국인이 가장 오래 살 수 있을까?

2017년 초 영국의 의학저널 '랜싯(The Lancet)'에는 놀라운 연구 결과가 발표되었다. 2030년에 태어날 한국 여성의 기대수명이 평균 90살을 넘을 것이며, 세계에서 가장 장수하는 국민이 한국인이라는 것이다. 세계보건기구(WHO)와 영국 임페리어 칼리지런던(Emperial College London)의 공동연구로 주로 선진국인 35개국의 기대수명 변화 추이를 통계적으로 분석한 결과이다. 이 논문에 따르면, 2030년에는 한국인들이 남녀 모두 가장 장수하고, 한국 여성의 기대수명은 90.8세로, 인간의 기대수명이 처음으로 90세를 넘긴다는 것이다. 한국 남성의 기대수명은 84.1세로 발표되었다. 랜싯에 실린 결과를 그림으로 보면 〈그림 9-6〉과 같으며, 2010년에 태어난 한국 여성의 기대수명은 84.2세(세계 6위)로 1위인 일본에 2년 뒤졌지만, 지금 추세대로 기대수명 증가 폭이 이어진다면 2030년에는 단연 한국 여성의 기대수명이 1위로 올라선다는 것이다. 2010년도에 태어난 한국 남성의 기대수명은 77.1세(세계 19위)이지만 2030년에는 기대수명이 세계 1위로 올라선다는 것이다.

〈그림 9.6〉에서 보면 프랑스, 일본, 호주, 스웨덴, 독일 등의 선진국이 2010년에는 한국보다 기대수명이 길었으나, 2030년에는 한국보다 기대수명이 짧아진다. 미국인의 기대수명은 남녀 모두 2010년과 2030년에 한국인보다 짧다. 학술지인 '미국립과학한림원회보'의 2018년 1월 30일자에는 미국의 기대수명이 짧은 주요 원인이 미국인들의 비만이라고 분석하였다. 반세기 전인 1960년대만 해도 우리나라의 기대수명은 채 60세가 안 돼, 이 당시 이미 70세에 이른 미국에 비교가 되지 않았다. 이는 한국전쟁 전후 궁핍과 낮은 의료수준의 결과인데, 그 뒤 경제성장과 국가보건체계 확립으로 기대수명이 빠르게 늘면서 2003년에 77.3세로 미국(77.0세)을 넘어섰고, 그 뒤 격차를 더 벌리고 있다.

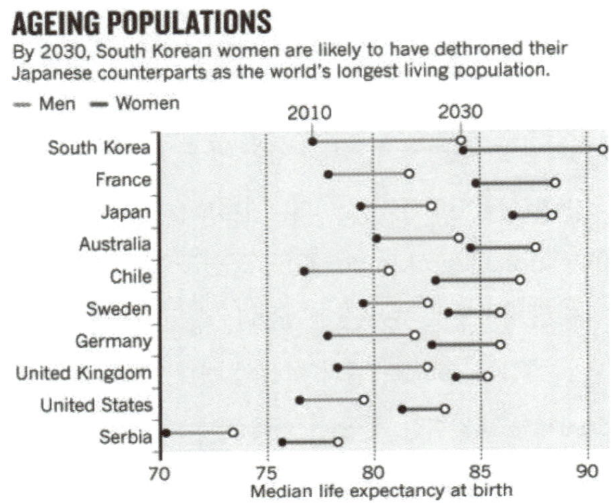

그림 9.6 의학저널 랜싯의 2030년 10개국 기대수명 발표

9.3 데이터는 '21세기 석유'인가?

1) 데이터는 21세기의 석유

4차 산업혁명이 데이터 기반의 소프트웨어 혁명이므로, 4차 산업혁명의 핵심 기술 중 하나는 데이터를 수집, 처리, 정보발굴을 다루는 빅데이터 기술이다. 빅데이터 산업의 핵심 인력이 데이터 과학자이므로, 데이터 과학자가 미래의 유망 직종 리스트에서 상단을 차지하는 것은 당연한 일이다. 그러면 21세기에 데이터는 20세기의 석유와 같은 중요성을 가지고 있는 것인가?

석유(petroleum)란 말의 어원은 라틴어에서 암석을 뜻하는 '페트라(petra)'와 기름을 뜻하는 '올레움(oleum)'을 합하여 만든 것으로 '암석 기름'이라는 뜻이다. 액체 상태의 석유는 기체 상태의 석유와 함께 가장 중요한 1차 화석연료로 쓰인다. 석유는 수억 년 전에 살다가 죽은 동물이나 식물의 유해가 퇴적층 내에서 진흙 모래와 섞여 수백만 년에 걸쳐 지질학적 변성을 거쳐 얻어진 것이다. 석유의 원유를 퍼내는 샘을 유정(油井)이라고 부르며, 최초의 유정은 1859년 미국 펜실베이니아에 있는 드레이크 유정이었다. 이후 19세기 말에 미국과 러시아에서 석유 정제가 시작되었고, 중동, 러시아와 미국이 최대 석유 생산국이다.

석유는 20세기에 세계적인 에너지원으로 가장 중요한 역할을 해 왔다. 석유는 자동차에 사용되는 가솔린의 주원료이며, 석유를 정제하여 가공하면 등유, 윤활유, 페인트, 아스팔트, 합성고무, 섬유, 나일론, 비누, 화약, 비료 등의 수많은 제품을 얻을 수 있어서, 산업제품의 가장 중요한 자원이라고 할 수 있다. 거대하고 복잡한 조직이 매일 5,300만 배럴 이상의 석유를 생산하여 이를 소비자에게 넘겨주며, 석유 생산은 세계 경제의 변화에 매우 중요한 요인이 되고 있다.

영국 유통업체 테스코(Tesco)의 멤버십 카드를 설계한 영국의 수학자 험블리(Clive Humbly)는 이미 2006년에 "데이터는 21세기의 석유"라는 말로 데이터의 중요성을 강조했다. 4차 산업혁명의 열쇠가 데이터라면 데이터가 21세기에 석유와 같은 역할을 담당할 것이란 말은 부정할 수 없다. 이 말은 한국처럼 석유와 같은 천연자원이 없는 나라에는 복음일 수 있다. 데이터가 새로운 경제적 가치의 원천이고, 데이터의 생산, 저장, 가공, 유통 등에서 국가의 경쟁력이 좌우된다면, 우리나라도 큰 기회를 잡을 수 있기 때문이다.

데이터의 중요성 언급은 이미 수십 년 전으로 올라간다. 이미 오래전부터 경영학에서 강조하는 데이터베이스(DB) 마케팅, 고객관계경영(CRM) 등은 기업 경영에서 데이터의 중요성을 언급한 것이다. 2000년대 중 · 후반에 데이터를 기반으로 기업의 의사결정에 사용되는 비즈니스 인텔리전스(business intelligence), 데이터 애널리틱스(data analytics) 등이 발전되었는데, 이들은 데이터 기반의 의사결정 수단이다.

2) 데이터 기반 비즈니스 인텔리전스

비즈니스 인텔리전스(BI; business intelligence)는 기업 경영에서 내비게이션 역할을 수행하는 도구로, 기업 구성원들의 의사결정을 돕기 위하여 방대한 양의 데이터를 통합, 분석, 접근할 수 있도록 해준다. BI는 기업이 보유하고 있는 수많은 정보를 정리하고 분석해서 기업의 생산성 · 품질 향상, 원가절감, 고객 만족, 기업의 마케팅 등의 전략적 의사결정에 활용된다. BI는 또한 업무 각 분야의 과거와 현재의 데이터를 분석하여 미래의 계획을 세울 수 있도록 통찰력을 제공하는 기능도 담당한다. 최근에는 BI가 발전되어 경영상의 다양한 위협이나 위험을 자동으로 미리 알려주는 시스템 역할도 한다.

4차 산업혁명과 더불어 발전하고 있는 빅데이터는 BI의 영역을 포함하여 발전하고 있다. 전통적인 BI는 주로 기업 내부의 정보를 다루는 시스템으로 기업 내의 정제된 정형 데이터(structured data)만을 다루며, 관계형 데이터베이스(relational database)에 기초하고 있다. 그러나 빅데이터는 BI를 포함하여 더 확장된 개념으로, 빅데이터는 기업 내부와 외부에서 발생된 모든 데이터를 다루며, 정형 데이터 외에도 비정형 데이터(unstructured data)도 다룬다. BI는 일반적으로 기가바이트(GB)급의 관계형 데이터베이스가 주류이지만, 빅데이터는 테라바이트(TB)나 페타바이트(PB) 이상의 데이터를 주로 다룬다.

그러나 확실한 것은 BI를 잘 다루는 기업이 빅데이터에도 성공할 수 있다는 것이다. 마치 고등학교를 다니지 않고 대학에 가는 것은 거의 불가능하듯, BI를 모르는 기업이 빅데이터를 잘 다룰 수는 없다.

3) '데이터 전쟁'은 이미 시작됐다

데이터 기반의 4차 산업혁명 시대인 지금은 각종 데이터가 폭포수같이 쏟아져 홍수처럼 우리에게 밀려오고 있다. 생성되는 데이터는 산업의 디지털화를 촉진하고, 디지털화는 더욱 빠르게 많은 데이터를 생산하는 선순환 구조를 이룬다. 이제는 '데이터 자본주의'의 시대이고, 과히 '데이터 전쟁' 시대라고 말할 수 있다. 유용한 데이터를 얼마나 많이 신속하게 확보하고 이를 활용하는가는 기업이나 국가의 성패를 가름

하고 있다.

데이터 전쟁에서 앞서가는 기업은 미국의 구글이다. 구글은 '구글 북스 라이브러리'를 통해 800만 권의 책을 데이터화하였고, 그 영역을 세계로 확장하여 중국에 '데이터 기반 인공지능 연구센터'를 만들면서, "인공지능의 국경은 없다"라고 선언하였다. 중국은 데이터를 생성할 수 있는 세계 최고의 지역으로, 데이터 전쟁에서 이기려면 중국에 근원지를 마련해야 한다.

한국도 좋은 데이터를 양산하는 나라로 인정받고 있다. 한국에는 삼성, LG, 현대자동차와 같은 세계적인 기업도 있지만 국민건강보험 관련 자료나 에너지 관련 자료가 한국만큼 충실한 나라도 드물다. GE의 이멜트(Jeffrey R. Immelt) 회장은 "한국에서 제일 부러운 것은 방대하고 유용한 데이터 자원"이라고 언급한 적이 있다. 한국은 다양하고 역동적인 산업 구조, 최고 수준의 정보통신기술(ICT) 인프라, 값싼 전기료 등이 갖추어져 있어서 풍부한 데이터를 잘 활용한다면, 소위 데이터 전쟁 시대에 한국이 국제적인 리더십을 발휘할 수 있을 것이다.

데이터 전쟁에서 승리해 가는 가장 좋은 방법은 '데이터 플랫폼'을 만들어 사용자와 소비자들에게 저렴하고 편리한 솔루션 서비스를 제공하는 것이다. 예를 들면, 에너지 분야에서는 구글의 네스트(Nest), GE의 프리딕스(Predix), IBM의 왓슨(Watson), 애플의 아이홈(i–home) 같은 플랫폼은 기업이나 가정의 에너지절감 솔루션으로 유명하다. 우리나라는 아직 갈 길이 멀다. 데이터 전쟁 시대에 생존하기 위해서는 초기 단계에 국가 차원의 과감한 데이터 플랫폼 진흥 정책이 필요하다. 적절한 규제 완화, 데이터 표준화, 공공데이터 개방 등을 통해 원활한 데이터 생태계 조성, 전문가 양성 등 데이터 산업을 적극적으로 육성해야 하고, 결국에는 기업들이 나서서 데이터 산업을 키워나가야 할 것이다.

9.4 데이터 경제 시대는 어떤 모습일까?

1) 데이터 경제란?

'데이터 경제'란 개념은 유럽연합 집행위원회(EC)가 발표한 '유럽 데이터 경제 육성책(Building a European Data Economy, 2017)'에서 제시한 것으로, 데이터의 활용이 모든 산업의 발전과 새로운 가치 창출에 촉매 역할을 담당하는 시대의 경제라는 뜻이다. 빅데이터, 인공지능, 사물인터넷, 자율주행자동차 등의 4차 산업혁명 기술들이 모두 데이터 기반 기술이므로, 데이터의 중요성과 역할은 아무리 강조하여도 부족하다. 향후 사회는 데이터센터를 통해 온갖 종류의 서비스에 연결되고 운영되는 데이터 경제 시대가 도래할 것이 자명하다.

'유럽 데이터 경제 육성책'의 골자를 보면, 유럽연합 내에서의 데이터의 자유로운 공개와 사용을 보장하고, 데이터 분석 역량을 강화해 새로운 비즈니스 모델을 발굴하는데 각국이 역량을 강화하도록 권장하고 있다. 특히 영국은 공공 분야 정보를 공개하는 오픈 데이터 정책에 주력하고 있는 대표적인 국가로서 오픈 데이터의 글로벌 선두 국가다. 영국은 2014년에 이미 '오픈 데이터 전략(Open Data Strategy)'을 발표하면서 데이터 공개 의무화, 데이터의 양적 · 질적 수준 향상, 혁신을 위한 데이터 이용 개방 등 데이터 경제를 활성화하기 위한 원칙을 발표하고 이를 실천하고 있다.

2) 공공통계 데이터의 신뢰성

데이터 경제 시대에서 가장 중요한 인프라 중 하나는 국가가 생산하고 있는 공공통계 데이터의 신뢰성 확보와 효율적인 관리와 개방이다. 정부의 여러 부처에서 생산하고 있는 주택, 의료건강, 기후환경, 국민소득, 교통 등에 관한 통계 데이터는 특히 빅데이터에 매우 유용하게 활용되어 산업의 선진화는 물론 많은 벤처 기업을 창출할 수도 있으나, 우리나라는 아직 공공통계 데이터 전체를 통합하고 표준화할 역량을 갖추지 못하고 있고, 공개도 부진하고 신뢰성도 떨어져 안타까운 현실이다.

문 정부 시절에 공공통계에 대한 신뢰성 문제가 계속해서 부각되었다. 예를 들면, 부동산 가격 급등은 우리 사회의 큰 문제였다. 2021년 1월 국토부는 정부가 시작된 2017년 5월부터 2020년 12월까지 서울 아파트 전용면적 84m^2(33평형) 가격이 17% 올랐다고 발표했다. 경실련은 자체 조사를 근거로 2017년 5월부터 2021년 5월까지 같은 면적 아파트값이 79% 올랐다고 반박했다. 부동산 통계는 국토부 산하기관인 한국부동산원(옛 한국감정원)의 전국주택가격동향조사와 민간 통계인 KB국민은행의 KB주택시장동향조사가 있다. 2020년 당시 두 조사 간의 주요 차이점은 표본의 크기에서 큰 차이(부동산원은 주간조사 9,400가구, 국민은행은 주간조사 3만 6,300가구)가 나고, 조사 방법에서도 또한 차이(부동산원은 직원이 표본의 실거래 가격 조사, 국민은행은 공인중개사의 실거래 가격 조사)가 난다.

부동산원이 사용하는 '표본의 실거래 가격 조사'는 민감한 부동산 가격 조사에서는 적절하지 않다. 왜냐하면 이미 조사하는 표본부동산으로 지정된 부동산의 주인은 실거래가를 잘 모르며, 가격 변동에 대해서는 보수적으로 대응해 부동산 가격의 변동폭이 미미하기 때문이다.

감사원이 문 정부의 '통계 조작 의혹'을 확인하기 위한 현장 감사를 2022년 9월부터 12월까지 통계청, 국토부, 한국부동산원 등을 대상으로 감사를 실시했다. 감사원은 국토부가 산하기관인 부동산원에 '통계 조작'을 지시한 증거를 확보했다고 발표했다.

정부에서 발표하는 정책을 뒷받침하는 통계의 사용에 있어서도 신뢰성이 떨어지는 사례가 잇따랐다. 대표적인 예를 살펴보자. 문 정부 초기에 실행된 말도 많았던 '탈원전' 정책에서 통계 왜곡 사례를 살펴보자. 2017년 6월 19일 '고리 1호기 영구정지 선포식'에서 당시 문 대통령은 탈원전 정책을 선포하면서 그 근거로 "일본은 세계에서 지진에 가장 잘 대비해 온 나라로 평가받았지만, 2011년 3월 11일 후쿠시마 원자력발전소 사고로 5년간 1,368명이 사망했다"라고 언급하면서 탈원전 정책의 당위성을 설명했다. 마치 후쿠시마 원전의 방사능 때문에 사망한 사람이 이렇게 많아서 탈원전을 해야 한다는 것으로 해석된다. 그러나 이것은 여론을 호도하려는 통계의 심각한 왜곡에 해당한다.

1,368명이란 사망자 수는 후쿠시마 원전 사고로 피해를 입어 그곳에서 5년간 사망한 사람이 아니다. 이 자료는 2016년 3월 6일 도쿄신문이 발표한 것으로 '후쿠시마 원전 사고 때문에, 원전 사고 피해지인 후쿠시마현 관내 시정촌 사람들 중에서 다른 곳으로 대피했다가 질병이나 건강 악화로 숨진 사람의 총수가 1,368명에 이른다고 집계한 것'이다. 후쿠시마 원전 사고로 인해 피난한 사람 중에는 노인들이 많았다. 그러한 이들이 집을 떠나 피난 생활을 하다 사망하였으니, 사망원인은 다양할 수밖에 없다. 일본 의학계는 후쿠시마 피난자 중에 급성 방사선 장애를 앓은 사람은 한 명도 확인하지 못하였다고 보고했다. 이 보고는 유엔과학위원회(UNSCEAR)도 인정한 것이다.

피난 중에 5년 동안 각종 이유로 사망한 이들을 조사한 한 언론사의 통계를 마치 원전 사고로 죽은 사람으로 속단하는 것은 잘못된 것이다. 공적 기관도 아닌 민간 기업인 한 언론사의 조사통계를 한 국가의 중요 정책을 결정하는 데 남용한 것은 매우 비정상적이며 통계 조작에 해당한다. 문 대통령의 탈원전 선포식 연설문을 본 일본 언론은 "일본 정부가 1,368명이란 숫자가 어디서 나온 것인지 몰라 당황하고 있다"라고 전했다. 문 정부의 탈원전 정책 폐해는 심각하다. 세계 최고 수준의 경쟁력을 가진 한국 원전 생태계는 5년 암흑기를 거치면서 황폐해졌다. 또한 전 세계적으로 진행되고 있는 탄소중립 목표를 달성하는데도 우리나라에 막대한 지장을 주고 있다. 윤 정부 들어 탈원전 정책을 폐기하였지만, 원전의 속성상 폐기 이전 수준으로 되돌리는 데는 꽤 시일이 걸릴 전망이다.

3) 데이터 증거 기반 합리적인 정치의 필요성

정치에 있어서 통계의 오남용은 한 나라를 이끌어가는 데 매우 중요한 요소이다. 우리나라가 선진화되기 위해서는 반드시 국가 정책에서 통계 오남용은 없어야 한다.

이와 관련하여 다음의 세 가지를 지적하고 싶다. 첫째로, 국가 통계의 오남용에 의한 정치적 도구화는 매우 위험하며, 이를 원천적으로 피하기 위해서는 정부는 데이터 증거 기반(data evidence based)의 상식적이고 합리적인 정치를 해주기를 당부하고 싶다. 국가의 먼 장래를 내다보고 합리적인 의사결정이 이루어지는 정치가 정답일 것이다.

두 번째로, 국가를 위한 의사결정에는 이에 필요한 충분한 데이터가 필요하다. 국가 통계의 주요 생산기관인 통계청의 독립성과 중립성이 강화되어야 하고, 통계청장의 임기도 정권과 관계없이 보장되어야 한다. 통계청이 1990년 말에 발족된 후 20명의 통계청장이 임명되었으므로, 평균 재임 기간은 1년 7개월 정도로 매우 짧다. 정치 바람을 타는 자리라는 뜻이다. 통계청은 정치적 중립성을 유지하면서, 통계전문가들에 의해 있는 사실을 있는 그대로 명명백백하게 밝히고 운영되는 것이 매우 중요하다. 통계는 국가 정책 방향을 올바르게 설정하는 기초 자료가 되기 때문에, 잘못된 통계로 왜곡된 정책을 실시할 경우 국가적 손실과 희생이 엄청나고, 민생의 고통을 가중시키기 때문이다. 통계의 독립성 · 중립성 · 전문성을 유지하기 위해 통계청장의 장기 임기제를 실시하는 국가도 많다. 호주의 통계청장은 임기가 7년이다. 미국, 캐나다, 프랑스, 호주 등도 4년 이상의 임기를 보장한다. 우리도 한국은행과 같이 통계청도 독립성 · 중립성 · 전문성을 보장해 주는 것이 옳으며, 임기는 최소 4년을 보장해 주는 것이 선진국형이다.

세 번째로, 통계 오남용 사례들을 살펴보면서 이를 거울삼아 앞으로 정치인들은 데이터의 중요성을 인식하면서 통계를 왜곡하거나 조작하려는 시도를 절대 하지 말아야 한다. '데이터는 21세기의 석유', '21세기는 데이터 경제 시대'라는 중요한 메시지를 우리 정부와 모든 국민이 인식하고 대한민국이 세계를 선도하는 국가로 발전하기 위해 데이터를 제대로 만들고, 이를 올바르게 사용하는 진정한 데이터 선진국, 데이터 강국으로 발전해 나가기를 바란다.

4) 데이터 플랫폼 기업의 세계 경제 장악

지난 12년간 글로벌 기업 시가총액 20위 안에 순위 변동을 살펴보면 〈표 9.2〉와 같다. 12년 전에 세계 시가총액 20위 안에 들어 있던 기업 중에서 12년 후에 탈락한 기업들은 주로 통신(차이나 모바일, AT&T), 에너지(세브론, BP), 종합가전(GE), 식음료(네슬레, 코카콜라), 생활(P&G) 분야 기업들이고, 20위 기업으로 화려하게 새로 진입한 기업들은 IT/인터넷 (아마존, 엔비디아, 메타), 반도체(TSMC), IT/자동차(테슬라), 은행/증권(JP모건체이스), 카드회사(Visa, Master Card), 에너지(사우디 아람코, 엑슨모빌) 분야 기업들이다. 2012년에는 IT/인터넷 기업이 20위 안에 5개였으나, 2024년에는 6개로 증가하면서 상위 그룹을 형성하고 있다. 특히 눈에 띄는 것은 2024년에는 제약/바이오 회사 두 개(엘리릴리, 노보노디스크)가 20위 안에 신규 진입하였다.

오늘날 글로벌 시가총액 7대 기업은 사우디의 아람코(3위)를 제외하면 모두 미국 기업으로 마이크로소프트, 애플, 아마존, 구글, 엔비디아, 메타이다. 미국 기업들은 모두 데이터 플랫폼, IT/인터넷, 반도체 기술을 융합하여 운영하는 회사이고, 데이터와 소프트웨어 기반의 4차 산업혁명의 총아로 군림하고 있다. 이런 변화는 데이터의 중요성이 날로 높아지고, 인간 삶에 있어 데이터가 석유나 식음료처럼 중요한 자원으로 자리 잡으면서 소위 '데이터 경제' 시대로 진입하였음을 말해주는 것이다. 삼성전자는 2012년에 19위였으나 2024년에는 22위로 밀려나 있다.

표 9.2 글로벌 기업 시가총액 비교(2012년, 2017년)

	2012년 2월 17일 기준		2024년 2월 3일 기준	
순위	기업	업종	기업	업종
1	애플	IT/인터넷	마이크로소프트	IT/인터넷
2	엑슨모빌	에너지	애플	IT/인터넷
3	마이크로소프트	IT/인터넷	사우디 아람코	에너지(사우디)

4	IBM	IT/인터넷	아마존	IT/인터넷
5	월마트	유통	구글	IT/인터넷
6	세브론	에너지	엔비디아	IT/인터넷
7	차이나 모바일	통신	메타(페이스북)	IT/인터넷
8	GE	종합가전	버크셔헤더웨이	재보험
9	네슬레	식음료	엘리릴리	제약/바이오
10	버크셔헤더웨이	재보험	TSMC	반도체(대만)
11	구글	IT/인터넷	테슬라	IT/자동차
12	P&G	생활	브로드컴	유통(전자상거래)
13	AT&T	통신	비자	카드회사
14	존슨 & 존슨	생활/제약	노보노디스크	제약/바이오
15	웰스파고	은행/증권	JP Morgan Chase	은행/증권
16	HSBC	은행/증권	United Health	헬스 회사
17	화이자	제약/바이오	Walmart	유통
18	코카콜라	식음료	MasterCard	카드회사
19	삼성전자	IT/인터넷	LVMH(Louis Vuitton, Moet Hennessy)	사치재 산업
20	BP	에너지	Exxon Mobil	에너지

자료: http://www.mrktcap.com

국내에서는 시가총액 상위기업 순위가 삼성전자, SK하이닉스, LG에너지솔루션, 삼성바이로직스, 기아, 현대차, 센트리온 등이다. 그러나 특기할 만한 것은 데이터/인터넷 관련 기업인 네이버가 10위에, 그리고 카카오가 15위로 부상하면서 그 위력을 과시하고 있다. 이들 데이터 플랫폼 기업의 데이터 수집 능력과 활용 능력은 타의 추종을 불허하며, 이들이 제공하는 개인용 맞춤형 데이터 서비스의 위력도 대단하다. 메일과 지도검색에서 시작하여 음식점, 패션까지 제공한다. 이들은 고객의 메일이나 검색 등을 통해 데이터를 축적하고, 이 축적된 데이터를 활용하여 더 좋은 제품 서비스를 개발한다. 데이터 플랫폼의 상승효과이다. 따라서 이 시장에서는 후발주자가 선발주자를 따라잡기 어려우며 '승자독식'의 독점 시장을 형성하기 쉽다. 빅데이터를 활용해 온라인 쇼핑몰 매출이 급증하는 기업들도 주목받고 있다. 이들도 데이터 플랫폼을 잘 활용하는 기업들이다.

9.5 치매 환자 수 급증 추세, 어르신 10명 중 1명

보건복지부 산하 중앙치매센터에 따르면 2020년 치매 환자는 우리나라 전체 노인(65세 이상) 813만 명 중 84만 명(10.3%)으로, 치매 환자가 차지하는 비율(치매 유병률)이 10%를 웃돌았다고 발표했다. 〈그림 9.7〉에서 보는 바와 같이 2020년 10.3%, 2030년 10.5%, 2040년 12.6% 등으로 지속해서 증가해 오다가 2050년에는 15.9%로 높아진다. 치매 환자의 수도 2050년에는 3,023,404명으로 추정되어 300만 명이 넘어가게 된다.

한국이 고령사회(노인 인구 비율 14% 이상)에 접어들면서 치매와의 전쟁이 본격 시작된 셈이다. 특히 85세 이상 고령자는 2.2명 중 한 명이 치매 환자라고 한다. 현재 급격하게 빨라지고 있는 고령화 속도와 수명 연장 등을 감안하면 고령 치매 환자가 앞으로 크게 늘어날 것이다. 치매 유병률은 75세와 85세를 기점으로 급격히 증가했다. 65~69세(2.2%)와 70~74세(2.7%)는 낮았으나, 75~79세는 9.9%, 80~84세는 19.6%, 85세를 넘기면 45.1%로 뛰었다. 75세부터 5세를 주기로 유병률이 두 배 이상씩 높아진 셈이다.

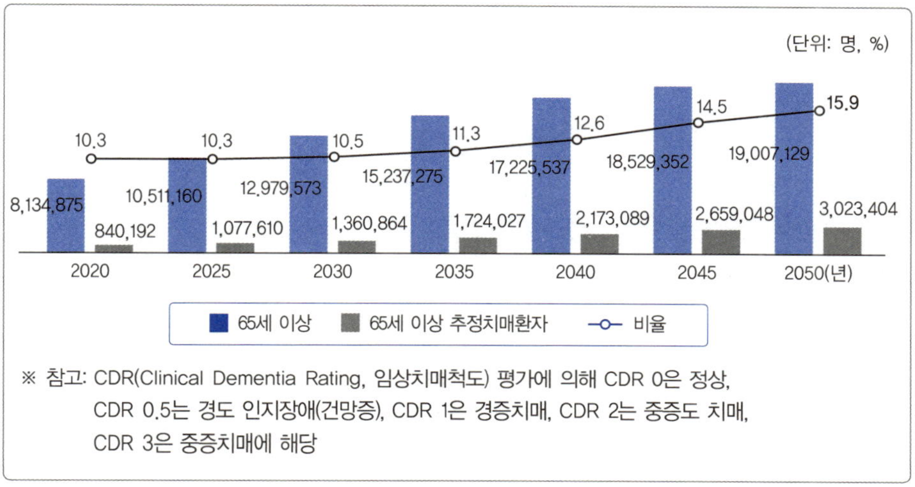

그림 9.7 치매 환자 수 증가 추이와 전망

자료: 중앙치매센터, 대한민국 치매현황 2021

치매 환자를 치료하고 돌보는 진료 · 간병비도 급증하고 있다. 건강보험과 장기요양보험의 치매 진료비, 간병 · 교통비 등을 모두 합한 치매 총비용은 2017년에 14조 7,396억 원으로, 2015년(13조 2,000억 원)보다 1조 5,000억 원 늘었다. 이 비용은 2020년엔 18조 원, 2030년 34조 원, 2040년 64조 원으로 급증해 가정과 국가의 경제적 부담이 커질 것으로 예상했다.

치매는 한번 걸리면 고치기 어려운 병으로, 치매에 걸리지 않도록 예방하는 것이 최선이다. 〈그림 9.8〉에 치매 예방수칙으로 유명한 '치매 예방수칙 3 · 3 · 3'이 적혀 있다. 이는 3권(즐길 것 3가지), 3금(참을 것 3가지), 3행(챙길 것 3가지)으로, 3권은 운동, 식사, 독서이고, 3금은 절주, 금연, 뇌손상 예방이고, 3행은 건강검진, 소통, 치매 조기 발견이다. 치매 예방수칙 3 · 3 · 3을 고령자들이 잘 지켜 치매 없는 대한민국이 되기를 기원해 본다.

3권(즐길 것)	
운동	일주일에 3번 이상 걷기
식사	생선, 채소 골고루 섭취하기
독서	틈틈이 책이나 신문 읽기
3금(참을 것)	
절주	술은 한 번에 3잔 이하로 마시기
금연	담배는 당장 끊기
뇌손상 예방	운동 시 보호구 착용하기
3행(챙길 것)	
건강검진	혈압, 혈당, 콜레스테롤 체크하기
소통	가족, 친구와 자주 연락하기
치매 조기 발견	매년 보건소에서 검진받기

그림 9.8 치매 예방수칙 3 · 3 · 3

자료: 중앙치매센터

9.6 자살률 세계 1위, 오명 벗을 수 있을까?

우리나라는 자살률이 매우 높으며, 사회가 불안정하다고 말한다. 자살률 통계를 살펴보자. 통계청에 따르면 〈그림 9.9〉와 같이 우리나라 2021년 기준 연간 자살사망자 수는 인구 10만 명당 23.6명이고, 자살사망자는 총 1만 3,352명으로 이는 전년 대비 157명(1.2%) 증가한 결과이다. 이는 OECD 평균 자살률 10만 명당 11.1명을 훨씬 웃도는 수치이며 한국의 자살률은 세계 1위이다. 정부는 오는 2027년까지 자살률을 30% 가까이 낮추겠다는 목표를 제시하고 있다. 한국을 제외하면 해당 통계에서 20명이 넘는 나라는 리투아니아(20.3명, 2020년 기준)가 유일하다. 튀르키예(2019년 기준)는 4.4명으로 가장 낮다. 주요국으로는 일본(2019년 기준) 14.6명, 미국(2020년 기준) 14.1명, 독일(2020년 기준) 9.7명, 영국(2019년 기준) 8.4명 등이다. OECD 회원국이 아닌 나라들을 모두 포함하여 보면 자살률이 가장 낮은 나라는 남아프리카공

화국(0.6명, 2018년 기준)이다. 우리나라의 23.6명(2021년)과 비교하면 약 40배 정도 차이가 난다.

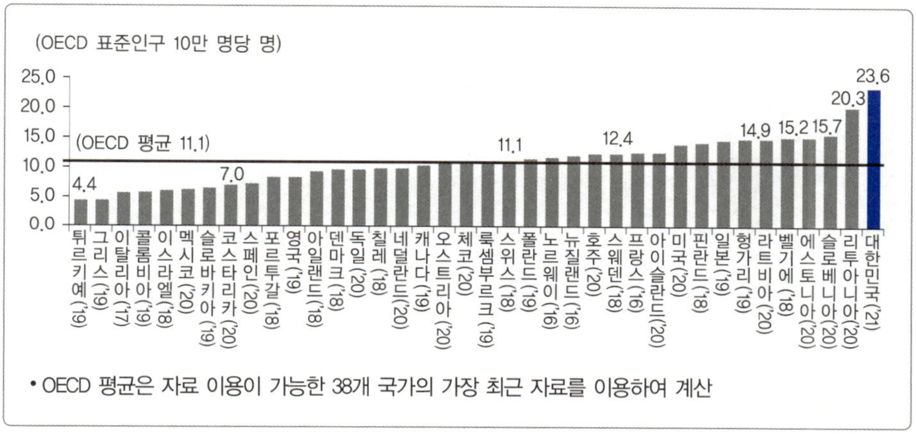

그림 9.9 OECD 회원국 연령표준화 자살률 비교

자료: 통계청

나이별로 보면, 자살은 10대부터 30대까지 사망원인 1위였다. 〈그림 9.10〉은 나이별 5대 사망원인 사망률 및 구성비를 보여주고 있다. 1~9세와 40대부터는 암(악성신생물)이 사망원인 1위였다. 70대인 경우는 사망원인의 순위가 암(34.7%), 심장 질환(9.2%), 뇌혈관질환(7.5%), 폐렴(6.6%), 당뇨병(3.2%)의 순이다.

나이별로 나눠보면, 10대 이상 전 연령에서 사망의 외인(사고나 타살 등 외부 요인에 의한 사망률 가운데 자살률이 가장 높았다. 10대의 경우 전체 사망의 외인에 의한 자살률(인구 10만 명당 명))은 10.1명이었고, 이 가운데 자살은 7.1명으로 높다. 20대의 사망의 외인에 의한 자살률은 30.1명이었고, 이 가운데 23.5명의 외인이 자살이었다. 30대는 34.1명 가운데 27.3명이, 40대는 38.5명 가운데 28.2명의 사망의 외인이 자살이었다.

우리나라는 10~30대에서 자살에 이르지 않도록 국가 사회적인 특단의 대책이 필요하다고 판단된다. 저출산으로 나라의 장래가 염려스러운데, 꽃다운 나이인 10~30대에서 자살률이 사망원인 1위라는 것은 국가적인 차원에서도 반드시 해결해야 할 문제이다.

(단위 : 인구 10만 명당 명, %)

	0세	1-9세	10-19세	20-29세	30-39세	40-49세	50-59세	60-69세	70-79세	80세 이상
1위	출생전후기에 기원한 특정 병태 117.9 (48.9%)	악성신생물 1.7 (20.9%)	고의적 자해(자살) 7.1 (43.7%)	고의적 자해(자살) 23.5 (56.8%)	고의적 자해(자살) 27.3 (40.6%)	악성신생물 38.1 (27.7%)	악성신생물 105.2 (35.4%)	악성신생물 267.3 (41.4%)	악성신생물 649.7 (34.7%)	악성신생물 1,342.4 (17.1%)
2위	선천 기형, 변형 및 염색체 이상 37.0 (15.3%)	가해(타살) 0.7 (9.4%)	악성신생물 2.3 (14.2%)	운수사고 4.1 (9.8%)	악성신생물 11.4 (17.0%)	고의적 자해(자살) 28.2 (20.5%)	고의적 자해(자살) 30.1 (10.1%)	심장 질환 51.0 (7.9%)	심장 질환 171.4 (9.2%)	심장 질환 917.1 (11.7%)
3위	영아돌연사 증후군 19.3 (8.0%)	운수사고 0.6 (7.7%)	운수사고 1.9 (11.4%)	악성신생물 3.5 (8.6%)	심장 질환 3.7 (5.6%)	간 질환 11.6 (8.4%)	심장 질환 23.5 (7.9%)	뇌혈관 질환 40.1 (6.2%)	뇌혈관 질환 141.1 (7.5%)	폐렴 791.7 (10.1%)
4위	가해(타살) 5.4 (2.2%)	선천 기형, 변형 및 염색체 이상 0.5 (6.6%)	심장 질환 0.5 (3.0%)	심장 질환 1.3 (3.1%)	운수사고 3.5 (5.2%)	심장 질환 10.0 (7.2%)	간 질환 22.9 (7.7%)	고의적 자해(자살) 28.4 (4.4%)	폐렴 123.2 (6.6%)	뇌혈관 질환 607.7 (7.7%)
5위	심장 질환 2.7 (1.1%)	추락사고 0.5 (6.3%)	뇌혈관 질환 0.4 (2.5%)	뇌혈관 질환 0.5 (1.2%)	간 질환 3.0 (4.4%)	뇌혈관 질환 8.1 (5.9%)	뇌혈관 질환 17.0 (5.7%)	간 질환 26.5 (4.1%)	당뇨병 60.4 (3.2%)	알츠하이머병 339.2 (4.3%)

• 연령별 사망원인 구성비 = (해당 연령의 사망원인별 사망자 수 / 해당 연령의 총 사망자 수) × 100

그림 9.10 나이별 5대 사망원인 및 구성비 분석

자료: 통계청

제 10 장 인공지능과 데이터 기반 과학기술로 보는 미래 사회

10.1 우리나라는 노벨과학상을 언제쯤 받을 수 있을까?

1) 노벨상이란?

그림 10.1 노벨상 메달

자료: Wikipedia

노벨상은 다이너마이트를 발명한 스웨덴의 알프레드 베르나르드 노벨(Alfred Bernhard Nobel, 1833~1896)의 유언에 따라 제정한 상으로 '지난 해 인류에 가장 큰 공헌을 한 사람들'에게 해마다 상을 주도록 명시한 유언장에 따라 노벨의 사망 5주기인 1901년 12월 10일부터 시상되었다. 상은 물리학, 화학, 생리의학, 문학, 평화, 경제학의 6개 부문에서 수상자를 선정하는데, 경제학상은 1968년 스웨덴 리크스방크에 의해 추가 제정된 것으로 1969년부터 수여되었다. 노벨상 수상자 발표는 매년 10월에, 시상식은 노벨의 사망일인 12월 10일에 열린다. 시상식 장소는 평화상은 노르웨이 오슬로, 나머지 5개 분야의 상은 스웨덴 스톡홀름이다.

노벨 재단은 기금의 집행을 담당하며, 수상자는 스톡홀름에 있는 스웨덴 왕립과학 아카데미(물리학, 화학, 경제학), 카롤린스카 의학연구소(생리의학), 스웨덴 아카데미(문학), 그리고 오슬로의 노르웨이 노벨위원회(평화)에서 선정하고 수여한다. 노벨상은 국적, 인종, 종교, 이념 등에 관계없이 누구나 받을 수 있고, 각 부문에서 한 명만이 아니라 2명 이상으로도 받을 수 있다. 노벨상 수상자는 금으로 된 메달(그림 10.1)과 표창장, 그리고 노벨 재단의 당해 수익금에 따라 달라지는 상금을 받는다. 따라서 노벨 상금은 매년 조금씩 달라지는데, 2023년에는 각 부문에 1,100만 크로나(약 13.5억 원)의 상금이 지급되었다. 한 부문에 수상자가 2명이면 이 13.5억 원을 나누어 갖는다. 우리나라는 2000년에 김대중 대통령이 노벨 평화상을 수상한 바 있으나. 기타의 노벨상은 아직 한 번도 받지 못하였다.

2) 부러운 22명의 일본의 노벨 과학상 수상자

6개의 노벨상 중에서 물리학, 화학, 생리의학상을 노벨과학상이라고 한다. 노벨과학상은 천재 과학자만 받을 수 있다고 인식되는, 아직 한국인이 범접하지 못한 영역이다. 한국인은 세계에서 가장 치열하게 열심히 공부하고 머리도 좋다고 하는데, 왜 위대한 학문적 업적을 기리는 노벨과학상을 받지 못하는 것일까? 그러면 타국의 노벨 수상자들은 한국인들보다 훨씬 더 공부를 열심히 했기 때문일까?

노벨과학상은 미국이나 유럽의 서구에서 가장 많이 수상자를 배출하였으나, 동양권에서는 한국은 한 명도 없으나, 우리의 이웃 일본이 무려 25명(노벨과학상 22명, 문학상 2명, 평화상 1명)을 배출하여 동양에서는 단연 최고를 기록하고 있다. 일본의 경우를 보면 노벨과학상 수상자들의 성장 과정이 시사하는 바가 크다.

2014년도 물리학 수상자 나카무라 슈지(中村修二)는 불가능할 것이라 여겼던 청색 발광다이오드(LED; light emitting diode)를 발명함으로써 빛의 3원색의 적녹청이 모두 완성되어 현재 차량이나 가로등에서 흔히 볼 수 있는 흰색 LED가 만들어질 수 있었다. 그의 학창 시절 성적은 중간 정도의 평범한 학생이었고, 도쿠시마 대학이라는 지방 국립대를 졸업, 지방의 중소기업 연구원으로 재직 중 청색 LED를 개발하였다.

2015년도 노벨 물리학 수상자 가지타 다카아키(梶田隆章)는 우주를 이루는 기본 입자인 중성미자의 진동을 발견하여 중성미자가 질량이 있음을 밝혀낸 공로로 수상하였는데, 그의 학창 시절 성적은 400명 중 240등으로 사이타마 지방국립대를 졸업하였다고 한다. 2015년도 노벨 생리의학상 수상자 오무라 사토시(大村智)는 사상충증 등 기생충 감염 질환에 강력한 치료 효과를 발휘하는 이버멕틴을 개발한 공로로 수상하였다. 그는 스키 타는 것을 좋아해 스키만 타다가 고3이 돼서야 대학에 가기 위해 공부를 했고, 별로 유명하지 않은 야마나시 대학 자연과학부에 입학, 뒤늦게 공부에 대한 열정으로 자신이 하고자 했던 공부를 끊임없이 한 결과 노벨상을 수상하였다고 한다.

이런 결과는 우리나라에서는 상상하기 어렵다. 이들은 1등을 하지도 않았고, 좋은 대학을 나오지도 않았지만 자기가 하고 싶은 연구에 매진하여 인류의 위대한 업적을 기리는 최고의 영예를 안게 된 것이다. 우리나라는 대학을 졸업한 과학자들이 자기가 하고 싶은 연구에 매몰되어 연구하도록 하는 분위기가 조성되어 있을까? 결코 그렇지 못한 것이 우리의 현실이다. 또한 초중고등학교에서 우리는 아이들에게 무엇을 가르치고 있는 것일까? 대학 입학 후에는 어디에도 쓸데없는 많은 지식을 오직 대입만을 위해 아이들에게 과외학습을 강요하고 있지는 않은가? 오로지 대입을 위해 기계적 문제 풀이 공부에만 빠져서, 그 과정에는 사고력 증진도 창의력도 없이 아이들을 키우지는 않는 것인지 반성해야 할 것이다.

3) 노벨과학상 한일전 0:22

축구든 야구든 스포츠 경기 한일전에서 0:2로만 져도 온 나라가 들썩이는데, 노벨과학상 수상자 수 0:22라는 결과는 심리적으로 쉽게 받아들일 수 있는 숫자는 아니다. 일본은 일본 국적 수상자로 노벨과학상(물리학상, 화학상, 생리의학상)만 22명,

문학상 2명, 평화상 1명으로 총 25명이 수상하였다. 여기에 일본 출신의 외국 국적 수상자 4명을 합치면 모두 29명이 수상하였다. 가장 먼저 노벨과학상을 수상한 사람은 유카와 히데키(湯川 秀樹)로 1949년 물리학상을 수상했다. 그는 1945년 히로시마 원폭 투하와 나가사키 원폭 투하에서 불과 4년 후에 원자 폭탄과 가까운 소립자 이론인 '중간자 이론'으로 수상하여, 세계 2차 대전 패전 직후 낙담한 일본 국민에게 큰 위로와 자신감을 안겨주었다고 한다.

4) 한국이 노벨과학상을 못 받는 이유는 무엇이고, 언제쯤 받을 수 있을까?

우리나라가 노벨과학상을 못 받는 대표적인 이유로는 기초과학에 투자하기 시작한 지가 이제 30년이 조금 넘었다는 점이다. 1989년에 처음으로 기초과학진흥법이 제정되어 1990년대에 기초과학에 투자하기 시작하였으므로 35년이 채 되지 않았다. 일본이 명치유신 이후, 100년 넘게 기초과학에 투자한 것과는 큰 차이이다. 또한 우리나라는 '잘 살아보세'라는 구호 아래 제조업을 육성하여 제품을 잘 만들고, 이를 수출하는 데 총력을 기울여 왔지, 기초과학을 연구하여 인류의 삶의 질 개선에 대한 비전이 별로 존재하지 않았다. 우리나라는 지난 50여 년간 개발도상국으로 상품을 주로 만드는 데 치중하였으나, 선진국이나 문명국들은 인류의 삶의 가치를 높이는 지식을 만드는 데 치중한 것이다. 미국이나 일본은 새로운 가치를 창조하는 데 노력하였다고 볼 수 있다.

두 번째 이유로는 아직도 우리 사회가 사농공상(士農工商)의 논리가 지배하고 있어 관리가 되는 것이 제일 좋다고 생각하고, 과학을 연구하는 기술자, 과학자를 별로 대접해 주지 않는 풍토가 아직도 존재하고 있다. 이런 사상은 기초과학 육성에 전혀 도움이 되지 못하고 있다.

세 번째 이유로는 아직도 우리나라 연구개발(R&D)비의 투자 비율이 개발연구에 치중되어 있다. 한국의 R&D 지출이 GDP 대비 4.93%(2021년 기준)로 세계 2위로 OECD 최고 수준이나, 이 R&D는 대부분 기업의 개발연구비이지 기초연구비는

20%가 채 되지 않는다. 더구나 기초연구비에 속해 있는 기초과학연구비는 정부가 말하는 '기초과학'과 노벨과학상에서 얘기하는 '기초과학' 사이에는 큰 차이가 있다. 노벨과학상에서 얘기하는 기초과학은 과학 자체의 발전논리상의 기초가 되는 과학을 말한다. 그러나 우리나라 정부의 기초과학은 국가 경제발전의 충실한 '도구'로서 외국에서 로열티를 받아올 수 있는 원천기술을 뜻할 때가 많다. 이러한 정부의 인식과 기초과학 지원은 진정한 학문 차원의 창의성(originality)이 부족한 것이며, 노벨과학상의 대상이 되기 어렵다.

그러면 우리나라는 언제쯤 노벨과학상을 수상할 수 있을까? 다른 나라의 예를 통계적으로 조사하여 보면, 기초과학에 투자하기 시작한 지 40년이 지나면 노벨과학상 수상자가 나올 확률이 높아지는 것을 볼 수 있다. 이런 현상이 맞는다면 한국인도 앞으로 약 5년 정도가 지나면 노벨과학상 수상자 후보자로 거론되는 과학자들이 나오지 않을까 생각한다.

그러나 더 중요한 것은 위에서 지적한 이유에 대해 우리 사회가 혁신하는 과정을 거쳐야 할 것이다. 기초과학을 존중하는 혁신적인 사고가 함양되지 않는다면 앞으로 5년이나 10년이 지나도 노벨과학상 수상은 어려울 전망이다.

10.2 인공지능 기계가 인간을 초월하는 시대가 올 것인가?

미래학자이자 구글의 엔지니어링 이사인 커즈와일(Ray Kuzweil)은 2005년 출간된 그의 베스트셀러인 「특이점이 온다: 기술이 인간을 초월하는 순간」에서 다음과 같이 주장했다.

"생물학적 인체는 유지 · 관리하기가 까다로울뿐더러 허약하고 기능에 문제가 생기기 쉽다. 인간의 지능은 가끔 창조성과 의미 표현에서 뛰어난 면을 드러내기도 하지만, 대부분 독창적이지 못해서 보잘것없고 제한적이다. 특이점을 통해 우리는 생물학적 몸과 뇌의 한계를 극복할 수 있을 것이다."

특이점(singularity)이란, 기계의 지능이 자신의 창조자인 인간의 지능을 넘어서고, 생물학적인 생명이 기술의 하위 범주가 되는 시기를 말한다. 따라서 특이점이 오면 인간이 만든 인공지능 로봇이 인간을 지배할 수도 있는 것이다. 커즈와일은 현재의 기술 발전 속도라면 특이점이 2045년경에 찾아올 것으로 예측했다. 인공지능과 뇌과학 및 생체과학의 급속한 발달을 보면 특이점이 올지도 모르겠다는 생각이 들기도 하지만, 인체의 오묘한 사고방식, 마음과 정서, 감정, 사랑 등의 섬세함을 기계가 온전히 대체하기 어려울 것이란 판단도 든다. 인간의 감각, 지능, 수명 같은 인간의 생물학적 한계를 넘어서려는 과학기술 운동을 트랜스휴머니즘(transhumanism)이라고 부르며, 이 운동에서도 커즈와일과 같은 생각을 하고 있다. 이 운동의 지지자들은 장애, 고통, 질병, 노화, 죽음 같은 인간의 타고난 한계를 인정하지 않고, 인지 증강, 스마트 약물, 유전자 선택, 뇌 임플란트 등으로 신체적 능력은 물론 지능까지도 획기적으로 개선할 수 있다고 믿는다.

트랜스휴머니스트들은 궁극적으로 사람의 뇌를 스캔해 외부 기계장치로 옮기는 '마음 업로드(mind upload)'를 통해 늙지도 죽지도 않는 새로운 몸으로 살 수 있다고 주장한다. 미국 아리조나주 스코츠데일(Scottsdale)에 있는 알코어생명연장재단은 세계 최대의 인체 냉동보존 시설이다. 사람이 죽으면 시신을 액체질소에서 보존하다 기술이 발전했을 때 녹여 되살리는 계획을 세우고 있다. 알코어에 보존 중인 사람은 117명이며, 죽은 후에 20만 달러를 내고, 여기에 오겠다고 계약한 사람도 수백 명이 넘는다고 한다.

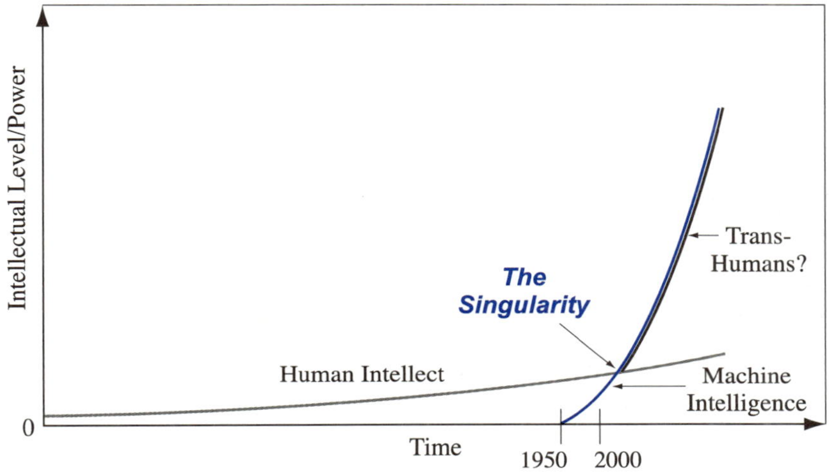

그림 10.2 인공지능의 특이점이 오는 시기

자료: https://brunch.co.kr/@freddykim/3

〈그림 10.2〉는 특이점이 오는 시점을 보여주고 있다. 기계 지능이 발전하여 인간지능을 넘는 시점인 2045년 전후를 보여주고 있다. 트랜스휴머니스트들은 이런 시점이 올 것으로 믿고 있는 사람들이다. 트랜스휴머니스트들의 주장대로 특이점이 과연 올 것이며, 인간이 냉동보존되었다고 다시 살아나는 것과 같이 영생불사하는 것이 가능할까?

필자들의 생각에는 특이점이 오지 않으며, 인간이 영생불사하지도 않을 것으로 생각한다. 그 이유는 좀 신앙적이기는 하지만, 하나님이 인간을 창조할 때 인간에게 온 세상을 지배하라고 명령하였다. 그런데 인간의 피조물인 인공지능 로봇이 인간의 지능을 뛰어넘는 사건이 발생하면 인간이 기계에 의해 지배를 받을 것이며, 인간이 세상을 지배할 수 없게 될 것이다. 이는 하나님의 인간 창조의 목적에도 맞지 않는다. 따라서 인간의 능력으로는 인간을 뛰어넘는 피조물을 만들 수 없을 것이다. 이것이 창조주가 인간을 만들 때 이미 계획하신 것이 아닌가 생각된다. 또한 인간은 영생불사하지 못할 것이다. 인간의 수명은 길어야 120세라고 하였다. 이를 뛰어넘는 수명을 인간이 가지게 되면 창조주가 만든 신간 삶의 법칙에도 어긋나 세상 질서가 무너질 것이다. 이런 일은 발생하지 않으리라고 저자들은 믿는다.

10.3 인공지능 글로벌 패권 경쟁의 향방

미래 경쟁력의 핵심인 AI 경쟁력을 객관적인 지표로 살펴보자. 인공지능 기술은 뒤처지면 따라가기 힘든 기술로 글로벌 패권 경쟁의 향방을 좌우한다. 영국의 데이터 분석업체인 토터스 인텔리전스(Tortoise Intelligence)가 매년 조사하는 '글로벌 AI 지수(Global AI Index)' 조사 결과를 살펴보자.

1) 2022년 글로벌 AI 경쟁력 평가

2022년 4월에 발표한 '글로벌 AI 지수' 조사 결과에 따르면 총 7개 평가 부문에서 한국은 조사 대상 62개국 중에서 종합순위 7위로, 1~6위는 미국, 중국, 영국, 캐나다, 이스라엘, 싱가포르이다. 한국은 2021년에 5위로 이스라엘과 싱가포르에 앞서 있었으나, 2022년에 이 두 나라에 밀려 7위가 된 것이다. 글로벌 AI 경쟁력을 높이는 첫 단계로 이스라엘과 싱가포르를 따라잡는 것이 우선으로 필요하다고 하겠다.

7개 평가부문의 한국의 순위와 내용은 다음과 같으며, 1~10위까지의 국가들의 부문별 순위는 〈표 10.1〉과 같다.

- 인재(talent) 28위: AI 인재 양성 및 현황
- AI 인프라(infrastructure) 6위: 슈퍼컴퓨팅 역량과 인터넷 기반 시설 등
- 운영환경(operating environment) 32위: 정부의 규제 수준 지표
- 연구(research) 12위: AI 특허 건수와 인용 횟수 등의 평가지표
- 개발 능력(development) 3위: AI 플랫폼과 알고리즘 등 기술 역량

- 정부 전략(government strategy) 7위: 연구개발에 관여하고 투자하는 수준
- 산업화(commercial) 15위: AI 산업화 수준

표 10.1 '글로벌 AI 지수' 순위(국가별, 부문별 순위)

국가	부문							종합 순위
	인재	인프라	운영 환경	연구	개발 능력	정부 전략	산업화	
미국	1	4	35	1	1	17	1	1
중국	24	1	6	2	2	2	2	2
영국	3	23	24	5	11	11	4	3
캐나다	7	15	5	10	10	1	6	4
이스라엘	5	29	14	7	9	45	3	5
싱가포르	4	8	55	4	14	15	5	6
한국	28	6	32	12	3	7	15	7
네덜란드	6	9	10	15	8	33	18	8
독일	11	13	30	6	12	10	8	9
프랑스	9	14	7	16	15	5	10	10

AI 정부 전략과 관련하여 지난 문재인 정부에서는 혁신성장전략회의(2019년 1월 16일)를 통해 '데이터 · AI 경제 활성화 계획, 혁신성장 전략투자'를 발표하고, 한국판 뉴딜 국민보고대회(2020년 7월 14일)에서 '한국판 뉴딜' 정책, 그리고 뒤이어 '디지털 뉴딜 2.0'을 발표하여 데이터와 AI 활용 생태계 지원 정책을 펼쳤다. 또한 윤석열 정부에서도 국무회의(2022년 8월 22일)에서 관계부처합동으로 '디지털 인재 양성 종합 방안'을 발표하고, 곧이어 비상경제민생회의(2022년 9월 28일)를 통해 '대한민국 디지털 전략'을 발표하는 등 새 정부의 미래 먹거리의 하나로 AI 육성 정책을 내세우고 있다. 고무적인 일이며, AI 진흥이 기대된다.

총 7개 평가 부문 중 한국이 가장 높은 순위를 차지한 것은 AI 플랫폼과 알고리즘

등 기술 역량을 담은 지표인 '개발 능력' 부문으로 3위였다. 이 순위도 2021년에 2위였지만 중국에 추월당했다. 다음으로 슈퍼컴퓨팅 역량과 인터넷 기반 시설을 말하는 'AI 인프라'는 6위로 평가받았고, 국가가 연구개발에 관여하고 투자하는 수준을 말하는 '정부 전략'에서는 7위로 평가받았다. 2017년 이후 출원된 특허 건수와 인용 횟수 등을 담은 평가지표인 '연구' 부문은 12위에 머물렀다. 정부의 데이터 관련 규제 강도와 AI에 대한 사회적 신뢰도 수준을 말하는 '운영환경'은 32위로 낮은 평가를 받았고, AI 인재 양성 및 현황을 말하는 '인재' 부문에서도 28위로 나쁜 평가를 받았다. 또한 AI 산업화 수준을 말하는 '산업화' 부문도 15위로 높지 않은 평가를 받았다.

종합적으로 평가할 때, 개발 능력, AI 인프라, 정부 전략은 우수한 편이나, AI 경쟁력을 한 단계 더 끌어올리기 위해서는 정부의 규제를 완화하여 운영환경을 좋게 하고, 인재 양성에 매진해야 하며, AI 산업화가 이루어지게 하고, AI 특허 건수와 인용 횟수 등을 끌어 올리는 것이 AI 경쟁력을 높이는 비결이 될 것이다. 한국보다는 AI 경쟁력에서 뒤져 있지만 호주(11위), 일본(16위), 인도(17위), 대만(24위) 등의 추격도 앞으로 주목해 보아야 할 것이다.

종합순위에서는 미국과 중국이 전반적으로 주도권을 잡고 있고, 그다음으로 영국과 캐나다로 2021년과 같은 순위이다. 미국은 인재, 연구, 개발 능력, 산업화 등 4개 부문에서 1위를 하면서 종합순위 1위이다. 미국을 따라잡기 위한 중국의 추격도 거세다. 중국은 인프라에서 1위이고, 나머지 4개 부문(연구, 개발 능력, 정부 전략, 산업화)에서 2위를 달리는 등 대단한 기세이다. 특히 중국 정부의 전폭적인 지원(정부 전략 2위)에 힘입어 최강국 미국과 함께 'AI 굴기'를 과시하고 있다. 만약 중국이 인재 부문(현재 24위)만 보강한다면 미국을 따라잡을 수도 있을 것이다. 국제무역통상연구원(IIT) 보고서에 따르면 중국의 AI 산업 규모는 2020년 1,500억 위안(약 25조 7,890억 원)에서 2025년 4,500억 위안(약 77조 3,640억 원)으로 성장할 전망이다.

AI가 4차산업혁명 기술의 핵심인 만큼 주요국의 AI 경쟁이 한층 치열해지며, 한국도 속도를 더욱 높여야 하는 과제를 안게 되었다. 한국은 미국이나 중국에 비해 인구가 적고 시장 규모도 작고, 연구진도 불충분하다. 한국은 AI 논문 수에서 세계 9위, 논문 편당 인용 수 31위, 원천기술 연구자 규모가 미국의 4%에 지나지 않는다. 그러나 IT 환경이 잘 갖춰져 있고, AI 기술이 전 산업군에 확산하는 속도가 매우 빠른 장점이 있다. 또한 반도체와 5G 통신 등 한국이 우위를 점한 분야를 중심으로 AI를 빠르게 산업화하는 전략으로 AI 경쟁력을 높여나갈 수 있는 장점을 가지고 있다. 여기에 정부의 공공데이터와 개인정보를 활용하는 데이터 산업이 성장할 수 있는 잠재력을 가지고 있고, 또한 AI 학습데이터와 AI 연구의 산출물(학습모델, 소스코드 등)에 대하여 통합, 관리, 재현할 수 있는 통합적인 체계 구축에서 순발력을 가지고 있다. 이런 인프라를 잘 활용한다면 한국의 AI 경쟁력을 앞으로 더 강화될 여지가 충분하다.

2) 2023년 AI 경쟁력

토터스 인텔리전스는 최근(2023년 6월 28일)에 제4차 '글로벌 AI 지수(The Global AI Index)'를 발표했다. 이 지수에 따르면 2023년도에 한국은 62개국 중 종합 AI 경쟁력은 6위를 기록해 2022년보다 한 단계 상승했다. 2022년까지는 7개 부문만 평가하였으나, 2023년부터는 두 개의 부문인 규모(scale)와 강도(intensity)를 추가하여 평가하였다. 규모는 한 국가의 전반적인 절대 AI 능력(absolute AI capacity)을 말하고, 강도는 한 국가의 인구와 경제의 크기에 비교한 AI 능력(AI capacity relative to the size of a country's population and economy)을 말한다. 규모로 보면 큰 나라인 미국이나 중국이 유리하고, 강도로 보면 작은 나라인 싱가포르나 이스라엘 같은 나라가 좋은 평가를 받는다.

2023년부터 실시된 9개 부문에 대한 평가에 의한 글로벌 AI 지수 순위는 〈표 10.2〉와 같다. 2022년 평가 순위와 비교하면 2022년에 10위 안에 들어 있던 나라 중 2023년에 10위 안에서 빠진 나라는 네덜란드(11위)와 프랑스(13위)이고, 2023년에 새로이 10위 안으로 들어온 나라는 스위스(9위)와 핀란드(10위)이다. 이 두 나라는

'강도'에서 높은 평가를 받아 순위가 상승한 나라이다. 미국과 중국이 2022년과 2023년에서 모두 압도적인 1위와 2위를 차지하였는데, 9개 부문 중에서 6개 부문인 인프라, 연구, 개발 능력, 상용화, 규모에서 1위와 2위를 차지했다. 앞으로 상당 기간 이 두 나라는 AI 순위에서 높은 경쟁력을 가질 것으로 평가된다.

표 10.2 2023년 '글로벌 AI 지수' 순위(국가별, 부문별 순위)

국가	부문									종합 순위
	인재	인프라	운영 환경	연구	개발 능력	정부 전략	상용화	규모	강도	
미국	1	1	28	1	1	8	1	1	5	1
중국	20	2	3	2	2	3	2	2	21	2
싱가포르	4	3	22	3	5	16	4	10	1	3
영국	5	24	40	5	8	10	5	4	10	4
캐나다	6	23	8	7	11	5	7	7	7	5
한국	12	7	11	12	3	6	18	8	6	6
이스라엘	7	28	23	11	7	47	3	17	2	7
독일	3	12	13	8	9	2	11	3	15	8
스위스	9	13	30	4	4	56	9	16	3	9
필란드	13	8	4	9	14	15	12	13	4	10

한국의 경우 2022년과 비교하여 순위가 상승한 부문은 인재(28위 → 12위), 운영환경(32위 → 11위), 정부 전략(7위 → 6위)이고, 순위가 하락한 부문은 인프라(6위 → 7위), 상용화(15위 → 18위)이다. 순위가 유지된 부문은 연구(12위), 개발 능력(3위)이다. 순위가 상승한 부문들로 인하여 종합순위가 7위에서 6위로 상승하였다.

10.4 데이터로 본 미국과 중국의 패권 전쟁

1) IMF에서 예측한 향후 세계 GDP 순위

미국과 중국을 G2 국가라고 부르며, 세계가 이들의 행보를 주시하고 있다. 세계 경제와 정세에서 이들이 영향력이 가장 크기 때문이다. 한반도에서도 이 두 나라의 영향력이 크게 작용하고 있다. 특히 북핵 문제와 관련하여 그 해결의 실마리를 이들이 쥐고 있다고 볼 수 있다. 미국과 중국의 관계는 역사적으로 다양한 형태로 변화해 왔다. 양국이 최근 통상 분야에서 불협화음을 내고 있는 것은 미 · 중 관계가 본격적인 기술 패권 경쟁 국면에 접어들었음을 보여주는 것이라는 평가가 나오고 있다.

1979년 국교 수립 이후 미 · 중 양국은 '밀월관계'를 이어왔다. 왜냐하면 1978년부터 개혁 · 개방에 나선 중국은 미국의 자본과 기술이 필요했고, 미국은 중국의 값싼 노동력과 넓은 시장이 필요했기 때문이다. 중국경제가 연평균 10% 전후의 고속 성장을 지속하자 미국에서는 '중국 위협론'이 대두되기 시작했다. 인구수로 보면 2024년 1월 기준 미국은 3.42억 명, 중국은 14.26억 명으로, 중국이 미국보다 약 4.2배이다. 국제통화기금(IMF)의 분석에 따르면 세계에서 가장 많은 인구를 가진 중국이 2030년께면 국내총생산(GDP) 면에서 미국을 추월할 것이란 전망이 나오고 있다.

GDP는 국내총생산(Gross Domestic Product)으로 1년 동안 한 나라의 경제 내에서 생산된 최종재의 시장 가치를 의미한다. 세부적으로 들어가면 GDP도 명목 GDP와 실질 GDP로 나누어지는데, 명목 GDP는 당해년도 물가에 당해년도 생산량을 곱한 것이고, 실질 GDP는 기준년도 물가에 당해년도 생산량을 곱한 것이다. 보통 명목 GDP를 많이 사용한다. GDP 계산에서는 생산된 최종재가 대상이므로 중고품 거래 등은 해당되지 않으며, 부품이나 원자재 등 중간재도 해당되지 않는다. GDP와 연관된 용어로 많이 사용되는 GNP(국민총생산, Gross National Product)는 1년 동안 한 나라의 국민이 국내와 국외에서 새로 생산한 모든 재화와 서비스의 시장 가치를 합산한 것이다. 어느 나라에서 생산했는지는 상관하지 않고, 생산 주체의 국적을 따진다. GDP와 GNP의 차이는 국가 기준이냐, 국민 기준이냐이다. GDP는 국가 내에서 생산되는 외국인의 생산도 포함되는 것이고, GNP는 국민, 즉 외국에 있는 국민까지 포함한 국민의 생산 가치이다. 이 경우에 국내 외국인의 생산 가치는 외국인의 국가로 포함되게 된다. 한국의 GDP 순위는 2024년 기준으로 1~20위까지 〈표 10.3〉에 수록되어 있다. 상위 10개국의 순위는 미국, 중국, 독일, 일본, 인도,

표 10.3 GDP 순위 1~20위 국가(GDP: 2024년 기준, 인구 2023년 기준)

순위	국가	GDP(10억 달러)	인구(백만 명)
1	미국	27,967	341.8
2	중국	18,560	1,425.7
3	독일	4,701	83.9
4	일본	4,286	123.5
5	인도	4,105	1,428.6
6	영국	3,588	67.7
7	프랑스	3,183	64.8
8	이탈리아	2,284	58.9
9	브라질	2,265	217.3
10	캐나다	2,239	40.1
11	멕시코	1,994	128.5
12	러시아	1,904	144.4
13	대한민국	1,785	51.8
14	호주	1,686	26.4
15	스페인	1,677	47.5
16	인도네시아	1,542	277.5
17	튀르키예	1,341	85.8
18	네덜란드	1,158	17.7
19	사우디아라비아	1,110	35.3
20	스위스	978	8.7

영국, 프랑스, 이탈리아, 브라질, 캐나다이고, 한국은 13위이다. 인구 순위로 보면 인도, 중국, 미국, 인도네시아, 브라질, 러시아의 순이다.

〈표 10.3〉을 보면 GDP에서 중국은 미국의 66% 수준이나 두 나라 간의 차이는 점점 줄어들 것으로 국제통화기금(IMF)은 예측하고 있다. IMF는 중국이 미국을 제치고 2030년에 세계 1등으로 올라서며, 2050년에는 그 차이가 벌어져, 중국의 GDP가 미국 GDP의 약 1.5배가 될 것으로 예측했다. IMF에 의하면 우리나라는 2016년에 GDP 순위에서 11위였으나 2023년에 13위로 밀린 것은 환율의 변동(원화 약세) 때문이다. 그러나 한국은 2030년에는 11위로 올라설 것으로 예측했다.

2) 미국과 중국의 GDP 변화 추이

미국은 1870년대에 경제력에 있어서 세계 제1위 국가가 되었지만, 정치와 군사력에 있어서 제1위가 된 것은 세계 제2차 대전 이후이다. 소련이 망한 다음 1990년대에 미국은 세계 패권국가로서 정치적 자유민주주의와 시장경제 개념을 전 세계에 확장하여 나갈 수 있게 되었다. 동아시아에서는 중국이 세계화 시대의 과실을 가장 많이 챙겨 폭발적인 경제성장을 이룩하여 드디어 일본을 제치고 세계 제2위의 GDP 대국으로 부상하였다. 지난 30년 이상 평균 연 9%의 고도성장을 이루어 낸 중국이 장차 세계의 패권국가로 발돋움하는 모양새를 갖추어 낸 것이다.

1979년 미 · 중 국교 수립 이후 유지되어 온 밀월관계는 2013년 시진핑(習近平) 중국 국가주석이 취임하면서부터 미국과의 상호협력 관계에 균열의 조짐이 보이기 시작했다. '중화민족의 위대한 부흥'을 앞세운 시 주석이 공세적인 '일대일로(一帶一路)' 대외정책을 펼치면서 미국과 충돌하는 사태가 발생하기 시작하였다. 일대일로 정책은 육상과 해상을 연결하는 실크로드 정책으로, 중국의 세계적인 대국굴기, 에너지굴기, 유라시아 지역 협력 리더십 발휘 등 중국의 대외 팽창 전략이 담긴 계획이다. 미국은 트럼프와 바이든 대통령을 거치면서 '미국 우선주의'를 주창하면서 미 · 중 양국 관계는 '강(强) 대 강(强)' 대결 국면으로 변화하고 있다고 볼 수 있다.

중국은 2000년대 이전까지는 인구는 많으나 1인당 국민소득이 세계 최하위권이어서 국가 경제 규모 자체가 그리 크지 않았다. 세계은행 자료를 기준으로 미국과 중국의 경제력 격차가 가장 컸던 1987년에는 둘의 GDP 차이가 17.8배 가량이었다. 그러던 중국이 2000년대 들어와서 세계의 공장 노릇을 감당하며 위안화 평가절상과 산업성장으로 급격하게 경제성장을 달성하면서 세계 6대 경제 대국으로 올라선 뒤 프랑스, 영국, 독일을 차례로 제치며 2010년에는 드디어 일본을 제치고 제2의 경제 대국이 되었다. 〈표 10.4〉는 중국과 미국의 전체 GDP와 미국 대비 중국의 GDP 비율을

표 10.4 중국과 미국의 (명목) GDP 비교(단위: 10억 달러(한화 약 1.3조 원))

연도	중국	미국	미국 대비 중국의 GDP 비율
1980년	303.0	2,857.3	0.11
1985년	310.1	4,339.0	0.07
1990년	396.6	5,963.1	0.07
1995년	731.0	7,639.8	0.10
2000년	1,205.5	10,253.0	0.12
2005년	2,290.0	13,039.2	0.18
2010년	6,033.8	15,049.0	0.40
2011년	7,492.2	15,599.7	0.48
2012년	8,539.6	16,254.0	0.53
2013년	9,624.9	16,843.2	0.57
2014년	10,524.2	17,550.7	0.60
2015년	11,113.5	18,206.0	0.60
2016년	11,226.9	18,695.1	0.59
2017년	12,265.3	19,479.6	0.62
2018년	13,841.8	20,527.2	0.66
2019년	14,340.6	21,372.6	0.67
2020년	14,866.7	20,893.8	0.70
2023년	16,863.0	26,939.6	0.65

자료: 세계은행

보여주고 있다.

2020년에 이르러 중국이 미국 GDP의 70%에 이르게 되었고, 경제학자들은 중국이 미국을 GDP에서 추월할 시점이 도래할 것이라고 예측하기 시작하였다. 블룸버그는 2030년대 초반에 중국이 미국의 GDP를 추월할 것이라고 예측했고, 일본경제연구센터는 2033년에 추월할 것이라고 주장했다. 그러나 2022년과 2023년에 접어들면서 '나 홀로 호황'을 누리는 미국과 경기 침체로 고전 중인 중국의 경제 규모 격차가 2023년에 더욱 벌어진 것으로 나타났다. 중국경제가 출구를 찾지 못하는 한 이런 추세는 당분간 이어질 것이라는 게 경제 전문가들의 공통된 견해다. 따라서 결론적으로 중국이 미국을 추월할 것이라는 예측은 힘을 잃어가고 있다. 일본경제연구센터는 이전의 중국의 미국 추월론을 뒤집어 버리고, 중국이 미국을 추월하지 못할 것이라고 2022년에 발표하기도 했다. 그러나 세계 경제는 요동치고 있는 것이므로 먼 훗날을 예견하기는 이르다.

〈그림 10.3〉은 미국 대비 중국 GDP 비율을 그림으로 그려본 것이다. 중국경제가 잘 나가던 2021년까지 중국이 미국과의 차이를 급속히 줄여나가며 75.2%까지 근접하다가, 다시 하강하기 시작하여 2023년에는 65%까지 떨어진 것을 볼 수 있다.

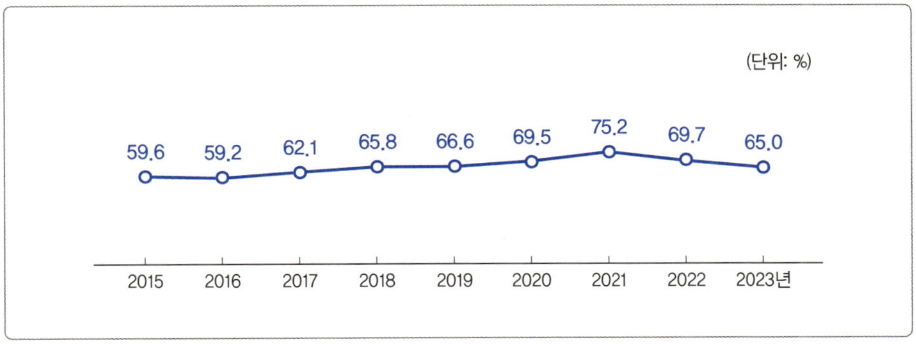

그림 10.3 미국 대비 중국 GDP 비율 변화

자료: 세계은행

3) 미국과 중국의 패권 전쟁은 어떻게 될 것인가?

미국(인구 341.8백만 명)보다 인구가 4배 이상 많은 중국(1,425.7백만 명)은 총국가 GDP에서 수치상으로 2030년에 미국을 추월할 수도 있다. 그러나 GDP 수치만으로 중국이 국력에서 미국을 따라잡고, 세계적인 패권국가가 될 수 있을까? 필자들의 생각에는 2050년이 되어도 국력에서 중국이 미국을 추월하기는 어렵다고 다음과 같은 다섯 가지 기준에 의하여 조심스럽게 말할 수 있다. 국력은 GDP만이 아니라 군사력, 경제력(1인당 GDP), 생활의 질, 기업의 실력, 대학 교육의 질 측면에서 보아야 하기 때문이다.

① 군사력

미국의 군사력은 현재 2위인 중국보다 약 10배 정도 강하다는 군사력 전문가들의 평가이다. 또한 미국은 한국을 포함하여 45개의 동맹국을 보유하고 있다. 중국은 북한만이 유일한 동맹국이다. 미국의 해군력은 미국 다음으로 강한 나라 17개국 해군을 합친 것보다 강하다는 평가이다. 중국이 2050년까지 미국의 군사력을 따라잡기는 수월하지 않을 것이다.

② 경제력

2030년에 총 GDP에서 중국이 미국을 따라잡을 수 있을지도 모르나, 1인당 (명목) GDP는 중국이 미국에 많이 뒤처진다. 2021년 국민 1인당 GDP로 보면(세계은행 자료), 중국과 미국은 각각 1만 1,891달러와 6만 9,375달러로, 미국이 중국의 5.8배 수준에 달한다. 세계은행은 2050년 중국과 미국의 1인당 GDP가 각각 3만 7,300달러, 8만 7,800달러에 달할 것으로 예측하고 있어, 중국이 미국의 절반도 안 되는 수치다. 아마도 21세기에는 1인당 GDP에서 중국이 미국을 따라잡기는 버거울 전망이다.

③ 생활의 질

국민의 삶의 질을 측정하는 지표인 유엔개발계획(UNDP)의 인간개발지수(HDI,

Human Development Index)는 기대수명, 문해율, 교육 수준 및 실질국민소득(1인당 GNI) 등으로 구성되어 있으며, 1에 가까울수록 생활의 질이 높은 것이다. 2021년 188개 조사 대상국 중 중국의 HDI는 0.768로 79위를 차지하는 데 그치는 반면, 미국은 0.921로 21위였다. 한국은 0.925로 19위를 차지하고 있다. 중국의 HDI는 1995년 0.738에서 2021년에 0.768로 상승하였으나, 아직 갈 길이 멀며, 2050년까지 미국을 따라잡기 어려울 전망이다.

④ 기업의 실력

한 나라의 기업들은 그 나라의 국력을 좌우하는 것이 현실이다. 그러면 중국의 기업의 실력은 미국 기업과 비교하여 어떤가. 미국 경제전문지 포춘(Fortune)이 매출액 기준으로 2023년 8월에 발표한 '2022년 포춘 글로벌 500대 기업'에 의하면 500대 기업에 미국 136개, 중국 135개, 일본 41개, 독일 30개, 프랑스 24개, 한국 18개의 순이다. 한국은 국가별로는 6위로 포춘 기업이 많고, 18개 기업의 순위는 삼성전자, 현대자동차, SK, KIA, 포스코, LG전자 등의 순이다.

포춘 글로벌 top 10 기업으로는 순서대로 Walmart(미국, 소매업체), Saudi Aramco(사우디아라비아, 석유회사), State Grid(중국, 전력회사), Amazon(미국, 유통업체), China National Petroleum(중국, 석유회사), Sinopec Group(중국, 석유회사), Exxon Mobil(미국, 석유회사), Apple(미국, IT업체), Shell(영국, 석유회사), Unitedhealth Group(미국, 헬스케어 업체)이다. 이 top 10 기업에는 미국 5개 회사, 중국 3개 회사가 포함되어 있으나, 중국 기업은 국영기업으로 전력회사, 석유회사로서 성장성이 제한되어 있는 기업들이다. 이와 반면에 미국 기업들은 Walmart, Amazon, Apple, Unitedhealth Group 등은 유통, IT, 헬스케어 등의 민간기업 업종에 골고루 분포돼 있고, 미국 기업의 영향력이 중국 기업을 압도하고 있는 것이 현실이다. 이외에도 미국 기업으로 Microsoft, Google, Nvidia, Meta, Tesla 등 세계 시가총액을 이끄는 유망한 기업들이 많다. 중국이 공산주의 통제 경제 체제로 남아 있는 한 중국 기업들이 미국 기업들을 실력에서 추월하는 것은 쉬운 문제가 아니다.

그러나 중국의 많은 인구와 선진화를 바탕으로 중국 기업들의 약진도 눈여겨보아야 한다는 반론도 만만치 않다. 예를 들면 2023년에 미국의 Tesla를 제치고 '글로벌 전기차 판매 1위'를 달성한 중국 비야디(BYD), 2023년에 전기차 배터리 부문에서 세계 1위를 차지한 중국의 CATL, 유통 부문에서 미국의 Amazon을 위협하고 있는 중국 최대 규모의 전자상거래 업체인 알리바바(Alibaba), 게임이나 비디오 등에서 잘 나가는 중화권 IT 복합 기업인 텐센트(Tencent) 등 눈여겨볼 기업이 다수 존재한다. 그러나 이들 중국 기업이 글로벌 대기업으로 성장하려면 미국의 빅테크 기업들(마이크로소프트, Apple, Amazon, Google, Tesla 등)과의 경쟁에서 견뎌내야 한다. 특히 최근에 AI 혁명이 거세게 몰아치면서 미국과 중국의 한판 승부는 피할 수 없을 것으로 판단된다.

5) 대학 교육의 질

대학 교육은 미래 인재를 양성하므로 국력의 중요한 기준이다. 미국의 대학은 세계적으로 인재의 블랙홀 역할을 하고 있으며, 미국이 현재로는 인재 양성에서 압도적으로 중국을 앞선다. 영국의 대학 평가 기관인 QS(Quacquarelli Symonds)에서 발표한 'The 2024 Edition of the QS World University Rankings'에 따르면, 100대 대학(the world's top 100 universities) 안에, 미국 27개 대학, 영국 17개 대학, 호주 9개 대학, 중국 5개 대학, 홍콩 5개 대학, 한국 5개 대학, 일본 4개 대학이 리스트되어 있다. 100대 대학 안에 미국이 압도적으로 많고, 또한 상위에 위치한 대학이 미국에 많다. 예를 들면, MIT(1위), Harvard(4위), Stanford(5위), University of California, Berkeley(10위) 등이다.

미국 대학 교육의 우수성은 중국인들도 인정하는 사실이다. 시진핑 주석의 딸이 하버드에서 공부한 것을 포함하여, 미국 대학에 유학하고 있는 학생 수는 중국이 가장 많다. 중국의 최고 대학인 베이징대, 칭화대 등의 교수도 대다수가 미국 유학파다. 2050년까지 중국이 미국 대학 교육의 질을 앞서기는 어려울 분야이다.

한국도 미래에 강대국으로 부상하기 위해서는 대학 교육의 질을 높일 필요가 있다. QS 순위에서 100위 안에 들어가는 대학은 5개로, 서울대(41위), KAIST(56위), 연세대(79위), 고려대(79위), POSTECH(100위)이다. 이들 5개 대학의 순위도 더 올릴 필요가 있고, 기타 대학들도 100위 안에 들도록 교육의 질을 높여나갈 필요가 있다.

10.5 과학기술과 역사와의 만남이 주는 교훈

한국과학기술한림원(2017)은 한림연구보고서 '과학기술과 역사와의 만남; 회고와 미래 전망'을 통하여, 우리나라의 역사와 과학기술이 어떻게 흘러왔는가를 회고하고, 미래 전망을 고찰하는 보고서를 낸 바 있다. 이 보고서에 근거하여 저자들의 의견을 담아 여기에 과학기술과 역사와의 만남이 주는 교훈에 대해 기술하기로 한다.

1) 조선시대 과학기술력의 취약이 주는 교훈

조선 왕조(1392~1910)는 건국 초부터 민생 안정과 국력 강화를 위해 과학기술 개발에 힘을 기울였다. 조선은 왕권이 강했던 초기(태조~세조)에 국방력도 우수하고, 민생도 튼튼했으며 나라가 번성한 시기였다. 세종 시대(1418~1450)에 과학기술력이 정점에 이르렀다고 볼 수 있다. 과학적인 한글 창제(1446)를 비롯하여, 다양한 천문 기기들, 다양한 의약학 저서들, 농업기술 지침서인 「농사직설」 등은 세계적 과학기술 수준이었다. 세종 시대의 과학기술 수준은 객관적으로도 세계적이라고 평가된다. 1983년에 일본에서 편찬한 「과학사 기술사 사전」에 따르면 15세기 1400~1450년 기간의 세계 주요 업적으로 한국이 29건, 중국이 5건, 일본은 0건, 동아시아 이외 지역 28건이라고 기록하고 있다. 세계 주요 업적 총 62건 중 거의 반에 해당하는 업적이 세종 시대에 조선에서 만들어질 정도로 우수하였다는 것이다. 과학사 학자들은 세종 시대 과학기술의 발전 원동력을 과학성과 실용성 존중, 자주적인 기술 개발, 인재 양성, 조직적인 공동연구 등을 꼽고 있다.

그림 10.4 15세기 세계적으로 과학의 중심에 있던 세종대왕

자료: 한국중앙연구원

그러나 아쉽게도 세종대의 눈부신 과학기술 수준은 조선 중기 이후 계승 발전하지 못하고 쇠퇴했다. 조선 중기 이후 왕권이 상대적으로 약해지고, 사대부 출신 신하들의 권력이 국왕을 능가하게 됨에 따라 군약신강(君弱臣强)의 나라가 되면서 국력이 쇠퇴해 갔다. 신권(臣權)의 강화는 절대왕권에 대한 감시와 견제의 필요성에서 출발했으나, 강해진 신권이 왕권을 좌지우지하는 사태로 변질되었고, 이에 따라 권력 투쟁이 심화되고 붕당정치와 사색당파 싸움을 낳게 되었다. 조선 중기의 임진왜란과 정유재란(1592~1598), 그리고 병자호란(1636~1637) 등의 외침으로 인한 파괴와 처절한 피해는 세종대 눈부신 과학적 성취가 계승되지 못하게 했다.

조선 후기 영 · 정조 시대에 실학 연구로 인하여 잠시 르네상스 시대가 왔으나, 양반 계급층의 전통적인 사농공상(士農工商) 사고와 부국강병(富國强兵) 정책을 거부하는 유림(儒林, 조선시대의 사대부층)의 사고방식으로 인하여 과학기술에 기반한 군사력을 키우지 못하고 국력은 더욱 쇠퇴하여 갔다. 부국강병을 거부하는 유림의 사고방식은 대국인 중국(당시 명, 청)에 기대어 조공을 바치면서 평화롭게 살면 되지 애써가며 군대를 키우고 나라를 부자로 만드는 것은 하책이라고 생각한 것이다. 일부 유림은 도리어 강병으로 가는 길은 나라를 위태롭게 한다고까지 생각하였다.

조선 말기 26대 조선의 임금으로 1863년에 12세에 등극한 고종은 너무 어린 관계로 아버지 흥선대원군이 실권을 장악하였다. 흥선대원군은 부패한 유림의 온상이 된 서원을 철폐하고, 그동안 상민에게만 부과했던 군포(軍布)를 양반에게도 징수하는 호포제(戸布制)를 실시하는 등 개혁 정책을 시행하여 백성들에게 지지를 얻기도 하였다. 그러나 그의 쇄국정책으로 야기된 프랑스 함대에 의한 병인양요(丙寅洋擾, 1866), 미국 함대에 의한 신미양요(辛未洋擾, 1871), 그리고 천주교를 박해한 병인사옥(丙寅邪獄, 1866) 등은 세계 정세에 어두운 고립정책으로, 급변하는 세계 정세 속에서 조선을 더욱 고립시키고 무력하게 만드는 결과를 자초하였다.

그림 10.5 신미양요(1871) 때의 모습

조선 사회가 서양 문물을 직접 접한 것은 강력한 화력을 동반한 병인양요, 신미양요 등과 같이 서양 세력과의 만남을 통해서였다. 두 번의 양요를 겪으면서 서양의 강력한 무기와 빠른 증기선에 놀랐고, 조선 정부는 재래식 무기의 취약성을 알고 군비 강화의 필요성을 절감하였다. 그러나 무기와 군제를 서양 수준으로 전환시킬 재정적 여력이 없었고, 과학기술 수준도 따라갈 수 없었다.

서양 근대 무기 제작은 전통 무기 제작 방식의 일부 개량이나 전환만으로는 어려운 과업이었다. 서양 무기 제작 기술과 관련한 물리, 화학, 수학과 같은 근대 기초과학과 더불어 제련, 제철 및 제강, 선반 및 프레스와 같은 공업 기술의 총체였기에 무기 제작 기술 자체가 바로 서양 근대 과학기술이라고 해도 과언이 아니었다. 서양 무기를 제작하겠다는 것은 서양 과학기술을 도입하겠다는 것과 같은 의미였으나, 쇄국정책을 강력하게 표방한 고종 초기에는 달성하기 어려운 과제였다. 더구나 서양 과학기술을 도입하기 위해서는 도입을 위한 분위기 조성이 필요하였다. 그러나 천주교를 비롯한 서학(西學)을 경계하라는 사대부들의 주장이 강력하게 대두되었고, 이는 서양 과학기술을 도입하는 데에 큰 걸림돌이었다. 결국 조선은 근대국가로 발전하는 길을 스스로 막은 것이다.

이와는 대조적으로 일본은 명치유신(明治維新, 1867)을 단행하여 근대국가로 가는 발돋움을 하기 시작하였다. 명치유신은 일본이 700년간 내려오던 덕천막부의 권한을 정지시키고, 명치왕(明治王)에 의한 왕정복고를 이루어 유신통치(維新統治)를 실시한 것을 말한다. 유신이란 혁신적 방법으로 국가를 통치하는 정치적 행위를 뜻한다. 일본은 이 당시 학제와 징병제를 혁신하고, 부국강병의 기치 아래 서구 열강 근대국가를 모델로 발전하는 새 시대를 열었던 것이다. 일본은 명치유신으로 근대적 통일국가가 형성되었고, 경제적으로 자본주의가 성립되었고, 사회적으로 근대화가 추진되면서 세계의 강대국으로 발전하게 되었다. 조선 말기에 한국과 일본은 너무나 대조되는 정반대의 모습이었다.

조선은 이 당시 전통적 유교의 사농공상 사고, 부국강병 거부, 쇄국정책 등은 근대 서양 과학기술의 도입에 의한 군사력의 증강을 막았다. 이로 인해 국력은 피폐되었고, 조선은 결국 근대 과학기술로 무장한 열강들의 침략 목표가 되었고, 결국에는 일제에 합병되는 경술국치(庚戌國恥)를 맞게 되었다.

2) 조선 말기의 정치 상황과 위정척사(衛正斥邪) 운동이 주는 교훈

조선 말기에 서양의 과학기술 문명 도입으로 부국강병의 기회가 전혀 없었던 것은 아니다. 고종 10년(1973년)에 흥선대원군이 세도를 마감하고, 고종과 황후 민비가 실권을 장악하면서 쇄국정책을 버리고 개화정책을 펼쳤다. 조선이 1876년에 일본과 강화도 조약을 체결함으로써 조선의 문호를 개방하였다. 그러나 보수 유림층을 중심으로 위정척사(衛正斥邪)라는 개화 반대 저항운동이 거세게 일어났다. 위정척사는 그 당시 정학(正學)인 성리학과 정도(正道)인 성리학적 질서를 수호하고(위정), 성리학 이외의 모든 종교와 사상을 사학(邪學)으로 보아서 배격하는(척사) 사회운동이다. 이 운동을 하는 정치세력을 위정척사파라고 불렀다. 위정척사 운동은 개화 운동에 대한 반발과 저항에서 시작되었으나, 위정척사파들은 서양 세력을 무조건 배척하고, 앞서가고 있는 서양의 과학기술을 외면할 뿐, 미래를 내다보는 조선의 올바른 외교 정책과 과학기술 정책에 대한 대안을 제시하지 못했다.

위정척사파 활동이 있고 난 뒤 140여 년이 지난 지금 위정척사 운동이 우리에게 주는 교훈이 있다. 19세기 위정척사파는 성리학 중심의 이상주의적 정신 우위 관념론이었다. 이들은 농본(農本) 사회를 중심으로 선진국의 과학기술력을 경시하면서 정신력만 단단하면 외세의 침략을 이길 수 있다고 생각하였다. 현재도 일부 진보주의자들은 현실 논리보다는 이상주의적 분배 중심의 이념적이고 정신적 가치에 대한 집착이 강하다. 위정척사파는 부국강병을 거부하면서 왕도(王道) 정치만 실현하면 국민이 잘 살고 국가가 건재하리라 생각했다. 일부 진보주의자들은 국가의 경제성장보다는 노동 중심의 평등한 세상을 꿈꾸며, 이로 인해 국민이 행복한 나라가 될 것으로 생각한다.

위정척사파는 서양 강국들의 선진 과학기술을 도입할 의사는 전혀 없었으며, 글로벌 정치의 흐름을 무시하고 과거와 현실에 안주하는 쇄국정책으로 이어지고, 중국 의존도가 컸다. 현재도 일부 진보주의자들은 글로벌 트렌드에는 관심이 없고, 국내 논리를 우선하면서 미래에 대해서는 별로 관심이 없다. 이들은 미국 주도 질서에 거부감을 보이면서 한반도 내부의 민족 공동체에 관심이 크고, 중국에 의지하려는 경향을 나타내고 있다. 위정척사파는 사농공상 관념에 집착하면서 일방적인 하향식 선비 계층의 성리학 기본의 정치를 중시하고, 기술자나 장사꾼을 천대했다. 일부 진보주의자들도 정부의 주도적 역할을 중시하고, 전문가보다는 비록 비전문가들이지만 진보 이념에 충실한 관리들에 의하여 민간을 이끌어야 한다고 생각하고, 기업들이 국부와 일자리 창출의 원동력이라는 사실을 애써 무시하는 경향이 있다.

조선 말기와 현재는 140여 년의 간극이 있지만 돌아가는 정치 상황은 유사한 측면이 많다. 위정척사파는 외국 오랑캐 세력에 맞서 순수한 우국충정으로 가득 차서 그렇게 활동했을 것이다. 오늘날 일부 진보주의자들도 나라와 국민을 위하는 마음은 진실한 것으로 믿는다. 다만 부국강병을 통하여 선진국으로 발전하고 국민이 자유롭게 잘사는 길은 우리 헌법에 명시되고, '한강의 기적'에서 경험한 바와 같이 자유민주주의 시장경제 질서를 지키는 것이라는 것을 외면하고 있다.

조선 말기 위정척사 운동과 이론적으로 유사하게 일부 진보주의자들의 한반도 내부에 갇힌 민족주의, 군사력 증대를 외면하는 부국강병 거부, 사농공상 관리 위주의 일방 하향식 정책, 중국에 의존하는 대륙정책과, 미국을 비롯한 서구 선진국들과 거리를 두려는 정책은 결국 국력을 약화시키고 미래의 강한 대한민국을 구축할 수 없다. 특히 지금과 같은 4차산업혁명 시대에는 4차산업혁명에서 앞서가는 미국, 독일, 일본 등과 긴밀한 상호협력 관계를 유지하며, 우리 스스로를 발전시키는 것이 매우 중요하다. 위정척사 운동이 우리에게 준 실패를 거울삼아 우리는 미래를 개척하는 선견지명을 가지고 올바른 길로 나아가야 할 것이다.

우리는 과감한 개방정책을 통하여 과학기술 진흥, 부국강병, 미래 선진국으로 가기 위한 국민의 단합된 결집력, 미국과 유럽 등 첨단 과학기술로 무장하여 뛰어난 군사력을 가지고 있는 서구와의 긴밀한 협력과 소통 등을 통해 튼튼한 대한민국을 건설하여 나가는 길만이 우리나라를 지키는 길이 될 것이다.

지난 정부에서 추진했던 '탈원전 정책'은 역사의 흐름과 과학기술의 만남 측면에서 볼 때 올바른 정책이라고 보기 어렵다. 탈원전 정책은 40년 이상 대한민국이 쌓아온 원전의 세계적 기술을 사장시키고 퇴보시키는 것은 물론, 앞으로 우리나라에서 에너지 안보 위기를 불러올 수도 있다. 신재생에너지 개발 장려 정책은 장려할 일이다. 원전 기술과 신재생에너지 기술 개발은 동시에 추진하는 것이 바람직하다. 따라서 '탈원전 정책'이란 용어 대신 '신에너지 기술 정책'이란 용어를 사용하면서 에너지 생산 비중에서 원전도 발전시켜 나가면서 신재생에너지 비중을 높이는 노력을 하겠다는 표현이 적절하다.

탈원전 정책은 일자리 창출에도 부정적인 역할을 하며, 또한 앞으로 필요할 경우에는 핵잠수함이나 핵미사일 등을 제조할 수 있는 기술 개발을 뿌리부터 없애는 잘못된 정책이다. 원전을 없애 버릴 것이 아니라, 원전 기술을 더욱 안전하게 발전시키는 데 매진해야 할 것이며, 세계적인 원전 강국으로 가는 길이 현명하다. 이와 동시에 신재생 에너지 산업도 키워나가는 것이 바람직하다. 나라는 과학기술로 무장한 국력과 군사력이 있어야 독립 국가로서 떳떳이 살 수 있으며, 이것이 역사가 주는 교훈이다.

3) 광복 후 '한강의 기적'이 주는 교훈

1945년에 일제로부터 해방된 후 1948년에 대한민국 정부가 수립되었으나, 대한민국은 1950~1953년간 혹독한 6.25 사변을 겪으면서 1950년대 매우 어려운 시기를 지냈다. 1962년에 경제개발 제1차 5개년계획이 시작될 때 우리나라의 1인당 GDP는 90불에 불과하였으나, 그 후 산업화, 민주화와 정보화의 성공으로 급속히 경제성장을 이루어 2017년에는 3만 불에 근접한 '한강의 기적'을 이루었고, 세계 10위권의 경제 대국으로 발돋움하였다.

영국을 중심으로 유럽이 산업혁명 이후 250여 년이 흐르는 동안 달성한 경제성장을 한국은 50여 년 만에 압축적으로 이루어 내는 기적을 이룬 셈이다. 이러한 놀라운 성장에는 정치지도자들의 역량도 있었으나, 국민의 근면한 노동 정신, 기업인들의 놀라운 기업가 정신, 그리고 무엇보다도 과학기술인들의 각고의 노력이 중요한 요인들이었다.

우리나라는 1966년에 한국과학기술연구소(KIST)의 설립과 1967년에 행정부처인 과학기술처의 설립이 과학기술 발전에 큰 기폭제 역할을 하였다. KIST 설립 이후 1970년대에는 산업 분야별로 정부출연연구소들이 설립되어 활발한 연구가 진행되었다. 과학기술처는 '과학기술개발 장기종합계획(1967~1986)'을 세워 과학기술 진흥의 컨트롤타워 역할을 하였고, 이 계획이 종료된 1986년에는 새로이 '세계 10위권 기술 선진국의 구현'을 목표로 '2000년대를 향한 과학기술발전 장기계획(1987~2001)'을 수립하여 추진하였다. 처음에는 경제발전과 성장에 초점을 맞추었다면, 뒤의 장기계획은 자주적 과학기술 능력 확보에 초점을 맞추었다. 이처럼 60년대와 70년대에 과학기술 중심 행정이 성공적으로 수행된 것은 박정희 대통령의 '과학 입국, 기술 자립'을 실현하고자 하는 탁월한 리더십이 있었음을 부인할 수 없다.

이러한 정부의 노력에 발맞추어 민간기업의 과학기술 연구 참여도도 높아져 갔다. 기업에서도 본격적인 산업고도화를 뒷받침하고, 제품의 국제경쟁력을 향상시키기 위하여 민간연구소들이 설립되었다. 대표적으로 삼성종합기술원이 1987년에 삼성그룹의 연구개발 중심센터로 설립되었고, 같은 해에 포스코가 출연한 산업과학기술연구소가 출범되었다. 그 후 많은 민간기업에서 연구소를 설립하여 우리나라의 산업 선진화에 크게 기여하였다.

오늘날 우리나라의 반도체, 조선, 철강, 석유화학, 가전제품 등에서 세계적인 제품을 만들 수 있었던 원인도 기업들의 연구개발 열정, 기업가 정신 등이 밑바탕이 되었다. 결국 경제개발 1차 5개년계획이 시작된 이후 20세기 말까지 정부출연연구소, 대학, 정부, 기업들의 공고한 협력체제 하에서 시행된 과학기술 진흥 정책은 국가의 발전에 큰 기여를 하였으며, 우리나라의 성공적인 국가혁신시스템(NIS; National Innovation System)이라고 평가할 수 있다.

그러나 지난 50여 년을 살펴보면, 1962년 이후 놀라운 성장을 하였으나, 2000년대에 들어서면서 한국의 경제성장은 현저히 둔화되고 있다. 아마도 정치지도자들의 역량, 근면한 노동 정신, 기업가 정신 등도 많이 느슨해지지 않았나 판단되고, 특히 과학기술인들의 과학기술 진흥에 관한 열정도 옛날과 같지 않다는 지적도 있다.

최근에는 그동안 내재해 있던 부(富)의 배분에서의 사회적 양극화 갈등, 저출산·고령화, 북핵 위협, 실업률 상승, 성장 둔화 등의 문제들이 대두되고 있다. 이럴 때일수록 정치권, 국민, 기업, 과학기술계 등의 모든 국가의 구성 요소가 머리를 맞대고 지혜를 짜내어 제2의 '한강의 기적'을 이루기 위한 새로운 국가혁신시스템을 구상하고, 이를 실천해 나가야 한다.

미국의 저명한 경영학자 피터 드러커(1909~2005) 교수는 "미래를 예측하는 가장 좋은 방법은 미래를 창조하는 것이다(The best way to predict the future is to create it)"라는 말을 남겼다. 우리나라가 확실하게 선진국으로 진입하는 미래를 만들기 위해서는 우리 자신이 이를 창조하는 지혜로운 계획과 각고의 노력이 수반되어야 할 것이다.

10.6 대한민국은 세계 선도 국가로 부상할 수 있을까?

한국은 단일 민족이라고 자랑하지만 정치적 분열, 세대 간 갈등, 북한 리스크, 노사갈등 등 다양한 갈등에 직면해 있다. 눈에 보이는 국토 면적, 천연자원, 군사력, 경제력, 인구 등의 하드파워(hard power)는 아직 세계 4강 수준의 선도 국가로 부상하기에 역부족이다. 그러나 소프트파워(soft power)에서 세계를 선도할 능력이 있다. 한국의 대표적인 4대 소프트파워는 자유민주주의 시장경제 체제, 산업의 역동성과 기업가 정신, K-pop 등 한류 문화, 그리고 과학기술자들의 자율성 · 다양성과 미래 준비 역량이라고 볼 수 있다.

〈표 8.1〉과 〈표 8.2〉의 디지털 경쟁력과 글로벌 AI 지수에서 보여주듯이 한국은 지식 분야의 과학기술에서 3위, 미래 준비도 분야에서 신기술 적응도(1위)와 사업 능력(2위)에서 탁월하다. 또한 AI 경쟁력에서 한국은 개발 능력에서 3위로 우수하다. 이는 한국의 소프트파워가 세계를 선도할 능력이 있음을 보여준다. 이 능력을 잘 다듬어 한국이 소프트파워 강국으로 부상하는 길이 우리나라가 지향해야 할 미래의 길이다.

우리나라는 제조업 강국이므로 2020년대에는 제조산업과 서비스 산업을 비롯하여 모든 산업에서 스마트화(선진화, 디지털화, 소프트파워 강화 등)를 추진하여 나간다면 2030년에는 과학기술 강국으로 부상할 수 있을 것이다. 산업의 스마트화는 IT, AI, 빅데이터를 활용하여 생산성을 높이는 것을 말한다. 국민의 삶의 질 제고에는 정치의 글로벌화, 국민 의식의 대전환, 상호 신뢰 회복, 다양성이 존중되는 사회 구축, 저출산과 인구절벽 문제의 해결 실마리가 잡혀 나가는 것이 필요하다. 이러한 환경 조성이 2030년 이전에 상당 부분 성취되어야 한다. 2030년에는 한국이 과학기술 강국, 문화강국으로 부상하고, 2030년대에 극한적 남북 대치 상황이 종료되고 남북 평화 시대가 오며, 데이터 · AI 경제 시대에 리더 국가로 부상하게 되면 2035년에는 글로벌 리더 국가로 부상할 수 있을 것이다.

우리나라는 1945년에 광복을 맞은 후 남북으로 분단되어 벌써 79년을 지내왔다. 그동안 남한은 자유민주주의 시장경제 체제로 발전을 거듭하여 세계 10위권의 경제대국인 선진국이 되었고, 북한은 공산 전체주의 통제경제 체제로 경제발전이 더디어 아직도 개발도상국 수준을 못 벗어나고 있다. 그동안 79년이 흐르면서 국민의 삶의 질 측면에서 남한의 체제가 북한의 체제보다 우월한 것이 입증된 만큼, 남북이 통일될 때는 자유민주주의 시장경제 체제를 근간으로 하는 남북한 사회통합형 협의 민주주의(consociational democracy) 체제를 갖는 것이 어떨까 한다. 이런 체제를 미리 구상하고 설계해 놓는 지혜가 필요한 시점이다.

남북한이 정치적 · 군사적으로 예민하게 대립되어 있는 만큼, 현시점에서 남북한 교류는 어려운 문제이다. 그러나 정치를 떠나 남한이 북한 주민들의 삶의 질을 높이기 위해 소규모라도 도울 수 있는 분야는 도와주는 것이 바람직하다. 가급적이면 정부 대 정부 차원을 떠나 민간 대 민간 접촉 차원에서 상호교류를 시작하는 것이 좋을 것이다. 한국과학기술한림원(2014)에서는 비정치 분야인 과학기술 분야에서 남한이 북한을 도와줄 경우에 무엇을 준비해야 하는지 연구하였다. 여기에는 농업, 보건의료, 가축 질병 관리, 자연생태계 보전, 산림녹화, 광물자원 탐사, 에너지 수급, 남북한 통계체계 통합전략, 과학기술 용어 표준화 등이 들어 있다.

2030년대 후반에 한국이 디지털 전환기 기술(빅데이터, AI, 자율주행자동차, 메타버스 등)에서 앞서가고, 기후변화 대응 기술과 소프트 산업/데이터 산업의 강자로 부상하고, 국가 전략 산업(방위산업, 바이오헬스 산업, 원전 산업 등) 등에서 약진하는 '새로운 과학기술 패러다임'을 주도하는 국가가 된다면 2040년에는 한국이 세계 4강 수준의 세계 선도 국가(world leading country)로 발전할 수 있을 것이다. 새로운 과학기술 패러다임에서는 하드파워와 소프트파워에서 모두 강한 스마트파워(smart power)가 강한 나라로 발전하게 될 것이다. 그리고 2040년대에는 분단된 한국도 통일된 대한민국의 비전을 달성할 수 있을 것이다. 이와 같은 미래 비전을 우리 국민이 다 같이 공유하면서 국민과 정치권이 단합하여 매진할 경우 우리나라는 '통일된 세계 선도 국가로 발전'하는 목표가 달성될 것이다. 〈그림 10.6〉은 이러한 미래 발전 로드맵을 보여주고 있다.

'하늘은 스스로 돕는 자를 돕는다'라는 말이 있다. 우리 국민이 단합하여 스스로 국가 발전을 위해 매진할 경우, 하늘은 우리를 도와 우리의 반만년 역사에서 최초로 세계를 선도하는 '세계 4강 국가'로 발돋움할 수 있게 될 것이다. 경영학의 선구자인 피터 드러커(Peter Drucker) 교수는 "미래를 가장 확실히 예측하는 길은 이를 스스로 만들어 내는 것이다(The best way to predict your future is to create it.)"

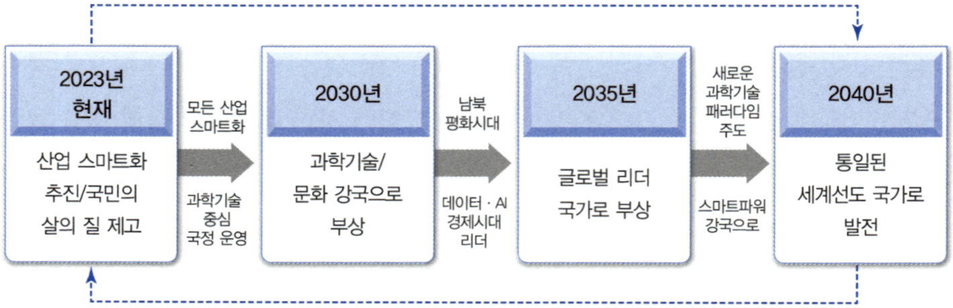

그림 10.6 세계 4강 수준의 세계선도 국가로 발전하기 위한 로드맵

라고 언급했다. 맞는 말이다. 우리나라가 미래에 세계 선도 국가로 우뚝 서기 위해서는 지금부터 착실히 만들어 나가야 할 것이다. 이것이 현시대를 살고 있는 우리 모두에게 주어진 몫이다.

참고문헌

- Box, G.E.P. (1987); Empirical Model-Building and Response Surfaces, John Wiley & Sons, New York.
- Box, G.E.P., Hunter, J.S., and Hunter, W.G. (2005); Statistics for Experimenters (2nd ed.), John Wiley & Sons, New York.
- Box, G.E.P., Jenkins, G., Reinsel, G.C., and Ljung, G.M. (2008); Time Series Analysis: Forecasting and Control (4th ed.), John Wiley & Sons, New York.
- Dobbs, R., Manyika, J., and Woetzel, J. (2016); "No Ordinary Disruption", Published by Public Affairs, p. 288. 이 책은 "미래의 속도"라는 제목으로 고용태 옮김, 청림출판사 출판(2016)으로 번역되어 있음.
- Economist Intelligence Unit (2011); Big Data Harnessing a game-changing asset.
- Fisher, R.A. (1935); The Design of Experiments (First Edition), The 9th edition was published by Macmillan, New York, in 1971.
- Folks, J.J. (1981); Ideas of Statistics, John Wiley & Sons, New York.
- Galton, F. (1894); Natural Inheritance (5th ed.), Macmillan and Company, New York.
- Gigerenzer, G., Krammer, W., and Bauer, T. (2017); 통계의 함정, 박병화 옮김, 율리시즈.
- IBM (2012); Watson goes to work.
- Johnston, R.D. (1990); Numbers in the Bible; God's Design in Biblical Numerology, Kregel Publications, Grand Rapids, MI, USA.
- Lynman, P., & Varian, H. (2003); "How much information 2003"
- McKinsey Global Institute (2011); Big data: the next frontier for innovation, competition, and productivity, McKinsey & Company.
- Naur, P. (1974); Concise Survey of Computer Methods, Studentlitteratur, Lund, p. 397,

Sweden.

- O'Reilly Radar Team (2012); Planning for Big Data, O'Reilly.
- Park, S.H. and Suh, M.W. (2008); Data Technology as a new discipline for broader application of statistics, Journal of Data Science, Vol. 6, No. 3, p.357-368, July Issue, Columbia University, New York.
- Pawitan, Y. & Lee, Y. (2024); Philosophies, Puzzles and Paradoxes: a Statistician's Search for Truth, Chapman and Hall.
- Scheffe, H. (1959); The Analysis of Variance, Wiley, New York.
- Schwab, Klaus (2015); "The Fourth Industrial Revolution: What It Means and How to Respond", Foreign Affairs, Published by New York City, USA, December Issue, 2015.
- Schwab, Klaus (2016); "The Fourth Industrial Revolution", 이 책은 "크라우스 슈밥의 4차산업혁명"이란 제목으로 송경진 옮김, 새로운 현재 출판(2016)으로 번역되어 있음.
- Shewhart, W.A. (1931); Economic Control of Quality of Maanufactured Products, Van Nostrand Col, Inc., New York.
- Stigler, S.M. (1990); The History of Statistics: The Measurement of Uncertainty before 1900, Belknap Press, Harvard University, MA. Cambridge, U.S.A.
- Taylor, F.W. (1911); The Principles of Scientific Management, Routledge, New York, U.S.A.
- The Wall Street Journal (2010); "Cash-Starved States Put Tax Scofflaws in Crosshairs-Budget Woes Push Officials to Mine IRS Data, Try Web Infamy to Get Late Cash.", March issue, 2010.
- Turing, A.M. (1950); Computing machinery and intelligence, Mind 49, No. 236, p. 433-460, Oxford University Press.
- Vital Wave Consulting(2012); Big Data, Big Impact: New Possibilities for International Development, World Economic Forum.

- UN World Fertility Survey Reports 1979.
- https://www.k4health.org/sites/default/files/790986.pdf
- 교수신문 (2015); "누더기 짝퉁 수능 폐기해야", 교수신문, 2015년 11월 30일 자.
- 국가정보화전략위원회(2011); 빅데이터를 활용한 스마트 정부 구현(안), 2011년 10월 26일자.
- 김준보(1954); 현대통계학, 민중서관, 서울.
- 김운봉(2015); 빅데이터 시대의 바이오산업, 과학기술정책, 제 25권 11호, p.26-35.
- 박성현(2001a); 데이터 기술의 경제학, 한국경제신문 다산칼럼, 2001년 12월 3일자.
- 박성현(2001b); 지식기반 사회에서의 통계학 페러다임의 변화와 데이터 기술의 발전, 경영정보논총, 서울대학교 경영대학 발간, 제11권, p. 53-59, 2001년 12월.
- 박성현(2003a); 현대실험계획법, 개정판, 612쪽, 민영사, 서울.
- 박성현(2003b); Visions of Data Technology and e-statistics with their roles in industry and government", 경영정보논총, 서울대학교 경영대학 발간, 13권 1호, p.59-68, 3003년 8월호.
- 박성현(2007); 회귀분석, 제3개정판, 666쪽, 민영사, 서울.
- 박성현(2010); 데이터 기술; 지식창조를 위한 새로운 융합과학기술, 품질경영학회지, Vol. 38, No. 3, p.294-304, 한국품질경영학회 발간, 2010년 9월호.
- 박성현(2011); 통계의 매력, 한국과학기술한림원「석학, 과학기술을 말하다」시리즈, No. 13, 자유아카데미 발행, 서울.
- 박성현(2013); 통계적 품질관리, 제4 개정판, 721쪽, 민영사, 서울.
- 박성현(2016); "빅데이터 시대의 조망과 인재 양성", KISTEP 수요 포럼 주제발표, KISTEP 본사, 2016년 9월 7일.
- 박성현(2017); "통계학 연구의 과거 · 현재와 4차 산업혁명 시대의 데이터 사이언스의 역할과 비전", 학술원논문집, 56집, 2호, p. 53-82, 대한민국학술원 발간, 2017년 12월 30일.

- 박유현(2022); DQ 디지털 지능: IQ, EQ를 넘어 AI 시대의 지능 페러다임, 김영사.
- 박태성 외 5인(2005); 마이크로어레이 자료의 통계적 분석, 자유아카데미, 서울.
- 방송통신위원회(2011); 스마트워크 활성화 추진계획, 2011년 1월 6일자.
- 위클리 공감(2013); “빅데이터 ‘활용강국’ 이 되기 위한 인프라를 키우려면?”, 2013년 10월 31일자.
- 이주호(2016); “교육개혁의 의제와 실천: 한국교육의 과거 20년과 미래 20년,” 박세일, 이주호, 김태완 편 한국교육의 미래전략, 한반도선진화재단.
- 정용찬(2013); 빅데이터, 초판, 커뮤니케이션북스, 서울.
- 정용찬(2012a); 빅데이터 혁명과 미디어 정책 이슈, KISDI Premium Report 12-02호.
- 정용찬(2012b); 빅데이터, 빅브라더, KISDI 전문가컬럼, 2012년 6월 26일자.
- 정찬수(2016); 왜곡된 통계는 나쁜 권력이다, The Scope, 2016년 8월 1일자.
- 정한영(1995); 통계학사 개론, 한림대학교 출판부, 춘천.
- 허명회(1991); 통계학사 콜로키엄, 자유아카데미, 서울.
- 한국과학기술한림원 (2017); 과학기술과 역사와의 만남; 회고와 미래전망, 한림연구보고서 116, 한국과학기술한림원 발행, 2017년 11월, 경기도 성남시.
- 황승구 외 7인(2013); 빅데이터 플랫폼 전략, 전자신문사.
- 황태순(2017); “바이오 빅데이터, ICT 기술을 선도한다”, 전자신문, 2017년 2월 1일 자.

데이터과학과
인공지능

저 자 박성현 · 박태성 · 이영조
발 행 인 김지영
발 행 처 자유아카데미
주 소 경기도 파주시 회동길 37-42
파주출판도시
전 화 031-955-1321
팩 스 031-955-1322
홈페이지 www.freeaca.com
전자우편 main@freeaca.com (대표)
editor@freeaca.com (편집)
crm@freeaca.com (영업)
등 록 제406-2003-017호, 1980. 7. 12
제1판1쇄 2024년 8월 20일 발행

ISBN 979-11-5808-627-5 93310